古籍整理自選集

喬衍琯 著

圖書與資訊集成

文史哲出版社印行

國家圖書館出版品預行編目資料

古籍整理自選集 / 喬衍琯著. -- 初版. -- 臺北市 :文史哲, 民 88
面 : 公分. -- (圖書與資訊集成 ; 26)
ISBN 957-549-200-5(平裝)

1.目錄學 - 論文,講詞等 2.圖書學 - 論文,講詞等

010.7 88004456

圖書與資訊集成 ㉖

古籍整理自選集

著 者：喬 衍 琯
出 版 者：文 史 哲 出 版 社
登記證字號：行政院新聞局版臺業字五三三七號
發 行 人：彭 正 雄
發 行 所：文 史 哲 出 版 社
印 刷 者：文 史 哲 出 版 社
臺北市羅斯福路一段七十二巷四號
郵政劃撥帳號：一六一八〇一七五
電話 886-2-23511028・傳眞 886-2-23965656
實價新臺幣四二〇元

中華民國八十八年五月二十六日初版

ISBN 957-549-200-5

古籍整理自選集目錄

補白

緒言

民國三十七年秋，校刊選載了一篇我的稿子，這是我的文字首次用鉛字印出來。五十年了，校刊早已散失，內容也早忘光了。次年初隨父避秦來臺，秋天考入臺灣師院（師大前身）國文系，四十二年結業，在宜寧中學、臺南高工任教兩年半，中間又受一年的預備軍官訓練。都無善可記。四十六年春考入師大國文所目錄組，實在就是圖書館所，是與中央圖書館合辦的，同時在館實習。四十九年春畢業，即留館服務。（今年三月，政治大學國文系簡介，誤以我是師大博士，高抬了我。）其間治學方法的學科報告是〈敦煌本史記殘卷跋〉，選載〈研究所集刊〉第二期。此後七七八八寫了一些，五十二年九月有〈跋宋監本周易正義〉，這是選入本書裡寫得最早的一篇。七十七年間，張錦郎兄不怕煩瑣，編了我的〈著述年表〉，大大小小，倒也約百五十篇。還有些漏網之魚。

彭正雄兄久已慫恿我分類整理，交他印行，纏他不過。張錦郎兄也多方輔助，便有了這本書。選好後再定書名，和內容不甚相符合，爲了趕時髦，也就懶得改了。所選都是曾發表過的，再印一次，多浪費一次紙墨，眞是造業。有些篇在發表時署名「張義德」，這是我用母姓取的別名（不是筆名）。各篇間有些重複，尤其是考進師大國文所一事多篇都提到，校對時頗嫌煩厭，但已排出來便也懶得刪了。有的內容已經陳舊，有的注上新的情況，又有的又一仍舊觀。文字上文言、白話兼有。甚至同一篇也文白夾雜，足見文字上很欠工夫。平時看些已發表的文字，常順手修訂一番。而抽印本多，隨看隨丟，到需要已改過的稿子時，又不湊手。前年八月退休，十月便摔了一大交，左額縫了十一針，住了一個多星期醫院，昏迷了十多個小時。記憶力和精力大受損傷，至今去復「原」仍有一大段差距，所以多沒怎麼改動。

編校時適逢母難日，先慈和我都體弱多病，所以撫育我特別辛勤。然爲暴政殺害時，僅五十出頭，而我則遠適異鄉，非但無從送終，連噩耗也在三十多年後才得知。「誰言寸草心，報得三春暉？」而我的罪過更深得多多。

民國八十七年，歲次戊寅夏至　喬衍琯　謹識

經義考及補正、校記綜合引得敘例

一、緒言

我知道經書，約在民國二十九年，那時住在雲臺山下的新縣村，先飽經日寇的濫炸，接著為其侵佔。村裡小學雖已上課，然不甘心受奴化教育的人家，把子弟送入私塾。先父則親自教我讀〈幼學瓊林〉和〈孟子〉，加以講解，卻不要求我都能明白；要我熟讀，卻不要求能背誦，和一般私塾和學校的教法都不盡相同。我讀來便不會有壓迫感，漸漸能感到有興趣。

然而沒有多久，五叔病危，先父冒險通過新浦，探視五叔病情。五叔雖見好轉，健康情形總是使得先父心憂不已，也就提不起精神教我。而敵僞控制漸嚴，先父不再能在雲臺山下滯留，因服務於時常遭日寇攻擊而到處流亡的省政府。我讀〈孟子〉的事，就此中輟。

讀高中時，受教於萊陽王師子約，先生碩學通儒，教科書中所選群經和諸子，固然是講得旁徵博引，融會貫通。就是其他選文，涉及經義的地方，也必詳加解析。考據、義理、詞章，以至經世濟民之道，都能兼顧。兩年之間，受益宏多。我本來對數學最有興趣，自受到王師的薰陶，對國學漸很愛好。

大學讀國文系，所習課程中關於經學的，有王師偉俠講授〈孟子〉、程師旨雲講〈左傳〉、高師仲華講〈詩經〉。而從國學概論、讀書指導、校讎學等課程中，則粗知群經大義。

此後自己也稍稍讀些經書，對〈左傳〉和〈禮記〉較有興趣，〈論語、孟子〉讀得稍勤。又曾以〈史記〉徵引〈尚書〉，頗有改易，實即當時今注今譯的工作，因而仿〈班馬異同、兩唐書合鈔〉的方式，稍加變通。就是把〈尚書〉和〈史記〉相同的文字用大字寫在中央；〈尚書〉有而〈史記〉無的，用小字寫在右側；〈史記〉有而〈尚書〉無的，用小字寫在左側。〈史記〉改易〈尚書〉的，則逐字對比。舉例如下：〈尚書·堯典〉的「克明峻德」句，《史記》改爲「能明馴德」，今合抄做「克能明峻馴德」。這一對照方式，要比婁機和沈炳震的方式明白得多。然後再逐字逐句就司馬遷所改易的地方，分析其在今古文、訓詁、文法、經義各方面的意義。

六十一年冬，中國圖書館學會在省立台中圖書館舉行年會，魚臺屈翼鵬師等先一天住在台中，次日午間聚餐後，屈師因事需返台北，學會預購的車票，班次在二時許，所以學會把屈師的房間保留，好供午後休息。然屈師則不願增加學會的負擔，早上便把房間退了。聚餐後還有一個多小時的空檔，年會所進行的項目，屈師又沒興趣參與，因說好久沒到台中，一個人要隨意走走。與會人士知道我對參加年會的興緻也不高，就要我陪著屈師。因問屈師要看那些地方，答以並沒有什麼地方想去，祇是不想影響年會，打擾他人，就在公園僻靜處坐坐好了。屈師本健談，於是說了些對學術、教育、圖書館等的制度、現況、人事各方面的感慨。又問筆者新近的讀書情形，答以對〈尚書〉的研讀計劃，很得屈師的讚許，並指示途徑，提供資料。可惜這一工作甚爲繁瑣，我靜不下心來做，僅做點粗淺的初步整理，便停擺了。後來幸虧古國順先生對這件事有興趣，便把屈師的指示轉告他，最近已可完稿問世。想到這裡，深感愧對良師的教誨。而有人完成，則是幸事，祇是無從得到屈師的指正了。

二、經義考和千頃堂書目

經書稍讀過，關於群經的文字則寫得很少。其中兩篇：〈跋圖書集成裡的韓詩外傳〉見（〈廣文月刊〉一卷二期，五十七年十二月）、〈經義考所引千頃堂書目彙證〉見（〈書目季刊〉六卷三、四期合刊，六十一年六月），則頗蒙屈師稱許。筆者自認這兩篇祇是資料的初步整理，並沒有甚麼價值。屈師則指出：研讀群經，固然貴在能疏通大義，以經世濟民；次則考訂箋釋，以闡明經義；校勘文字，整理資料，雖是瑣細，然也不可沒有人做。且校勘輯佚，前人尤其是清人，固已做得不少，然多注重利用宋以前的資料。元明以來，尤其到清代的資料，總認爲時代太近，少加重視。與其在宋以前的資料中炒陳飯，不如在清代的文獻中找一些大家疏忽了的資料，而能善加利用。

說到關於〈經義考〉的那一篇，還有一段曲折，這篇稿子很長，約有五萬字，早承葉新海先生整理成初稿，我則不時加以校訂。在六十一年間，因人事滄桑，工作上極不順適，因取舊稿，重行整理，並撰序文，以免在橫逆中頹廢。完稿後原擬投交另一刊物，然訪主編未遇。便中去見屈師，問知所攜紙袋中是稿件，並索去翻閱。又問：是否打算發表。答以：是。問：是否已允許投交那一刊物。答以：還沒有。因說：那留給〈書目季刊〉好了。我知道屈師當時主編〈書目季刊〉，且已決定在編完第六卷後，就交卸編務。以屈師交遊之廣，門徒之衆，積稿必然很多，祇患篇幅不足，在發稿之前，必難再容納長稿。且這篇稿件，除序文部分約三千字，稍能有助於瞭解〈千頃堂書目〉的傳本外，其餘彙證的本文，僅是校勘輯佚的瑣細資料，實不宜浪費〈書目季刊〉的篇幅，當將此意婉委陳明，屈師則以上段所述的意見，肯定其價值。到〈季刊〉印好後，又使我驚異的是，竟然排在第一篇。同期還有余英時、屈師、蘇景坡、程元敏、胡楚生、高希均諸先生的六篇論著，都遠比拙稿精審。屈師編刊物，除嚴於選稿外，對稿件先後次序的安排，也很費斟酌的。至於處理拙稿的方式，不敢說對我有私心。而我則在失意中得到激勵，在消沈時得到勗勉，這種感受，是很深切而至今難忘的。

三、經義考的評價

〈經義考〉凡三百卷，其中宣講、立學、家學、自序四篇三卷未成稿，今存二百九十七卷。收書約八千種，每一書前列撰人姓名、書名、卷數，其卷數有異同者，則注某書作幾卷。次列存、佚、闕、未見字。次列原書序跋、諸儒論說，及其人之爵里。彝尊有所考正者，即附列案語於末。（見〈四庫全書總目〉卷八十五）。博徵傳世之書，識其存佚，提衡衆家之論，判厥醇疵。見淺見深，咸網羅而不失；識大識小，悉檃括以靡遺。論說有資於考鏡，見聞可藉爲參稽。較陳振孫之〈解題〉，更加繁富；比晁公武之〈書志〉，尤覺精詳（見〈卷首盧見曾進書表〉）。上下二千年間，原原本本，使經傳原委，一一可稽，可云詳贍矣（〈四庫全書總目〉）。

清毛奇齡對人少加許可，然而他在本書序文中也說：「宣講、立學合一卷，刊石五卷，書壁、鏤板、著錄各一卷，通說四卷，此皆與經學有繫者。然而非博極群書，不能有此。」其實宣講和立學，並無成稿。刊石到通說等部分，並不是本書的重心所在。且如刊石、鏤板，所搜集的資料很有限，不僅遠不如後人所能得到的晚出資料，當然爲朱氏所未見；即使朱氏時已有這方面的資料，徵引也顯得不夠。試和張國淦的〈歷代石經考〉、王國維的〈兩浙古刊本考〉相比，便可見朱氏所用資料的不足。

然而就全書而論，一般來說，都足可以當得起「非博極群書，不能有此。」曾有些學生不服氣，說〈經義考〉祇是鈔鈔書，有什麼了不起。這話說得雖是實情，不過失於輕率。〈經義考〉誠然都是鈔輯「序跋、諸書論說」而成的，連有關「其人之爵里」，也是鈔自方志、碑傳、文集等。至於「彝尊有所考正者」，就是按語，附於各該條之末，條數既不多，每則按語也不長，不甚爲人注意。

不過鈔書也有高下，且古人和今人鈔書的方式也有差異。鈔書要能：㈠搜集資料，當然是多多益善。而〈經義考〉中的資料，不僅出於經書，連史傳、筆記、文集的相關資料，也頗能充分利用。這就看出鈔輯人平日讀書的辛勤，對資料掌握的確切。㈡選擇資料，要貴在不遺不濫。所謂不遺，就是重要的、有用的、眞實的資料，要能不遺漏。這不僅要靠搜集的功夫，也還得能具有從嚴選擇的能力，能從珠沙並陳的資料中，憑著編者的鑑別力，審慎的挑選出來。至於沒有用的一些冗散資料，要能捨得捨棄，不可貪多。次要的則能博觀而約取，或仿〈四庫總目〉的例子，酌予存目。那些欠眞實的資料，要能慎加鑑別。㈢考訂資料，要能眞實可信。我國歷史悠久，所累積的資料何止汗牛充棟，其中信疑參半。〈漢志〉所載，便有不少僞托之作。近人張心澂的〈僞書通考〉，收書三千多種，近年鄭良樹又有續編，復加增益。然釋、道兩家的僞書，仍多未入錄。群經的眞僞互見，由來已久。而後人箋釋論說，也頗有眞僞問題，有待辨別。㈣排列順序，需能考鏡源流。〈經義考〉在這一方，採取單一的方式，就是同一書下，全依資料的時間先後排列，優點是時間的先後，展卷瞭然。缺點則是同一問題的資料，往往分散而不能集中，其中夾雜若干其他資料，查閱時頗不易弄清眉目。較理想的順序，譬如先考撰人的仕履、生平、師承、學術思想。再考書名、卷數、傳本等。最後則是撰寫經過、內容、批評、比較、考訂等。〈經義考〉旨在提供比較原始的資料，加以剪輯排比。如想對各書做解題或提要式的認識，則需據以另行撰寫。

鈔書如能把握上述四項原則，已很不易。而前人求書困難，不像今天有一些對一般人沒有什麼條件都可利用的圖書館，所藏資料既很豐富，復有些專人編目分類，妥善管理，此其一。前人沒有複印設備，所選輯的資料，每一個字都靠鈔寫、還得校對。這些工作，都是極其繁雜、瑣碎，卻得細心從事的，此其二。從前讀書人不多，即使「小吏鈔胥」，人手也很有限。不像如今教育普及，祇要有錢，便能請到足夠的助手，此其三。前人編寫，純粹爲了理想和興緻，不但無利可圖，反得大量和長期投入人力、物力、財力，方能編成像〈經義考〉這種大部頭的書。不似如今可以有基金會等補助，編成甚至編輯中便能有出版商投資，或是自行印售，逐漸收回成本的全部或一部分，此其四。可見前人鈔書也比今人困難得多。

所以說〈經義考〉的編撰，「非博極群書，不能有此」，是確實如此的，不像今人編書，找幾部書，或是加以複印，請幾個助手，剪貼一番，也不知選擇考訂，自然能在較短的時間內，便編成龐然「巨著」，實際祇是一堆雜亂無章，沒有用的廢書，還不如沒有，省得浪費紙墨。

四、經義考的缺失

自然〈經義考〉也有其缺點，民國五十七年，我為廣文書局選編〈書目續編〉，收入翁方綱的〈經義考補正〉、〈通志堂經解目錄〉，所撰序文，列舉其缺失，今轉錄於後：

序跋諸篇，於本書無所發明者，連篇備錄，未免少冗，一也。〈隋志〉於專說一篇者，如〈周易繫辭注〉，皆與說全經者通敘前後，後世宗之。〈經義考〉則附全經之末，遂令時代參錯，二也。（琯按：〈經義考〉以此類太多，因更其例，正便於查閱。）所注佚、闕、未見，以四庫所錄校之，往往其書具存，三也。（以上〈四庫提要〉。按四庫未錄而其書尚存者，又復不少。）爾雅類下，宜列訓詁、六書諸目，（〈經義考補正序〉）四也。所著錄諸書，有不詳其所自來者，使人覽之茫然，於例亦不純一，五也。今存之書，往往但載史志及前人目錄所載卷數，又書名或與今傳本不同，卷數與今傳本或異，或尚存之書失記卷數，或不分卷之書多至數百葉而誤作一卷，或誤以篇爲卷，或撰人名字仕履有誤，（羅振玉〈經義考目錄序〉）六也。朱氏引書，皆現存者，惟阮孝緒〈七錄〉已佚，而僅見〈隋書經籍志〉注文，稱「梁有某某書卷若干」者。而朱氏皆直書〈七錄〉，一似〈七錄〉至今存者，似有未合。然據法應著「〈隋志〉著〈七錄〉云云」，方合於例，而其亦繁累無取。且此事本亦人所共知，朱氏不爲欺人，（〈章學誠史籍考釋例〉。按朱氏引書，如〈崇文總目、直齋書錄解題〉等，亦已亡佚，而彼時又無輯本，當係引自〈文獻通考·經籍考〉，俱不加說明。雖云不爲欺人，究亦不足爲法，）七也。序跋固多附載本書，亦不乏錄自文集或他書者，而俱云某某曰，不明其出處，八也。所著錄之序跋，或刪其歲月。（〈翁方綱復初齋文集〉卷三十二〈跋竹垞文稿〉。琯按：〈經義考〉所引序跋之年月，刪落殆盡。蓋朱氏於序跋實多未能錄自原書，而頗自他處轉鈔，年月不可悉考，如文集所載序跋，即每無年月，因並可知者亦刪之。蓋其例使然，非全如翁氏所言「小吏鈔胥之脫漏」。）九也。元明以下，或僅據書目甄錄，並序跋亦未多載，十也。（〈鄭堂讀書記〉卷三十二）。

〈經義考〉既未盡善，後人遂頗思補正。清謝啓昆之〈小學考〉等，自成一書，卷帙亦富，固無論矣。章學誠撰〈史考釋例〉，用謝氏語，故有「予既爲朱氏補〈經義考〉」云云。〈四庫提要〉等書目，於引用〈經義考〉時，亦每指陳其闕失，亦姑不計。其撰爲專書，僅文獻可徵者，計有：沈廷芳（見〈杭州府志、隱拙齋詩文集、東湖叢記〉），馮浩、朱休承（見〈國朝未刊遺書志略〉）錢東垣（見〈嘉興縣志、鄭堂讀書志、書目答問〉），林國廣、陸茂增、胡爾榮（俱見〈杭州府志〉），翁方綱、羅振玉諸家。然多未見傳本，僅翁、羅二家之書存。

翁書名〈經考補正〉，凡十二卷，其次第全依〈經義考〉，卷首有目次。其書頗引史志及諸家書目，考其異同，賈公彥〈周禮疏〉條云：「應將公彥序略日以下三十一行刪去，另載公彥序周禮廢興一篇於此。」〈春秋古經〉條指陳朱氏所引王觀國說自相矛盾。杜預〈春秋釋例〉條補錄劉蕡序。程公說〈春秋分記〉條云：程氏著有〈左氏始終〉三十六卷、〈通例〉二十卷，〈比事〉十卷，竹垞未採，應補入。卷十一、十二據金石增補者尤多。如朱氏于〈隸釋、隸續〉所載石經，刪去其殘字而引其跋尾，但殘字既不載，則跋尾亦無從考證。故爲之補入。凡此俱有功於〈經義考〉。

李慈銘好批評人，於翁方綱頗有貶抑，其〈越縵堂日記〉云：

> 閱翁方綱朱氏〈經義考補正〉。竹垞之書，捃摭繁富，誠不能無舛漏，補正之事必不可少。惟覃溪實不知學，僅一二訂其卷數錯誤之字，篇帙寥寥。而時闌入其詆訾近儒，皮傅宋儒之謬論。蓋覃溪初亦依傍漢儒，思亦以考據自見。既而碩學輩出，其陋日形。又爲載東原所譏，遂老羞成怒，逞肊妄訾。於是罵朱竹垞，罵紀曉嵐，罵阮芸臺。及陳恭甫致書直爭其失，而覃溪底蘊全露，而覃溪亦老不可復爲矣。是書自言本與丁小雅共爲之，其中小有補益當出小雅之手也。」

（同治癸酉五月二十九日）

五、人名索引和書名索引

〈經義考〉既多到三百卷，收書約八千種，雖然分門別類，再按著者先後排列，可是查起來還是很不容易。所以雖知道其中資料很富美，利用的人卻不多。上虞羅振玉，因而鈔錄簡目，編爲八卷，每書僅錄其撰人、書名、卷數、所見著錄的書目，以及存佚情形。有各家輯本的，也分別注明，在朱氏原有的存、佚、闕、未見四柱之外，新增輯本一項，很可供後來編目時的參考。而原書所注佚、闕、未見等書，於今實有傳本的，也分別注出，每書下均注明揚州馬氏補刻原刊本的葉次，很便查閱。至於朱氏原著有錯誤的地方，羅氏則別有〈校記〉一卷。用〈簡目〉去查原書，固已方便很多，可以省卻不少輾轉翻閱仍不易找到所需的書的困擾。就是〈簡目〉的本身，也可以看出歷代關於各經的著述情形，具有獨立成爲一種經學書目的條件。

現在的問題是：〈經義考〉本書、〈補正、目錄、校記〉，各自爲書。試問有誰在讀〈經義考〉時，隨時去查翁方綱的〈補正〉和羅振玉的〈校記〉有無相關資料。又〈目錄〉的順序，全依〈經義考〉原書，查起來仍不夠方便。最好能把這四種資料，合在一起，那就方便多了。這一工作，並不很麻煩，祇要把〈校記、補正〉的葉次，注在〈目錄〉中各該書之下就好了。祇是對查僅有分類順序的〈目錄〉和原書，仍然幫助不大。所以我就編了這一部〈人名綜合索引〉。

書目的索引最好人名和書名具備，如果祇編一種，則宜先編人名部份，理由如下：㈠從書名多可知其類別，尤其是群經。如易類的書名，十有八九有周易或易經的字樣；書類的書名，多有尚書或書經字樣。知其類屬，再知作者的時代，順序找去，範圍便有限了，找起來還不甚困難。㈡書名索引僅有據書名找出在目錄中位置的功用，爲效不弘。㈢一書每多異名，〈經義考〉祇著錄其中一個，有異名的僅偶加注出。所以單有書名索引，還不一定能據以查出所要找的書。

而著者索引的功用，不僅：㈠可以據著者找出所需要的書。而且：㈡可知某人關於群經的著述，收在〈經義考〉中的有多少。㈢〈經義考〉對所收有關各書著者的生平、學術思想的資料，很注意搜集，有時對一個人常從多種資料以記述其生平。這些資料，在一般傳記方面的文獻中，每不易找出。所以〈經義考〉所收的作者，約兩千人，也就可以利用〈經義考〉的人名索引，找出從先秦到清初，所載這兩千個有經學著述者的生平、傳略。所以著者的索引要比書名有用得多，當然也並不能取代書名索引。

六、索引的體例

這次編索引的步驟和體例，略述如下：

㈠取羅振玉的〈經義考目錄〉，加注〈四部備要〉本的葉碼，其在一葉的下半葉的，葉碼下注一「下」字，則未注下字的，便表示在該葉的上半葉。羅氏原注的葉碼經取馬氏補刊本核對一次，用同一方式處理。

㈡取翁方綱的〈經義考補正〉，據廣文書局〈書目叢刊〉影印粵雅堂叢書本，將其所有各條的卷次、葉次，注於〈經義考〉的相關各條之下。

㈢取羅振玉的〈校記〉，將其葉次注於〈經義考目錄〉相關各條之下。

這樣，打開〈經義考目錄〉，便能查得其中任一部書在馬氏補刊本和四部備要本的何卷何葉。如經翁氏〈補正〉、羅氏〈校記〉有所補訂的，也可知其所在的卷葉。這樣的一部〈目錄〉，要比羅氏的原本有用。不過羅氏的〈目錄〉，其中有些條目，佔滿了一行，更無餘白。因此所增記的資料，祇有擠寫在天地頭，或行間，甚至相鄰的一行，版面頗爲雜亂，不能據以影印。如果要付印的話，必須另行剪貼。

㈣以上述增注的〈目錄〉做底本，過錄在另兩部〈經義考目錄〉上，一部專錄單頁次的，一部專錄雙頁次的。

㈤把過錄增注的〈目錄〉，以所著錄的書爲單位，割裂成長條。其有一人所著，原列在一起的，則這兩種和多種書，不予割裂。

㈥將割裂的各條，分貼在白紙上，做爲卡片。

㈦標出各卡片上著者姓名的筆劃。

㈧將卡片按著者姓名的筆劃簡繁排列。

㈨同筆劃的姓名，依其筆順的筆形，再依點、橫、直、撇、屈的順序排列。

以上工作，承徐秀滿小姐細心從事。

㈩順序編定後，把一人異名的，儘可能合併在一處。

(十一)二人或多人同名的，也應分別，這兩項工作，做得都不夠。希望他日能補救。

(十二)〈經義考〉和〈目錄〉，對撰人均未標明朝代。然〈經義考〉對撰人多有其傳略，且按時代排列，少數無傳略的，也可由其前後各條的撰人推知。可是每一類後半的凡於全經之內，專說一篇，或一部分的，有的僅有三五人，便接著是專說另一篇的，如果再沒有傳略，則不易知其朝代。本索引對於這一方面，處理得也多疏略，有時竟然從缺，留待他日補正。

(十三)帝王釋家，從通例依諡號法號，另行排列。

(十四)其撰人不可考的著述，本索引從缺，俟他日編入書名索引。姓名不全者，補以□，作三劃計，排入索引。

(十五)索引中書名後的第一個號碼，是該書在其類屬中的順序。我平時查閱〈經義考〉，間有批註。希望能有機會，整理付印，前附羅氏〈目錄〉。把〈校記、補正〉和我的批註，都附在相關各條的適當位置。這一工作，既需時日，也耗資金，祇能期之他年。

(十六)索引自以排字或打字付印爲佳。然加注剪貼而成的底稿，版面頗爲雜亂，排字或打字人員，不易辨認，仍得再鈔一次。且從著手編輯到印製成書，所投入的人力、物力、財力，已經不少，不得不稍行節省費用，逕用鈔稿影印。

(十七)校對時，偶然會發現底稿有誤，當加查核校正，其未經發現的疏失，定然還有。最好的方法，是據索引逐條去查核原書，然這一工作太繁劇。希望問世後，能詳加核對，如有機緣，當據改正本再排字付印，以稍補這次疏誤的過失。

㈥本索引在體例、著錄、校對……等方面，所有的疏失，不論大小，竭誠希望方家賜正，他日倘能再版，當將芳名和高見表出，以申謝忱。

七、結　語

索引對於讀書和治學，頗爲有用。尤其在今天這知識爆炸的時代，也就是資料爆炸式的成長，讀書爲學，都不可能再以腹爲笥，而要適度的借助索引。可是編索引是「爲他人作嫁衣裳」的差事，聰明人或惟利是圖的出版商，如沒有他人補助，是不肯做這一傻事的。衍瑄愚昧，雖有　嚴父良師的教誨，然對經義、訓詁、校勘等，沒有成績可言，僅能從事一點周邊的瑣屑工作，負罪良深。然材既不能成巨匠，而僅能做個小工，倘能對日就荒廢的經學，稍效微勞，卻也還可聊以自慰。

屈萬里院士紀念論文集　七四、五

註：有些著者的時代未易查明，而也未能認眞的去做精細的整理工作。而吳政上先生所編的〈經義考索引〉已於八十一年十月由漢學中心印行。吳先生畢業於輔仁大學圖書館系，在中央研究院傅斯年圖書館服務。我編的索引便不必再印了。這篇文字選出重印，以記這件事的本末，並懷念　嚴父和良師。八五、五、十三

跋宋監本周易正義

——兼論阮元十三經校勘記

四十八年夏，中央圖書館購得影印南宋監本〈周易正義〉，原書爲江安傅氏雙鑑樓所藏，二十四年北平人文科學研究所假以影印。附傅增湘氏跋文三葉（後收入〈藏園群書題記〉續集卷一），於此書舊本分卷繆誤，刊印時代，遞藏經過，敘述詳明。並謂吳興劉氏〈嘉惠堂叢書〉所據之本，以展轉傳鈔，舛誤觸目，深以宋本錮藏不得校訂異同爲恨。因於得此書後，粗事披尋，取北監本校之，前四卷改定一百七十餘字，此外差失之甚者，如觀卦脫二十四字、咸卦脫八十九字、遯卦脫七字，艮卦脫六字，皆賴以補完。並云至其文字異同當別爲校記，訂正刊行。按其校記未見傳本，似未刊行。則欲知此一單疏本之善，惟有再事校勘。因取清嘉慶間阮元重刻宋本十三經注疏本一校，至卷三，以其雖有出入，重要之處已多見於阮氏校勘記，興味索然，遂輟其事。竊謂阮氏校勘記雖瑕瑜互見，實已可差強人意。比讀日本加藤虎之亮氏〈周禮經注疏音義校勘記〉（日本昭和三十二年影印著者清稿本），所據校者計：單經本十二、經注合刻本、音義本五、疏本一、經注音義合刻本十五、經注疏合刻本一、經注疏音義合刻本十四、諸家校勘本三、元以前《周禮》注釋書八、闕通禮書七、宋以前類書隨筆三十、唐以前注釋書四十一、字書韻書三十、有關《周禮》諸儒考說十八，共計近二百種。是以龐然巨帙，字數之多超過原書。其書首序說論阮氏校勘記云：

清儒校勘之書頗多，然其惠後學，無若阮元《十三經校勘記》。凡志儒學者，無不藏《十三經》，讀注疏者，必看校勘記，是學者不可一日無之書也。

阮元《十三經注疏校勘記》，學士通儒，視爲不可一日缺之書，仰之如金玉。以丁宴、孫詒讓之博雅，猶且沿襲其誤，然而此書之不足深信，撰者自道之。葉德輝曰：文達收藏既富，門客亦多，所刻諸經，當無遺恨。然是年文達調撫河南，交替之際，不能親自校勘。公子福撰《雷塘盦弟子記》云：此書尚未刻校完竣，即奉命移撫河南，校書之人，不能細心，其中錯字甚多。有監本，毛本不錯而今反錯者。校勘記去取，亦不盡善，故大人不以此刻本爲善也。(《書林清話》卷九)，後人不察，據以取信，謬矣。……試就《周禮》一經，論其得失。……

可謂推崇備至。然又云：

覩《周禮注疏校勘記》引據書目，蒐收非不博，採擇非不精，而猶不能無望蜀之憾。以阮氏聲望，於天下之書無不得，然而其所據：單經本止《唐石經、石經考文提要》，不逮宋刊小字本、秦刻九經本，何況於《蜀石經》、汴京《二體石經》。於經注本，不及重言本、建本、京本，重言本在彼難獲之書，不必深尤，建京兩本，得之豈無方。至於注疏本，不言及浙東本、元板十行本、閩人詮本。如閩本則闕卷頭序周禮廢興者，其爲不善本，可推而知矣。監本獨依重修惡本，而逸重校善本。毛本自稱原刊，其爲重刻，歷歷可證。閩監毛三本，獲其精刻，在今日猶不爲至難之事，況於當時乎。而搜羅不及，此爲可憾。要之其所校多據錢孫吳本、惠棟校本、浦鏜正字，其就原本所校者，似不多矣。

一若阮氏校勘記一書可廢，毀譽出於一人，遂啓予一讀校勘記之意。因復取影宋單疏本，續校一過，並注意其與阮氏所引諸本之異同。

讎對既竟，精爲統計：單疏本與阮刻本有出入處，竟逾千條，爲量不可謂少。然試加分析，有：

一字異體者：如「无」之與「無」，「証」之與「證」、「禮」之與「礼」。按宋人刻書、於一書之內異體字往往互用，即以宋刊單疏本本書而論，亦復如此。

字可通用者：如「已」之與「以」、「暮」之與「莫」、「大」之與「太」。

字之形近音近易訛而亦易辨者。而以單疏本訛誤爲多。

句尾虛字之增減：以「也」字爲多。唐人鈔書，宋人刻書，不僅於注疏隨意增刪，即本文亦不免如此。老子一書，文僅五千，試以敦煌所出諸鈔本、日本古寫本、宋刊本互校、各本間虛字之出入不下十分之一。而群經疏文尤甚，大抵與字數之奇偶有關，藉以整齊行款，無何義例可言。

衍文脫字而於文義無損者。

以上五項約占此千餘條中三分之二。其餘與阮刻本有異，而已見阮氏所據校諸本，爲校勘記引述者，又可三分之二，其中與阮氏所引宋本及毛本相合者尤多，從可知此二本之底本與單疏本較近。

論者咸以阮氏校勘記以〈周易〉最爲疏略，然取單疏本校阮刻本，出入雖多，然其爲校勘記所未及而與經義文義有關者，不盈百條。昔日余讀群經注疏，輒並校勘記一併讀之，深服其嚴於去取，語多精竅。又多引浦鏜〈十三經正字〉，盧文弨校語，去蕪存精，讀之無枯燥煩厭之感。加藤氏博採群書，鄭重校勘，勒成一帙，誠有助於治經者之參考。然卷帙過巨，珠沙並存，不便閱讀，終不足以廢阮氏書。

今傳〈十三經校勘記〉刻本凡二：一爲皇清經解本，一爲阮刻十三經注疏附刊本。論者或謂後者有刪減，不若經解本之善。余則謂不然。蓋附刊本較經解本誠多刪削，然所刪率爲句尾語辭之增減，尤以「也」字爲多。而附刊本則經阮福補校，語多精闢，如卷一：

疏：「其相終竟空曠」。原校「閩、監、毛本同，錢本宋本相作禮。」阮福補案「禮字是也。注則處下之禮曠可知。」此原校案而未斷，爲之下斷語並引證據。

注：「夫用雄必爭」。阮福補：「岳本、監本、毛本用作兩，是也。閩本作用，缺夫字，十行本夫雄字筆劃舛誤，今正。」此十行本有舛誤，重刊時據他本改正，原校未及，阮福補述。

疏：「改云敬以直正者」阮福補案：「正當作內」。瑄按單疏本正作內。此各本皆誤，無本可據，以經義度之，而與單疏本合者。

經：「何長也」。阮福補：「各本作何可長也。此十行本原脱可字，案正義曰何可長者，又曰

何可長久也，是何下當有可字。今補。」此原校疏略，爲之補出。

以上僅略舉數例，其重要可見，而所引毛本尤多。故知阮福所云：「有監本、毛本不錯而今反錯者。校勘記去取，亦不盡善。」實其重校後所得之結論。而加藤氏所云「其就原本所校者，似不多矣。」蓋爲不誣。阮福紹承先業，頗事補苴。然校書如拂塵掃葉，且所據之本不多，後人得一晚出珍本，即可補其未備。

友人馬君光宇，取〈周易〉白文本三、注本四、單疏本一、注疏本四，復參以唐李鼎祚〈周易集解〉、阮刻〈周易虞氏義〉，彙而校之，成〈周易經文注疏校證〉九卷，載於〈臺灣省立師範大學國文研究所集刊〉第六號，取材雖不若加藤氏之博，要亦多有足以補正阮氏者。宋刻單疏本亦其所據之一本，然予檢傅氏跋文中所舉脱文：咸卦所脱八十九字，阮氏已於校勘記中據宋本補錄，馬君未檢校勘記，復據單疏本補之。遯、咸二卦，手頭無北監本，不知其所脱爲何，然取單疏本校阮刻本，則無脱七字、六字之處。蓋北監本脱而阮氏所據他本不脱，校勘記中失此條，是其疏略處，亦即其簡潔處。馬君校證無北監本，故亦未詳脱文。至觀卦所脱二十四字，則阮刻本亦脱，校勘記亦無之，茲補錄於次：

其禮卑也今所觀宗廟之祭但觀其與禮不觀在後籩豆之事

此文上承「薦者謂既灌之後陳薦籩豆之事」，下接「故云觀盥而不薦也」。馬君於此二十四字之脱文，校證中未能舉出。其每校一本，必通校數過，校畢各本，復經排比，勒成一書，然猶不免疏略。校書誠

難事也。

綜上所述，知宋刊本《周易正義》誠屬善本，可正注疏合刻本之脫誤處甚多。（至注疏合刻本之割裂疏文以就注文，致使文義不屬，此則群經皆然，世多知之，茲不具論。）而阮氏校勘記雖所據本不多，而又未能悉就原本對校，然即以最劣之《周易校勘記》而論，仍爲讀經者所不可廢也。

《孔孟學報》第六期　五十二年六月

註：《周易》是四部分類中的第一種書，而校勘是目錄、板本學的入門工夫。四十六年冬，曾校敦煌本《史記》三種，撰爲跋文。然那是讀研究所的學科報告，且經簡陽王叔岷師指導改正。這篇則是自己寫的，這次加了書名號，並改動了幾個字。八七、五、一二

論經韻樓本說文段注

段玉裁注〈說文解字〉，可說如同酈道元注〈水經〉。據〈清史列傳〉卷六十八段玉裁傳略云：

> 卜居蘇州之楓橋，鍵户不出者三十餘年。玉裁於周秦兩漢書，無所不讀，諸家小學，皆別擇其是非。於是積三十年精力，專說〈說文〉，著〈說文解字注〉三十卷。始爲長編，名〈說文解字讀〉，凡五百四十卷，既乃隱括成此注。書未成，海內想望者幾三十年。

所以能擇精而語詳，綜前人的成就，示後學以塗軌。王念孫序其書云：

> 訓詁聲音明而小學明，小學明而經學明，蓋千七百年來無此作矣。

可說推崇備至，不過也並非虛譽。

書成，由段氏經韻樓自行刊印，在板刻上也稱精品。嘉慶二十年（一八一五）五月竣功，那時段氏已八十一歲，也就在這一年去世。所以他注〈說文〉，用畢生精力，到晚年才定稿付印，自己能親自參與校刊工作。而擔任校字的，都是他的友人、後學，以及門生，可說托付得人。

校字人士

本書每卷後，多有校字人姓名，今迻錄於下：

受業祁門胡文水 一篇上
元和顧廣圻 一篇下
受業長洲陳奐 二篇上（卷末無校字人姓名，疑與二篇下同一人。四篇上、九篇上，同）二篇下
受業嘉興沈濤 三篇上
江都汪喜孫 三篇下
山陰李宏信 四篇上、下
錢塘梁玉繩 五篇上
山陽汪庭珍 五篇下
儀徵阮長生 六篇上
吳縣鈕樹玉 六篇下
受業歙江有誥 七篇上
歸安嚴元照 七篇下
桐城章甫 八篇上

高郵王引之　八篇下

受業長洲徐頲　九篇上、下

受業黟縣胡積城　十篇上、十一篇上至十四篇上、十五卷上。其中十篇上又分上下兩子卷，共計十卷。

儀徵阮元　十篇下

德清許宗彥　十四篇下

受業婿仁和龔麗正　十五卷下

以上十九人，多深於樸學，擅長考據、校勘，或文字學，和段氏的關係也很密切，應該能夠細心校字，儘可能做到沒有脫誤，才不負段氏所托。可是事實並未能如此。當然，校書如拂塵掃葉，要做到零缺點，幾乎是不可能的。不過，很明顯的脫誤，總不能多才是。

經韻樓本勘誤

民國四十六年春。肄業本所時，規定要圈點一些古藉，其中便有〈說文段注〉，當時就發現影印的經韻樓的原刻本中，頗有脫誤。因爲天地頭太小，寫不下幾個字，於是用卡片隨時記下。三十多年來，查閱時未能留意，遺失了一些。今就所存的，略舉數例。（勘誤今悉削去）

虛列姓名

以上計六十餘條，這僅是殘存的部份，而且都是圈點時不經意的發現，並未核對其他書藉、資料。所以說起來，在校字方面說，經韻樓原刻本〈說文解字注〉，已不止於錯誤百出。不過以一千五百葉，（到十四篇下的正文，不計卷十五的序文、部首等。）一百多萬字的巨著，相形之下，好像也不算多。

可是以負責校字諸人的學養之深，和段氏關係之密來看，又令人失望，甚且難以置信。這一問題，紹興許師詩英認爲：段氏的〈說文注〉，自然是必傳之作，列名校字的人，不無「附驥尾」的成分。而把這些績學之士，列名校字，雖然不會增加書的身價，至少也有些錦上添花的效果。這些人並不一定親自校字，說起來，有些互相標榜。證以卷十五下，是許沖的〈進書表〉，僅十三葉，列名校字的是壻龔麗正。卷末又有胞弟玉成，至曾孫義曾等十三人同校字等字樣。也可證明許師的說法。

經解本勝過經韻樓本

許師又說：阮元刻的皇清經解本〈說文段注〉，在校字上勝過經韻樓的原刻本。經我比對幾條，知經韻樓本的脫誤，經解本有的相因未加改正，有的則已改正。不過是否有經韻樓本不誤，而經解本反而錯了的，則有待對勘。

經韻樓原本〈說文段注〉，刊行至今，計一百七十二年，曾屢次影印。最早的似是商務印書館的斷句本，毛子水先生說：「所加的句讀，錯誤很多，頗爲識者所不滿。」（按：該館所印斷句本的古籍，收入〈國學基本叢書、萬有文庫〉的，大多如此，不僅〈說文段注〉。）近三十多年，各院校中文研究所，以及中文系，多指定要讀〈說文段注〉。於是有多家書店屢次影印，所據淸一色是經韻樓本。

因爲多家影印，競爭激烈，於是踵事增華。先是編筆劃索引，再則是楷定篆文，書於各字上端，更有把篆字套紅印出的。而對於經韻樓本的脫誤，卻從無人過問，不免捨本逐末。

我曾經勸幾家出版社，不妨單印經解本，可是沒有一家肯試一試。連大陸上也都認定經韻樓本加以影印。

經解本宜有單行本

形成這一心態的因素有五：

㈠因循不改的墮性。

㈡經韻樓本是原刊，而且是段氏自刊，在板本上原刊本多比重刊本好。而又出於作者自刊，更讓人認爲板本最好。

㈢段氏既精於校勘，列名校字的，又多是名家，易引起崇拜權威。

㈣經韻樓本刊印俱佳，看起來悅目。

㈤經解本的行格較密，字體較小。影印本又採取四面合一面的縮印方式，字體更小，所以沒有人肯採用。

然而經解本在校字上訂正了經韻樓本若干錯誤，如能有單行本，和經韻樓本並行，對讀〈說文段注〉的人來說，多了一個本子，總是好的。

校讀古籍的態度與方法

我寫這篇文字的用意，不在爲經韻樓本〈說文注〉做勘誤表，而在說明下列各點：

㈠討論板本的優劣、特色，一定要從校勘著手，不能想當然耳，或是人云亦云。甚至於以此類推的方式，在討論板本時，也不大用得上。

㈡讀書、求學，要不迷信權威，不崇拜偶像，當實事求是。（其實清經解爲阮元所編刊，也出於權威，祇是就〈說文段注〉來說，經韻樓本在校刊上，自然要比經解收了很多種書易於專精。）

㈢傳布古書，選好的本子，固然重要。其他不太差的本子，也當使其能有重印的機會，以資比勘。

㈣當然最好的辦法，是取幾個本子加以校勘。這樣做起來，需要人力、時間，以至財力。大陸上新印的古籍，早些年所印的如〈二十四史、通鑑〉，以及若干經、子和詩文集，每能據多種板本及相關文獻，加以校勘。近些年因求快而多，校對便有遜色。相形之下，我們所做的，更有待加強。一人之力有限，不妨策群力，有計劃長期去做。

㈤譬如很多中文研究所都指定要圈點若干古籍，我認爲在量的方面是一回事，如果能指定每個人或若干人，細心去點校一兩卷書，不僅是像我這樣憑感覺去發現脫誤，而是要參考其他文獻，加以考訂。並請師長督導、審訂。那麼一個研究所，在三兩年內，便能校訂一部〈說文段注〉。十多個中文所，平均一年便可校訂三五部至十部像〈說文注〉這樣部頭的書，並寫成初稿。到民國一百年時，應可完成一百種大大小小的古籍校訂工作，以做紀念。在這期間，還可作爲慶賀創所若干年，所中師長壽辰的獻禮等。

結語

識字爲讀書的始基，要識中國字，必不能拋開〈說文〉，因爲許愼去古未遠，又深於經學，看到許多早已亡佚的資料。讀許書則不可無段注。段注板本有多種，而皆出於經韻樓原刊本。經韻樓本雖好，也有脫誤，這是我們所應當有而且必須有的認識。

中國學術年刊第十期　七十八年二月

註：年刊是臺灣師大國文研究所編印，本期係紀念高郵高仲華老師八秩嵩壽。原文有校勘記六十條，中多罕見字，排校困難。因不是重點所在，所以刪去。八十七年五月十二日

從速整理並印行古籍

三十多年以來，我們大量印行古籍，估計不下兩萬種。而大陸上到紅衛兵之後，自承所印不過約兩千種，比例懸殊。以至世界各國要讀中國古書，要買中國古書，我們做的是近於獨門生意。甚至大陸也透過轉口貿易，買我們的書。這一文化利器，刺破竹幕，所產生的影響，不容忽視，卻少有人注意。

近幾年的印行量遠不如前。原因如下：該印的可印的差不多都印了。古籍的底本難求，即使能找到，條件也往往苛刻得難以接受。印製工本高，銷路有限。其他行業，甚至編印新書，利潤較高。所以不僅專印古籍的書店減少，幾家「老店」也很少印「新書」。有些「夕陽行業」的景象。

其實中央圖書館、故宮博物院、臺灣大學等收藏機構，可印而值得印的古籍還很多。以前不拿出來印，別人便無從印起。如今日本、韓國也不時印些中國古籍，不過數量還有限。大陸也印了不少古籍，如天一閣的明代方志，中華大藏經，甚至點校排印了朱子語類。我們如不重振雄風，有一天會落後得追不上。主客易勢，影響深遠。

影印古籍，還是頗有可為，不過不宜像以前找到書就向印刷廠一送，可說祇是印刷，說不上出版。希望能精選書目，找好的版本，印刷裝訂，都要講究。卷首能有說明，卷末附參考資料和索引。魏文帝說：文章是經國之大業，不朽之盛事。值得勻些公私財力、人力去投入的。

文史哲雜誌三卷四期　七十六年四月

郡齋讀書志中之小序

余嘉錫〈目錄學發微．體製三〉云：

小序之體，所以辨章學術之得失也。劉歆敘各家之源流利弊，總爲一篇，謂之輯略，班固因分載各類之後，以便觀覽。其後目錄之書，多仿輯略之體，王儉〈七志〉謂之條例，許善心〈七林〉謂之類別，毋煚〈古今書錄〉謂之小序。惜其書多亡，今存者〈隋志〉而已。宋人所修〈國史藝文志〉，皆有部類小序，與〈漢、隋志〉同。其他目錄之書，惟〈崇文總目〉每類有序。晁、陳書目號爲佳書，〈晁志〉能爲四部各作一序，至於各類無所論說。

筆者昔年與余氏看法相同。然近年細讀〈晁志〉，知其於每類第一部書下，論說文字常在涉及該書之外，而係辨章該類之得失，正係小序。因予迻錄，並加說明。

一、經部

卷一易類　王弼〈周易〉下云：

易自商瞿受於孔子，六傳至田何而大興，爲施讎、孟喜、梁丘賀。其後焦贛、費直始顯，而傳受皆不明，由是分爲三家。漢末田、焦之學微絕，而費氏獨存。其學無章句，惟以彖、象、文言等十篇，解上下經。凡以彖、象、文言等參入卦中者，皆祖費氏，東京荀、劉、馬、鄭，皆傳其學。王弼最後出，或用鄭說，則弼亦費氏也。歐陽公見此，遂謂孔子古經已亡。按：劉向以中古文〈易經〉，校施、孟、梁丘經，或脫去无咎、悔、亡，惟費氏經與古文同，則古經何嘗亡哉。

按：前段略述易學傳受，依據〈隋志〉小序而略有出入。後段雖是論王弼易學出於費氏，然卻是所論易學源流中的一部分，仍是小序性質。接著便論歐陽修謂孔子古經已亡之失。

附讖緯　〈乾鑿度〉下云：

昔通儒謂緯書僞起哀、平，光武既以讖立，故篤信之。陋儒阿世，學者甚眾。鄭玄、何休以之通經，曹褒以之定禮。歷代革命之際，莫不引讖爲符瑞。故桓譚、張衡之徒，皆深嫉之。自苻堅之後，其學殆絕。使其尚存，猶不足保，況此又非眞也。（〈通考〉引不足保作不足信。）

按：〈晁志〉著錄易緯三種，次於〈周易甘棠正義〉，與〈卜子夏易〉之間。看作附錄。述讖緯的興廢，並論其淺陋不足信。

書類　尚書（古文孔安國傳）下云：

晉之亂，歐陽、夏侯〈尚書〉並亡。晉梅賾始得此傳，闕〈舜典〉一篇，乃以王肅注足成之。齊建武中，吳姚方興得之於大桁頭，比王注多二十八字。唐孝明不喜古文，以今文易之。又頗改其辭，如舊無頗，今改無陂之類，是也。按：安國既改古文，會有巫蠱事，不復以聞，藏於私家而已。是以鄭康成注〈禮記〉、韋昭注〈國語〉、杜預注〈左氏〉、趙歧注〈孟子〉，遇引今〈尚書〉所有之文，皆曰逸書，蓋未嘗見古文故也。然嘗以〈禮記〉校說命、〈孟子〉校泰誓，大義雖不遠，而文不盡同。意者安國以隸定古時失之耳。

按：前半依據〈隋志〉。唐孝明云云則公武所續。述〈尙書〉源流，並說古文〈尙書〉不盡可信。

卷二詩類　〈毛詩故訓傳〉下云：

古詩三千餘篇，孔子刪取其三百一十篇爲經，後亡其六。漢興分爲三：申公作訓詁，號〈魯詩〉。轅固生作傳，號〈齊詩〉。韓嬰作傳，號〈韓詩〉。皆列學官。最後毛公〈詩〉出，自謂子夏所傳。公趙人，爲河間獻王博士。五傳至東京，馬、賈、二鄭皆授其學。魏晉間，〈魯齊詩〉遂廢，而〈韓詩〉僅存。毛公〈詩〉獨行至今，謂其解經最密。其序蕭統以爲卜子夏所作。韓愈嘗以三事疑其非，王介甫獨謂詩人所自製。按：〈東漢儒林傳〉曰：衛宏〈毛詩序〉，善得風雅之旨。〈隋經籍志〉曰：先儒相承，謂〈毛詩序〉子夏所創，毛公及衛宏所潤益。愈之言蓋本於此。〈韓詩序〉芣苡曰：傷夫也。漢廣曰：悅人也。序者詩人所自製，〈毛詩〉猶〈韓詩〉也，不應不同若是。況文意繁雜，其出二人手甚明，不知介甫何以言之。殆臆論歟。

按：漢隋二志皆不言刪詩之事。〈隋志〉已言詩序出於衛宏，而晁氏考之較詳。又記〈毛詩〉與三家詩傳授情形。

禮類　〈周禮〉下云：

漢武帝時，河間獻王開獻書之路，得周官有五篇，失冬官一篇，乃募以千金，不得，取考工記以補其闕。至孝成時，劉歆校理秘書，始得序列，著於錄，爲眾儒排棄。歆獨以爲周公致太平之跡。永平時，杜子春能通其讀。鄭眾、鄭興亦嘗傳受，（鄭）玄皆引之，以參釋異同。

〈儀禮〉下云：

西漢諸儒得古文〈禮〉，凡五十六篇，高堂生博士〈禮〉十七篇，爲〈禮儀喪服傳〉一卷，子夏所爲。其說曰：〈周禮〉爲本，聖人體之；〈儀禮〉爲末，聖人履之。爲本則重者在前，故宗伯序五禮，以吉、凶、軍、賓、嘉爲次。爲末則輕者在前，故〈儀禮〉先冠、昏，後喪、祭。韓愈謂文王周公，法制粗在，於是恨不及其時，進退揖讓於其間。

〈禮記〉下云：

乃孔子沒後，七十子之徒所共錄。中庸，孔伋作。緇衣，公孫尼子作。王制，漢文帝時博士作。河間獻王集而上之。劉向校定二百五十篇，大戴既刪八十五篇，小戴又刪四十六篇。馬融傳其學，又附月令、明堂義，合四十九篇。（袁州本此下復有：唐孝明刪月令移第一。）皇朝以〈禮記〉不刊之書，改正復爲第五。議者謂經禮三百，曲禮三千，「毋不敬」一言足以蔽之。故先儒以爲首。孝明肆情變亂，甚無謂也。復之當矣。（衢州本則錄於次條〈石經禮記〉下，而文較簡略。）

按：三禮的源流及傳授情形，分敘於各書之下。〈隋志〉合爲一篇。〈周禮、禮記〉，依據〈隋志〉寫成。〈儀禮〉所云本末先後之說，則未見於〈隋志〉。

樂類

〈樂府雜錄〉下云：

古之爲國者先治身，古以禮樂之用爲本，後世爲國者先治人，故以禮樂之用爲末。先王欲明明德於天下，先推其本，必先修身。而修身之要，在乎正心誠意。故禮以制其外，樂以養其內。使內之不貞之心，無自而萌；外之不義之事，無由而蹈。一身既修，而天下治矣。是以禮樂之用，不可須臾離也。後世則不然，設法造令，務以整治天下，自適其暴戾恣睢之心，謂躬行率人爲迂闊不可用。若海內平定，好名之主，然後取禮之威儀，樂之節奏，以文飾其治而已。則其所謂禮樂者，實何益於治亂成敗之數。故曰後世爲國者先治人，以禮樂之用爲末。禮文在外爲易見，歷代猶不能廢。至於樂之用在內，微密要眇，非常情所能知，故自漢以來，指樂爲虛器，雜以鄭衛夷狄之音。雖或用於一時，旋即放失，無復存者，況其書哉。今裒集數種，姑以補書目之闕焉爾。

按：〈漢志〉云：「移風易俗，莫善於樂。」〈隋志〉云：「樂者，先王所以致神祇，和邦國，諧百姓，安賓客，悅遠人。」而公武則更強調禮樂爲「修身之要」。關乎「治亂成敗之數」。與其經類總序：「孔氏之教，別而爲六藝數十萬言，其義理之富，至於不可勝原。然其要片言可斷，曰修身而已矣。修身之道，內之則本於正心、誠意、致知、格物；外之則推於齊家、治國、平天下。」正互相發明。不僅把樂對個人、對人群的效用，發揮很透徹，也是〈晁志〉幾十篇小序中最重要的一篇。

卷三春秋類

〈公羊傳〉下云：

戴宏序云：「子夏傳之公羊高，高傳其子平，平傳其子地，地傳其子敢，敢傳其子壽。至漢景帝時，壽乃與弟子胡母子都，著以竹帛。其後傳董仲舒，以〈公羊〉顯於朝。又四傳至何休，爲經傳集詁，其書遂大傳。鄭玄曰：〈公羊〉善於讖，休之注引讖最多。」

〈穀梁傳〉下云：

應劭〈風俗通〉稱穀梁名赤，子夏弟子。麋信則以爲秦孝公同時人。阮孝緒則以爲名俶，字元始。皆未詳也。自孫卿五傳至蔡千秋。漢宣帝好之，遂盛行於世。自漢魏以來，爲之注解者，有尹更始、唐固、麋信、孔演、江熙等十數家。而范甯以爲膚淺，於是帥其長子參、中子雍、小子凱，從弟邵及門生故吏，商略名例，博採諸儒同異之說，成其父汪之志。嘗謂三傳之學，穀梁所得最多。諸家之解，范甯之論最善。

按：〈左傳〉下僅詳述杜預集解，沒有關於小序的文字。公穀二傳所述西漢代以前的傳授情形，與漢、隋二志的小序都不甚相涉。

孝經類

〈唐明皇注孝經〉下云：

何休稱：子曰「吾志在〈春秋〉，行在〈孝經〉。」信斯言也，則〈孝經〉乃孔子自著者也。今其首章云：「仲尼居、曾子侍。」則非孔子所著明矣。詳其文義，當是曾子弟子所爲書也。

柳宗元謂〈論語〉載弟子必以字，獨曾參不然，蓋曾氏之徒樂正子春、子思相與爲之耳。余於〈孝經〉亦云。

按：這一段論〈孝經〉的作者和成書時代，司馬光〈孝經指解〉，已有說明。朱熹所說比〈晁志〉詳明。不過朱熹比公武稍晚，張心澂的〈僞書通考〉則置於朱於晁前。

卷四論語類　何晏注〈論語〉下云：

漢時〈論語〉凡有三：而〈齊論〉有問王、知道兩篇，詳其名，是必論內聖之道。外王之業，未必非夫子之最致意者，不知何說。而張禹獨遺之，禹身不知王鳳之邪正，其不知此固宜。然勢位足以軒輊一世，使斯文遂喪，惜哉。

按：〈齊論〉篇名漢、隋兩志均未提及，見〈漢志〉班氏自注。公武又據篇名以推想內容，並論張禹的爲人。

經解類　〈白虎通德論〉下云：

〈隋志〉通解群經者，系之論語類。又別載七緯。〈唐志〉有讖緯、經解二目，〈崇文錄〉以緯書各附經末。今讖書蓋鮮，而雜解七經，繫之論語爲未安，故從〈崇文錄〉並讖緯，而經解之目，從〈唐志〉云。

按：敘述立經解一類的緣由。漢隋二志雖無經解類，而有經解之書，及其歸類的情形。

小學類　〈爾雅〉下云：

文字之學凡有三：其一體製，謂點畫有縱橫曲直之殊。其二訓詁，謂稱謂有古今雅俗之異。其三音韻，謂呼吸有清濁高下之不同。論體製之書，〈說文〉之類是也。論訓詁之書，〈爾雅、方言〉之類是也。論音韻之書，沈約〈四聲譜〉及西域反切之學是也。三者雖各名一家，其實皆小學之類。而〈藝文志〉獨以〈爾雅〉附孝經類，〈經籍志〉又以附論語類。皆非是，今依〈四庫書目〉，置於小學之道。

按：〈隋志〉小序雖不明言分類，然清姚振宗〈隋志考證〉云：類中分類凡七。〈晁志〉著錄各書，則混然不分。顧廣圻〈思適齋集〉云：再四尋繹，方知當畫分六段，自第二段以下，皆鈔本錯簡也。又晁氏以書法之〈法帖、臨池妙訣〉等，亦入小學，則不如〈陳錄〉入藝術爲宜。

〈切韻指元論〉下云：

〈切韻〉者，上字爲切，下字爲韻。其學本出西域。今其法類本韻字各歸於母。幫滂並明非敷奉微，脣音也。端透定泥知澈澄娘，齒音也。見溪群疑，喉音也。照穿床審禪精清從心邪，舌音也。曉匣影喻，牙音也。來日，半齒半舌也。凡三十六，分爲五音。天下之聲，總於是矣。切歸本母，韻歸本等者，謂之音和，常也。本等聲盡，汎入別等者，謂之類隔，變也。中國自齊梁以前，此學未傳。至沈約以後，始以之爲文章，至於近時，始有專門者矣。

按：可看做音韻之屬小序。記述音韻學的源流，和三十六字母，分爲五音。照穿床……，床字原作休，按休字非舌音，疑誤，今改作床字。

二、史部

卷六雜史類　〈汲冢書〉下云：

古者天子諸侯，皆有史官，惟書法信實者行於世。秦漢罷黜封建，獨天子之史存，然史官或怯而阿世，貪而曲筆，虛美隱惡，不足考信。惟宿儒處士，或私有記述以伸其志，將來賴以證史官之失。故以司馬遷之博聞，猶采數家之言，以成其書，況其下者乎。然亦有聞見單淺，記錄失實。胸臆偏私，褒貶弗公，以誤後世者，是在觀者愼擇之矣。

按：所論雜史的成因，及記述的得失，俱爲〈隋志〉所末及。而前此的正史、編年、實錄三類，於所志各書，頗有長篇大論，而無綜論該類的小序。

卷七史評類　〈劉氏史通〉下云：

前世史部中有史鈔類，而集部中有文史類。今世節鈔之學不行，而論說者爲多。故自文史類摘出論史者爲史評。附史部而廢史鈔云。

按：論立史評類的緣由。所說今世鈔節之學不行則不然。南宋節鈔史籍的風氣頗盛，如託名呂祖謙的〈十七史詳節〉。袁樞〈通鑑紀事本末〉，實在也是史鈔之屬，不過後來自成一類，於是以鈔書而成名。袁樞與晁氏時代相近。

卷八刑法類　〈刑統〉下云：

古者議事以制，使民不知所爭也。後世鑄刑書，使民知所避也。雖若不同，所以爲民之意則一。然議事以制者，委重於人。鑄刑書者，委重於法。委重於人，則上之人將輕重由心，以虐其下。委重於法，則下之人將徵於書，以慢其上。其爲失也亦均。要之，以人行法，不使偏重，然後得耳。

按：〈隋志〉小序是記述刑法的源流，此文則就法制和刑書的重心和得失，而不宜有所偏。

卷九傳記類　〈黃帝內傳〉下云：

〈藝文志〉以書之紀國政得失，人事美惡，其大者類爲雜史，其餘則屬之小說。然其間或論一事、著一人者，附於雜史、小說皆未安，故又爲傳記類，今從之。如神仙、高僧，不附其類而繫於此者，亦以其記一事，猶列女、名士也。

按：〈隋志〉雜傳類小序，敘述其流變。而晁氏則論其與雜史、小說及釋道兩家的關係。

譜牒類　〈姓源韻譜〉下云：

古者賜姓別之，黃帝之子得姓者十四人是也。後世賜姓合之，漢高命婁欽、項伯爲劉氏是也。惟其別之也則離析，故古者論姓氏推其本同。惟其合之也則亂，故後世論姓氏識其本異。自五胡亂華，百宗蕩析。夷夏之裔，與夫冠冕輿臺之子孫，混爲一區，不可遽知。此周齊以來，譜牒之學，所以貴於世也與。

按：〈隋志〉譜系類記述歷代撰述情形。晁氏則記述姓氏制度的沿變。又袁州本無此段文字。〈通考〉則作陳氏曰，王先謙云：疑舊本亦從〈通考〉補入。琯按：行文方式同刑法類的小序。

三、子部

卷十二農家類 〈齊民要術〉下云：

農家者本出於神農氏之學，孔子既稱禮義信足以化民，焉用稼？以誚樊須。而告曾參以用天之道，分地之利，爲庶人之孝。言非不同。意者以躬稼非治國之術，乃一身之任也。然則士之倦遊者，詎可不知乎。故今所取，皆種藝之書也。前世錄史部中有歲時，子部中有農事，兩類實不可分，今合之農家。又以錢譜置其間，今以其不類，移附類書。

按：〈漢志〉云：農家蓋出農稷之官，播百穀、勸耕桑，以足衣食。及鄙者爲之，欲使君臣並排，誖上下之序。〈隋志〉略同。晁氏則論本類的價值及內涵。

卷十三小說類 周盧注〈傳物志〉下云：

西京賦曰：小說九百，起自虞初，周人也。其小說之來尚矣。然不過志夢卜、紀譎怪、記談諧之類而已。其後史臣務采異聞，往往取之，故近時爲小說者始多及人之善惡，甚者肆喜怒之私，變是非之實，以誤後世。至於譽桓溫而毀陶侃，褒盧杞而貶陸贄者有之。今以志怪者爲上，褒貶者爲下云。

按：漢隋二志小序皆是敘述小說的源起及內容。晁氏則分析後世小說的內容、演變及其價值。又袁本無此段文字。

天文類　〈司天考占星通元寶鏡〉下云：

皇朝太平興國中，詔天下知星者詣京師，未幾，至者百許人。坐私習天文，或誅或配隸海島，由是星曆之學殆絕。故予之所藏書中亦無幾，姑裒數種以備數云。

按：漢隋二志小序都是記述天文之內涵及價值，晁氏則但記一朝之事而影響及於天文者。

卷十四五行類　〈廣古今五行志〉下云：

自古術數之學多矣。言五行則本〈洪範〉，言卜筮則本〈周易〉。近時兩者之學殆絕，而最盛於世者：葬書、相術、五星、祿命、六壬、遁甲、星禽而已。然六壬之類，足以推一時之吉凶。星禽、五星、祿命、相術之類，足以推一身之吉凶。葬書之類，足以推一家之吉凶，遁甲之類，足以推一國之吉凶。其所知若有遠近之異，而或中或否，不可盡信則一也。且其說皆本於五行，故同次之爲一類。

按：〈漢志〉分六略，其中數術略分爲六類，後世多分入子部的五行類。漢、隋兩志的小序都略述該類（略）的內容。本篇則以前代五行方面的書幾乎全已亡佚。因而祇敘當代的五行類可分七目，且略加評介。

兵家類　〈六韜〉下云：

按兵法，漢成帝嘗命任宏分權謀、形勢、陰陽、技巧爲四種。今又有卜筮、政刑之説，蓋在四種之外矣。

按：〈漢志〉有兵書略，與諸子、數術、方技等平列，〈隋志〉則降爲子部一類，收書一百三十三部，然後半祇是些碁勢、博戲之類，不僅如公武所說又有卜筮、政刑之說而已。

類書類 〈同姓名錄〉下云：

齊梁間，士大夫之俗，喜徵事以爲其學淺深之候。梁武帝與沈約徵栗事是也。類書之起，當在是時。

按：〈新唐志〉始有類書類。首先著錄〈皇覽〉，是魏文帝命王象等所編的，公武說始於齊梁間，晚了百年。

卷十五雜藝術類 〈古畫品錄〉下云：

夫秋之弈，延壽之畫，伯樂之相馬、甯戚之販牛，以至於曹丕之彈棊、袁彥之摴蒱，皆足以擅名天下。昔齊侯禮九九而仲尼賢博弈，良有以哉。或曰：藝成而下，奈何？曰：經著大射、投壺之禮，蓋正己養心之道存焉，顧用之何如耳。安可直謂之藝而一切廢之。故予取射訣、畫評、弈經、算術、博戲、投壺、相牛馬等書，同次之爲一類。

按：〈新唐志〉始有雜藝術類，〈崇文總目〉則名藝術類。〈晁志〉所收之書，與兩目略相似，而加進了原隸農家類相牛馬之類的書。小序則略敘本類各書的來源。並分成九個子目。

醫書類 〈黃帝素問〉下云：

醫經傳於世者多矣，原百病之起癒者本乎黃帝，辨百藥之味性者本乎神農，湯液則稱伊尹，三人皆聖人也。憫世疾苦，親著書以垂後。而世之君子不察，乃以爲賤技，恥於習之由此。故今稱醫者多庸人，治之常失理，可生而死者甚眾。激者至云：有病不治，猶得中醫，豈其然乎？故予錄醫頗詳。

按：漢、隋二志的小序，都是論述醫道和方書，晁氏則分三類。而「不治猶得中醫」這一說法則出於漢、隋二志，「激者」則公武所加。

卷十六神仙類

〈度人經〉下云：

神仙之說，其來尚矣。劉歆〈七略〉，道家之學與神仙各爲錄。其後學神仙者，稍稍自附於黃老，乃云有元始天尊生於太元之先，姓謝、名靜信，常存不滅，每天地開闢，則以秘道授諸仙，謂之關劫度人。延康、赤明、龍漢、開皇，即其紀年也。授其道者，漸致長生，或白日昇天。其學有授籙之法，名曰齋。有拜章之儀，名曰醮。又有符咒以攝治鬼神，服餌以蠲除穢濁。至於存想之方，導引之訣，烹鍊變化之術，其類甚眾。及葛洪、寇謙、陶宏景之徒，相望而出，其言益熾於世，富貴者多惑焉。然通人皆疑之，國朝修道藏，共六部三百一十一帙，而神仙之學，如上所陳者居多，與道家絕不類。今於其間取向昔書目所載者錄之。又釐而爲二，凡其說出於神仙者，題曰老子、黃帝，亦皆附於此，不以名亂實也。若夫容成之術，雖收於歆輩者，以薦紳先生難言之，特削去不錄。

按：〈漢志〉方技略神仙家小序很簡略，〈隋志〉在四部之外，別有道經、佛經兩部，各有長序。晁氏所序，與兩志都不同。而是從元始天尊的來歷，和傳授、授齋、儀的情形。以及後來的發展情形。並分爲二目，又說明不收容成之術的理由。

釋書類　〈四十二章經〉下云：

釋迦者，華言能仁，以周昭王二十四年甲寅四月八日生。十九學道，二十學成處世演道者，四十九年而終，年七十九也。沒後，弟子大迦葉與阿難，纂掇其平生之言成書。自漢以上，中國未傳，或云雖傳而泯絕於秦火。張騫使西域，已聞有浮屠之教，及明帝，感傅毅之對，遣蔡愔、秦景使天竺求之，得此經以歸。中國之有佛書自此始，故其文不類他經云。佛書自愔、景以來，至梁武帝，華林之集入中國者五千四百卷，曰經、曰律、曰論，謂之三藏，傳於世盛矣。其徒又或摘出別行，爲之注釋疏鈔，至不可選紀，而通謂之律學，厥後達摩西來，以三藏皆筌蹄，不得佛意，故直指人心，俾之見性，衆尊之爲祖，學之者布於天下。雖曰不假文字，而弟子錄其善言，往往成書，由是禪學興焉。觀今世佛書，三藏之外，凡講說之類，律學也。凡問答之類、禪學也。藏經猥衆，且所至有之，不錄。今取其餘者，列於篇。

按：〈隋志〉以佛經自爲一部，有長序，述歷代求經釋經的情形，〈晁志〉小序則從釋迦出世敘起，以至傳入中國的經過，分佛書爲經、律、論三目，並加說明。以及禪宗的興起，和不收藏經的理由。

四、集　部

卷十七楚辭類

〈楚辭〉（王逸注）下云：

> 楚屈原名平，爲懷王左徒，博聞強志，嫺於辭令。後同列心害其能而讒之，王怒，疏平，平自傷忠而被謗，乃作〈離騷經〉以諷，不見省納。及襄王立，永放之江南，復作〈九歌、天問、九章、遠遊、卜居、漁父、大招〉，自沈汨羅以死。其後楚宋玉作〈九辯、招魂〉，賈誼作〈惜誓〉，淮南王小山作〈招隱士〉，東方朔作〈七諫〉，嚴忌作〈哀時命〉，王褒作〈九懷〉，劉向作〈九歎〉，皆擬其文而哀平之死於忠。至漢武時，淮南王安始作〈離騷傳〉，劉向與校經書，分爲十六卷。東京班固、賈逵各作〈離騷章句〉，餘十五卷闕而不說。至王逸，自以爲南陽人，與原同土，悼傷之，復作十六卷章句，又續爲〈九思〉，取班固二序附之，爲十七篇。
>
> 按〈漢志〉：〈屈賦〉二十五篇，今起〈離騷經〉至〈大招〉凡六，〈九章、九歌〉又十八，則〈原賦〉存者二十四篇耳。並〈國殤、禮魂〉，在〈九歌〉之外爲十一，則溢而爲二十六篇。不知〈國殤、招魂〉，何以係〈九歌〉之末，又不可合十一爲九。然則謂〈大招〉爲原辭可疑也。夫以〈招魂〉爲義，恐非自作。或曰景差，蓋近之。

按：前半略依據〈隋志〉，後半則論篇數與可疑的地方。

別集類

〈蔡邕集〉下云：

凡文集，其人正史有傳者，止掇論其文學之辭，及略載鄉里，所終爵位。或死非其理，亦附見。餘歷官與其善惡，率不錄。若史逸其行事者，則雜取他書載焉，庶後有考。

按：〈隋志〉述別集之源流，晁氏則敘述作者之方式，即於他類之作者，亦當如此。

五、結　語

以上凡二十六類，三十一則。試加分析。

經部十類俱全。三禮、公穀各有小序，而左傳則無。史部十三類，有小序者僅五類，其重要者如正史、編年、地理等均從闕。子部十六類，有小序者十類，首類儒家在諸子中最爲重要，竟亦從闕。集部三類，總集類從闕。通計四部四十二類，有小序者近三分之二。

就其內容分析：最能表現晁氏之學術思想者，爲樂類小序，其所重在修身之旨，與經部總序相發明。經部其他各類屬，均述傳授情形，前半約〈隋志〉爲之，後半補敘唐宋兩代。雜史、刑法、譜牒、農家、小說、五行、神仙、類書等類，亦能辨章學術，考鏡源流。史評、傳記、楚辭三類次之。小學、雜藝術、醫家等則再分子目。

其撰寫方式，則有二型：如易類〈王弼周易〉條，首言「右上下經，魏尚書郎王弼輔嗣注，繫辭、說卦、雜卦、序卦，弼之門人韓康伯注。又弼所作略例通十卷。」乃志本書者。此下「自商瞿受於孔子……皆傳其子。」述易學傳授情形，純爲小序文字。「王弼最後出……古經何嘗亡哉。」兼具志本書及小序性質。雜史類〈汲冢書〉，「右晉太康中汲郡與〈穆天子傳〉同得，晉孔晁注。蓋孔子刪樂之餘，凡七十篇。」乃志本書。其下「古者天子諸侯皆有史官。……是在觀者愼擇之矣。」俱屬小序。

此類相似於小序之文字，其在史、子兩部，袁州本多無之，計有經解、雜史、史評、刑法、傳記、譜牒、農家、小說、雜藝術、醫家等十類。張元濟推崇袁州本，而疑衢州本溢出之文字不可信。今就此類小序言之，似不出於姚應績之手，可爲論袁、衢優劣者多一佐證。

綜觀歷代書目，能兼具解題者，僅〈七略、古今書錄、崇文總目、四庫全書總目〉數種，屈指可數，且均出於官修，〈七略〉不存，賴〈漢志〉散其輯略爲小序，刪其解題。〈古今書錄〉全佚。〈崇文總目〉雖有輯本，所得不多。惟〈四庫總目〉以成於近代，尙屬完整。〈晁志〉之解題雖較簡略，而部有總序，類屬小序雖非完備，然得三十餘篇，以私家書目言，體例之完備，亦允稱獨步。而小序與解題合一，世多忽之，因爲表出，以供治流略者參考。

國立中央圖書館館刊新二十卷一期　七十六年一月

註：前幾年曾看到大陸有一學報，刊有一篇文字，論述〈晁志〉中的小序，當時未能記明，而今無從找到。大致兩篇文字各自寫成，互不相襲。而主題及資料相同，內容當大體相同，今就舊稿略加增訂。　八十七年五月
〈馬考〉採輯錄體，各類皆有小序。

陳振孫對圖書分類的見解

陳樂素氏撰〈陳振孫及其直齋書錄解題〉一文，載三十五年四月七日〈大公報文史周刊〉第六期，謂〈書錄解題〉中頗有陳氏對圖書分類之見解。琯年來細讀〈陳錄〉，撰有〈直齋書錄解題札記〉，載〈中央圖書館館刊〉新四卷三期。又輯其所記板刻資料二百餘條，並加排比分析，尚未定稿。今復輯得陳氏論類例者三十八條，迻錄原文外，拙見所及，並酌加按語。知直齋斟酌前代書目，出此入彼，頗具隻眼。後世分類，每遵從勿替。

其小序之殘存者，得語孟、小學、起居注、時令、農家、陰陽家、音樂、詩集八類。僅七分之一強，然其他各類是否亦有而亡佚，以原本久已不傳，但據輯本，無從得知。而今存之小序八篇，固俱說門類之分合也。

卷三語孟類：

前志〈孟子〉本列於儒家，然趙岐固嘗以爲則象〈論語〉矣。自韓文公稱孔子傳之孟軻，軻死不得其傳。天下學者咸曰孔孟，〈孟子〉之書，固非荀楊以降，所可同日語也。今國家設科取士，〈語、孟〉並列爲經。而程氏諸儒訓解二書，常相表裏，故今合爲一類。

琯按：右陳氏解題小序之尚存者。述〈語、孟〉合爲一類之由，蓋時移勢易，宋人已尊〈孟子〉爲經書，分類自亦應因時制宜。後世宗之，並合〈學庸〉爲四書類。

卷三經解類

〈經典釋文〉條：案前世藝文志列於經解類，〈中興書目〉始入之小學，非也。

〈五經文字、九經字樣〉條：二書卻當在小學類，以其專爲經設，故亦附見於此。

〈群經音辨〉條：題曰群經，亦不當在小學類。

琯按：右三則辨經解與小學之歸屬。

〈項氏家說〉十卷附錄四卷條：其第八卷以後雜說文史政學，附錄〈孝經、中庸〉、詩篇、次邱乘圖，則各爲一書，重見諸類。

琯按：此亦互見，別出之意。

〈嘉祐謚法〉條：謚法與解經無預，而前志皆以入此類，今姑從之，其實合在禮注。

琯按：謚法書凡四部，後世書目入儀注或政書。

卷三小學類

自劉歆以小學入六藝略，後世因之，以爲文字訓詁，有關於經藝故也。至〈唐志〉所載〈書品、書斷〉之類，亦廁其中，則龐矣。蓋其所論書法之工拙，正與射御同科。今並削之，而列於雜藝，不入經錄。

琯按：此亦陳氏小序之一，所論甚確，後世宗之，亦有仍踵舊志之失，而無視於陳氏剖析之精微者。

參見卷十四雜藝類〈法書撮要〉條。

卷四別史類：

〈唐餘錄史〉條：新舊史皆不及此，〈館閣書目〉以入雜傳類，非是。

琯按：王皥私修，非出官定。然有紀有志有傳，則不宜入雜傳。近世亦有但論體裁，併正史、別史爲紀傳者。

卷四起居註類：

〈唐志起居註類〉，實錄、詔令皆附焉。今惟存〈穆天子傳〉及〈唐創業起居註〉二種，餘皆不存。故用〈中興館閣書目〉例，與實錄共爲一類，而別出詔令。

琯按：此亦小序，論起居註類之因革。

卷五雜史類：

〈邵氏聞見錄〉條：多紀國朝事。又有後錄三十卷，其子溥所作，不專紀事，在子錄小説類。

琯按：分別雜史小說，不因同書名而入同一類。

卷五典故類：

〈國朝通典〉條：凡通典、會要，前志及〈館閣書目〉皆列之類書，按通典載古今制度沿革，會要專述典故，非類書也。

琯按：〈陳志〉著錄通典三，會要七。後世入典故或政書類。

卷六職官類：

〈漢官舊儀〉條：舊在儀注類，以其載官制為多，故著於此。

琯按：陳說是，後世儀制之書漸少，遂廢此類。職官之書亦無多，或併入政書。

卷六時令類：

前史時令之書，皆入子部農家類。今案諸書上自國家典禮，下及里閭風俗悉載之，不專農事也。〈中興書目〉別為一類，列之史部，是矣。今從之。

琯按：陳說是也。後世或以時令之書無多，仍入農家，或散入他類。

卷七傳記類：

〈歐公本末〉條：非獨歐公本末，而時事時賢之本末，亦大略可觀矣，故以入傳記類。

卷八目錄類：

〈鄭氏書目〉條：鄭寅以所藏書為七錄：曰經、曰史、曰子、曰藝、曰方技、曰文、曰類。

琯按：〈鄭氏書目〉久佚，藉〈陳志〉猶可知其所分七類，依違四部，而頗受鄭樵〈通志藝文略〉之影響。

卷九地理類：

〈山海經〉條：此二書（合〈淮南子〉）皆緣解天問而作，可以破千載之惑。古今相傳既久，姑以冠地理書之錄。

琯按：後世或以〈山海經〉入子部小說類。

卷十法家類：

〈管子〉條：案〈漢志〉：〈管子〉八十六篇列於道家。〈隋唐志〉著之法家之首。今篇數與〈漢志〉合而卷視隋唐爲多。〈管子〉似非法家，而世皆稱管商，豈以其操術用心之同故耶，然以爲道則不類，今從〈隋唐志〉。

琯按：後世或以〈管子〉亦入法家。

卷十農家類：

農家者流，本出於農稷之官，勤耕桑以足衣食。神農之言，許行學之。漢世野老之書，不傳於後。而〈唐志〉著錄，雜以歲時月令及相牛馬諸書，是猶薄有關於農者。至於錢譜，相貝、鷹、鶴之屬，於農何與焉。今既各從其類，而花果栽植之事，猶以農圃一體，附見於此。其實則浮末之病本者也。

琯按：陳氏小序所說甚是，後世宗之。錢譜及花果栽植之事，或入子部譜錄類。

卷十雜家類：

〈顏氏家訓〉條：其書崇尚釋氏，故不列於儒家。

琯按：陳氏重儒輕釋，屢見於解題。〈家訓〉後世亦入雜家類，則以其非純然儒家學說，不盡以其崇尚釋氏。

〈祝融子兩同書〉條：〈中興書目〉云：唐吳筠撰。〈唐藝文志〉同，但入小說類。

〈忘筌書〉條：本已見儒家，而〈館目〉置之雜家者，以其多用釋志之說故也。今亦別錄於此。

卷十一小說家類：

〈洞冥記〉條：〈唐志〉入神仙家。

卷十二神仙類：

〈金碧上經古文龍虎傳〉條：已上十八種共爲一集，其中〈龍牙頌〉及〈天隱子〉各已見釋氏道家類。

琯按：此亦採別出之意。

卷十二兵書類：

〈陰符元機〉條：舊志皆列於道家。（朱）安國以爲兵書之祖。

卷十二歷象類：

〈數術大略〉條：此書本名數術，而前二卷大衍，天時二類，於治曆測天爲詳，故亦置之於此。

琯按：此亦宜用互見或別出之法。

卷十二陰陽家類：

自司馬氏論九流，其後劉歆〈七略〉、班固〈藝文志〉，皆著陰陽家。而天文、歷譜、五行、卜筮、形法之屬，別爲數術略。其論陰陽家者流，蓋出於義和之官。欽若昊天歷象，日月星辰，拘者爲之，則牽於禁忌，泥於小數。至其論數術，則又以爲義和卜史之流。而所謂司星子韋三篇，不列於天文，而著之陰陽家之首。然則陰陽之與數術，亦未有以大異也。不知當時何以別之。豈此論其理，彼具其術耶。今志所載二十一家之書皆不存，無所考究。而隋唐以來，子部遂闕陰陽一家。至〈董逌藏書志〉，始以星占五行書爲陰陽類。今稍增損之，以時日祿命遁甲等，備陰陽一家之闕，而其他數術，各自爲類。

瑄按：此小序論陰陽家類之流變，且存〈董志〉分類之片羽。

卷十四音樂類：

劉歆，班固雖以禮樂著之〈六藝略〉，要皆非孔氏之舊也。然〈三禮〉至今行於世，猶是先秦舊傳。而所謂樂六家者，影響不復存矣。竇公之〈大司樂章〉，既已見於〈周禮〉。河間獻王之〈樂記〉，亦已錄於〈小戴〉。則古樂已不復有書。而前志相承，迺取樂府、教坊、琵琶、羯鼓之類，以充樂類，與聖經並行，不亦悖乎。晚得〈鄭子敬氏書目〉獨不然。其爲說曰：儀注、編年，各自爲類，不得附於禮、春秋。則後之樂書，固不得列於六藝。今從之，而著於子錄雜藝之前。

瑄按：陳氏論樂類及雜藝之分野甚確，後世多從之。所存鄭子敬之說，雖僅數語，吉光片羽，亦足珍也。

卷十四雜藝類：

〈法書撮要〉條：偏旁之未審，何取其爲法書。余於小學家黜書法於雜藝，有以也。

瑄按：參見前引卷三經解類，小學類諸條。

〈應用算法〉條：前志在歷算類。按射書數均一藝也，不專爲歷算設，故列於此。

瑄按：後世亦以算書入歷算類。

卷十四類書類：

〈語麗〉條：案前志但有雜家而無類書，〈新唐書志〉始列出爲一類。此書乃猶列雜家，要之實類書也。但其分門類無倫理。

〈皇朝事實類苑〉條：其書亦可入小説類。

卷十五總集類：

〈篋中集〉條：唐元結錄沈千運等七人詩二十四首，書篋中所有次之。〈館閣書目〉以爲結自作，入別集類，何其不審也。

卷十六至十八別集類：

〈陶靖節年譜〉條。

又〈三蘇年表〉條。

琯按：二書宜入史部傳記類。輯本入集部別集類，蓋有所據。

〈河南程氏文集〉條：二程共爲一集。

〈清江三孔集〉條：孔文仲、武仲、平仲撰。

〈豫章集、宛陵集、后山集、淮海集、濟北集、濟南集〉條：號蘇門六君子集。

琯按：右三書宜入總集類，輯本入別集類，蓋多人之別集，猶如別集叢刻。至於〈文選、玉台新詠〉等，以文體分類，全書所收，不僅一人，而有多家，則爲總集。這種內函與後世不同。

卷十九、二十詩集類：

凡無他文而獨有詩，及雖有他文而詩復獨行者，別爲一類。

琯按：後世以迄近年猶有從之，以詩集自爲一類者。實則易滋紛擾。

卷二十二章奏類：

凡無他文，而獨有章奏。及雖有他文，而章奏復獨行者，亦別爲一類。

琯按：後世併詔令爲史部詔令奏議類。或入政書類。章奏重其內容，文字則屬次要。入史部較集部爲宜。

以上所據，爲廣文書局出版之書目續編本。其底本係福建翻刻武英殿聚珍本，經傳以禮據〈文獻通考〉增補。近甘漢銓先生再以〈通考〉與閩版〈書錄解題〉細核，又得遺文一十四條，琯方爲覆閱，另行刊布。惟其中並無涉及分類之語。

書刊—往大陸探親的最佳禮物

本刊曾建議成立基金會，與大陸的大學、學術機構，以至個別學人合作，從事古籍的整理和研究。也許牽涉較廣，須從長計議。如今有出版品行銷大陸之議。事實上大陸早就視需要而搜集我們的出版品，近幾年在量上增加不少。不過我們都處於被動，等著香港的書商來買去轉口。要想主動的、有計劃的、大規模的把出版品銷到大陸，也還不是說做就做得到的，所以這些都祇得作為中、短程計劃。不過有一件即刻便可以做的事，便是在探親時帶書到大陸作為禮物。

通行的探親禮物，有所謂三大件、五小件。送者得花上好幾萬塊，受者未必實惠。而且會助長大陸親友的好面子、以至虛浮的風氣。又因可帶的東西有限，如何能分配得恰到好處，也很費周章，甚至因擺不平而煩惱。

在十年紅衛兵狂飆時，以紅領專，近些年大陸終於領悟到知識就是力量，在教育上力圖彌補十年間所造成的斷層。而我們出版品的定價，對大陸同胞的收入來說，實在太高，等閒人雖感需要，也不免心餘力絀。如果在探親時，攜帶一些書刊，斟酌親友的程度、喜好，分別贈送。真是送者簡便，受者實惠。如不敷分配，回臺後再託人帶到香港、日等地轉寄。所帶的書，不妨以古籍、方志之類的地方文獻，如有家人尤其是青年輩的論著，更可使大陸的長輩看了安慰，平、晚輩看了知所惕勵，那就更好。當然得避免涉及思想、政治，更不可買那些翻印或是鈔襲大陸的出版品。

文史哲雜誌四卷四期　七十七年四月

輯佚漫談

一、前言

我在圖書館裏服務過十多年，在學校裏講授目錄學這門課也有十多年，所以平常查閱過不少關於目錄的書籍和論著，自己也寫過一些這方面的文字。深感目錄學牽涉到的範圍很廣。

目錄學前人稱之爲校讎學，這是因爲西漢末年劉向父子等校書天祿閣，先後編成了〈別錄、七略〉，是我國最早編成的書目，而當時稱這一工作爲校讎，後來也就把整理圖書，編成目錄的工作稱爲校讎，如今的目錄學便是前代的校讎學。

漢代的學術不像後代劃分得那麼細，所寫成的各書敘錄，還包含了校勘、學術史、辨僞以至傳記等，這在後世都各自成爲專門之學了，然而直到今天，以至將來，這些學術，和目錄學也還都有很密切的關係。宋明以來，因爲一種書有很多種板本，而不同板本往往內容有很大的差異，到了清朝，資料累積多了，致力於這一問題的人也多了，於是構成板本學，由依附目錄學而獨立成一專門之學。這都是目錄學中常論及的。然而卻很少在目錄學中討論到輯佚的，近幾十年漸多提及，然而祇是附帶提上幾段，漸漸寫成一節，還少有用專章論述的。

二、我的輯佚工作

民國六十年，筆者曾撰〈經義考所引千頃堂書目彙證〉一文，載〈書目季刊〉的六卷三、四期合刊。自〈經義考〉裡輯出一些〈千頃堂書目〉（以下簡稱「黃目」）的佚文，計：

〈黃目〉書名和解說全無的有二十六條。

〈黃目〉僅有書名而無解說的有三十二條。

解說較〈黃目〉爲多的有四十二條。

〈經義考、黃目〉互有異同，而可資考訂的有二十四條。

〈經義考、黃目〉文字略異，而無關考訂的有一百十三條。

除了第五種情形外，其餘的一百二十四條，都不妨說是〈千頃堂書目〉通行本的佚文或異文。可以使我們多瞭解一些〈黃目〉的原始面目，增加其功用。

在這以前，甘漢銓先生查核出〈經籍考〉所引「陳氏曰」，有爲聚珍本〈直齋書錄解題〉（以下簡稱「陳錄」）所未收的條目，約有四十多條。甘先生又再三核對，有幾條因分類不同，在〈陳錄〉中找到了。承他把這批資料給了我。後來爲了澈底瞭解這一問題，請葉新海先生把〈經籍考〉的簡目鈔出，再把所引的「陳氏曰」部分和〈陳錄〉反覆核對，查出可以補充聚珍本所遺的，實得三十條。

以後又請徐秀滿小姐，以及筆者本人陸續核對，如今可以確定祇有二十四條。筆者又從〈經義考〉、僞書通考〉中各輯得〈陳錄〉的佚文若干條。合以傅增湘傳錄清盧文弨的校語。（〈圖書季刊〉新三卷各期，民國三十年六月、十二月），去其複重，共得六十條。而前後十多年，經多人的心力，才得到這些成果，其間甘苦，一言難盡。

三、輯佚和目錄學的關係

這兩次輯佚，使我對輯佚的認識是：「似易而實難」。而和圖書目錄有很密切的關係，就我的瞭解，可得而言的，有下列幾點：

㈠有些書目，業已亡佚，祇有利用其他書籍所引用的資料來還原。如〈別錄、七略、書錄解題〉等。

㈡若干書目，尤其是解題書目，徵引繁富，如果所徵引的資料業已亡佚，可供輯佚之用。如自〈漢志〉可輯出〈七略〉，自〈隋志〉可輯〈七錄〉，自〈經籍考〉可輯〈崇文總目〉。自〈郡齋讀書志、陳錄、玉海藝文〉等，可輯得一些宋代私齋藏目，如〈李淑邯鄲書目、董氏廣川藏書志、鄭寅鄭氏書目〉等。

其實書目中不僅可以輯出書目的佚文，解題中常引些序跋、詩文等，也是從事輯佚的人所應注意的。如〈經籍考〉，常有「先君曰」云云，便有數十條爲〈四庫全書〉輯自永樂大典本，和豫章叢書本〈碧梧玩芳集〉所未收。將來有人要輯全宋文或全宋詩，定然可以從〈郡齋讀書志〉等書目中輯得一些資料。

㈢從書目著錄的情形，可以知道有那些書是後世的輯本，而非原本。如〈陳錄〉便屢有這類說明：卷十六別集類上，〈宋玉集〉條解題：「案〈隋志〉三卷、〈唐志〉二卷，今書乃〈文選〉及〈古文苑〉中錄出者，未必當時本也。」

又〈枚叔集〉條解題：「今本乃於〈漢書〉及〈文選〉諸書鈔出者。」又〈楊子雲〉集條解題：「案〈董集〉而下五家，皆見唐以前藝文志，而〈三朝志〉俱不著錄，〈崇文總目〉僅有〈董集〉一卷而已。蓋古本多已不存，好事者於史傳類書中鈔錄，以備一家之作，充藏書之數而已。」卷十九詩集類上〈薛道衡集〉條解題：「詩凡十九篇，本集三十卷，所存止此。大抵隋以前文集，存全者亡幾，多好事者於類書中鈔出，以備家數也。」

如果把隋、唐、宋三代史志，〈崇文總目、晁志、陳錄〉等，所著錄隋以前別集的卷數作一比較，大概可以知道那些是原書傳下來的，那些書是後人所輯的。

㈣從事輯佚時，要用書目做參考。尤其是內容很相近，而書名也差不多，甚至全同的書，更要參考史志，去加以分別。史志中於某一類書，僅著錄一部，或同類中書名顯然有分別的，那麼所輯得的資料，書名近似的，大致可知是一書的異名，便可輯在一處了。

㈤輯佚的人，在輯成一種後，每有序文、解題等說明文字，從事考證史志的人，每用來做參考。

如馬國翰所輯各書，多有序文。姚振宗所撰的〈漢志條理、隋志考證〉等，徵引略備，以資辨章學術，考鏡源流。他對馬氏等所輯有意見時，也加案語說出。那麼利用〈玉函山房輯佚書〉等的讀者，以及想再從事同一書輯佚工作的人，也可以參考姚氏的意見。章宗源的〈隋志考證〉，又好像在做輯佚。所以無論在資料上，或是方法上、原理上，目錄學和輯佚學，都可以相互為用。〈清史稿藝文志〉斷代成書，可是把前代著述，業已亡佚，而經清人輯其佚文的則著於錄，認為輯佚者，所費的心力，對學術的貢獻，不下於撰述。更可看出其間密切的關係。

然而討論目錄學的，於輯佚工作，往往略去。有些提到的，也語焉不詳。筆者對輯佚一事，實際經驗既少；前人所輯的佚書，僅在需要參考時，偶加翻閱。而從事輯佚的人，也很少說出他們的工作經驗。今謹就前修和時賢關於輯佚的零星論著，加以管見所及，簡略的說明於後。

四、古書亡佚的情形

我國歷史悠久，很早便有文字和著述傳世。累積起來，很是驚人。可是亡佚的情形也很可觀。略述於下：

西漢末年，劉歆等編撰〈七略〉，大凡萬三千二百十卷。每書都經廣羅衆本讎校，去其複重，而互相補充。所藏至少在十萬卷光景。然漢人著作，仍收羅未盡。所以清姚振宗有〈漢志拾補〉。及〈後漢書儒林傳序〉謂：「光武遷還洛陽，其經牒秘書，載之二千餘兩，自此以後，參倍於前」。及董卓之亂，散佚殆盡。

魏晉南北朝，變亂頻仍，而不廢聚書工作，以蕭梁武帝時最盛。侯景渡江，金陵秘省之書雖焚，而元帝平亂之後，收文德殿之書，及公私典籍，重本七萬餘卷，到魏兵破江陵，元帝焚書達十四萬卷。

隋嘉則殿聚書至三十七萬卷，除去複重猥雜，仍得正御本三萬七千餘卷。皆焚於廣陵。

唐〈古今書錄〉，都三千六十部、五萬二千卷。比經安史之亂、黃巢之亂，旋聚旋散。

宋〈崇文總目〉著錄三萬卷有奇。高宗渡江，詔搜江浙閩粵載籍，至四萬五千卷。〈宋志〉著錄近萬種，據歷朝國史志修成，雖不是一時所聚，然而都是內府曾有過這些書。

明英宗時編〈文淵閣書目〉，凡書七千三百種，四萬三千餘冊，以一冊平均五卷計，有二十餘萬卷。至神宗神編〈內閣書目〉，和〈文淵目〉相比，已十不存一。而甲申之變，又是古今圖史一大劫。

清修〈四庫〉，合著錄存目，凡一萬種有奇，十七萬餘卷。而佔當時我國全部著述不過十之二三。〈四庫全書〉修成，去今還不到兩百年，然在抗戰前選印〈四庫珍本〉時，各家所開〈四庫〉著錄，而別無傳本，或雖有傳本不甚易得的，已達三百種，約佔全書的十二分之一。存目部分，纂修時都實有其書，方得據以撰寫提要，如今大陸編〈四庫存目叢書〉，多方搜集，僅得三分之二。

五、古書亡佚的原因

〈隋書牛弘傳〉，載牛弘認爲古今書有五厄：㈠秦始皇焚書。㈡赤眉入京。㈢董卓之亂。㈣五胡亂華。㈤侯景之亂及梁元帝焚書。

胡應麟少室山房筆叢卷一說：「隋開皇之盛極矣，未幾悉灰於廣陵。唐開元之盛極矣，未幾悉灰於安史。肅代二宗，薦加糾集，黃巢之亂，復致蕩然。宋世圖書，一盛於慶歷，再盛於宣和，而女眞之禍成矣。三盛於淳熙，四盛於嘉定，而蒙古之師至矣。然則六朝之後，復有五厄。

這還僅是就秘府所藏，大規模損燬而論的。如前述明文淵閣到萬曆時，其間並沒有經過重大變亂，而書也亡佚了十之八九。至於私家所藏，唐以前也多有到一兩萬卷的。宋代盛行雕板印書，得書較易，每有到三五萬卷的。不僅亂世易於亡佚，即使太平盛世，也最多僅能傳上兩三代罷了。

至於亡佚的原因，陳登原〈歷代典籍聚散考〉分析有下列幾點：㈠歷代因政治和思想上的原因，加以禁燬。㈡全國性大規模的戰亂。㈢私人收藏不易傳之久遠。㈣水火蟲鼠等損壞。這是一般人多知道的。

還有不甚爲人注意的原因，也會導致圖書亡佚。

㈠學風轉變。如東漢以降，讖緯之學興起，這一類的書盛行一時。唐人不信這一套，便多亡佚。元明兩代，戲曲小說爲文學主流。清人不甚注意，便也亡佚不少。又如清末競尚西學，我國古籍，流失到國外，或是損毀的甚多。

㈡社會風尚轉變。如六朝重門第，所以編了很多譜牒家乘。唐人不重視，不但少修新的，連舊的也都亡佚不傳了。

㈢集注義疏既行之後，同一書的各家音義等，便很容易亡佚。因爲集注蒐輯的材料既多，汰去複重，削繁存菁，那些取材不廣的音注，便少有人利用，年久便容易失傳了。

㈣雕板印書盛行，每彙集經注，並加刪削。原書便易亡佚。如〈陳錄〉卷一易類晁說之〈古周易〉解題說「以彖象文言雜入卦中，自費氏始。孔穎達又謂輔嗣之意，象本釋經，宜相附近。分爻之象辭，各附逐文。……古經始變於費氏，而卒大亂於王弼。奈何後之儒者，尤而效之。杜預分〈左傳〉於經，宋衷、范望散〈太玄測贊〉於八十首之下，是其明比也。」

屈翼鵬師〈漢石經周易殘字集證〉卷一說：

「既合彖象文言等於經，乃不能不加「彖日」、「象日」、「文言日」等字以別之；於是經傳混合本較十二篇本，平添一千〇二十字。」

南宋建安黃善夫合刻〈史記〉三家注，集解和索隱、正義重複處，多加刪削。所以日本瀧川資言撰〈史記會注考證〉時，據抄本正義，比黃善夫本溢出千餘條。這批資料對讀〈史記〉也許可以利用集解和索隱也就夠了。但是對輯佚書說，則是很珍貴的資料。索隱幸存三十卷單行本，還算完璧。集注義疏便很多音義亡佚，卻也保存了不少這一類的資料，可供輯佚之用。至於合刻各家注解而予刪削，則使可供輯佚的資料，更損失了不少。

六、輯佚的方法

以我所輯兩書的佚文過程來說：

㈠先把〈經義考〉引用〈黃目、陳錄〉的，一一找出，夾上一張小紙條，略爲露出。然後鈔出。

㈡鈔出的部分，和〈黃目、陳錄〉分別核對，溢出的便可視爲佚文初稿。文字不同的，可供校勘之用。

㈢〈經籍考〉所引〈陳錄〉太多，不適用前法。甘漢銓先生似是一條一條核對，難免有遺誤的地方。

㈣我的方法是把〈經籍考〉引陳振孫曰的各條，逐條從〈陳錄〉中找出，注明在〈陳錄〉的那一頁，也注明見於〈馬考〉何頁。

㈤鈔一〈經籍考〉簡目，凡引〈陳錄〉的，各注明見於何類何頁。引用而在〈陳錄〉找不到的，一一抄出，當作佚文初稿。〈經籍考〉所著錄的書，〈陳錄〉也有，而未引〈陳錄〉的，也列一目，供覆核之用。文字有異同的，可供校勘之用。溢出的文字，可供考證的也視爲佚文。

㈥查閱其他資料，所引〈黃目、陳錄〉，已知是佚文，那麼該書所引，便可能不止這一條，值得全部核對。

㈦上述的佚文，祇是初稿。還得再詳加覆核考訂。

我的輯佚工作，祇是從一部書，或是三五部書，去輯另一書的佚文。是輯佚工作中最容易做的。事實上還有其他書引用到，也可能有佚文。我並沒有一一去找。而從類書、古注等之中輯全行亡佚的書，更爲困難。筆者沒有這方面的經驗，無從論起。

七、輯佚的困難

上述輯佚方法，已不容易。因爲各書的排列順序，在書目來說，就是分類，各不相同。甲書引乙書，在乙書中的甚麼地方，雖然都是四部分類，找起來仍不容。如李筌的〈閫外春秋〉，總是找不到，後來才無意中在卷十二兵書類找到。而這還不算什麼困難。

一、〈經義考〉引〈黃目〉的說明，有些並不止引自同一書的條目，譬如有不少是引自集部的。初稿抄出，我固然爲資料多而興奮。卻也爲在〈陳錄〉中似曾相識而猶疑。細看有若干條所引的全是著者生平，而不涉及書的內容。因而到經部以外的部分去找。很容易就找出幾條，便是朱氏引用〈陳錄〉，不限於同一書的解題，先找到了幾十條，以集部爲多。有的是綜合〈陳錄〉中多種書的解題中資料而重寫的。最後找到的如：

〈經義考〉的胡宏〈易外傳〉，引自〈陳錄〉中〈皇王大紀、胡子知言、五峯集〉等條解題寫成。

施師點〈易說〉，引自〈施正集〉條。

倪思〈易說〉，引自〈齊齋甲稿〉條。

馬總〈論語樞要〉，引自〈通歷、唐年小錄、意林〉等條。

曾幾〈周易釋象〉，引自〈胡氏傳家錄〉條。

楊時〈易說〉，引自〈龜山論語解〉條。

如果不細心一一找出，眞的當做佚文，豈不成爲蛇足。

〈經籍考〉更困難，因爲馬氏分類，多從〈郡齋讀書志〉。有時從〈晁志〉已錄〈陳錄〉在該類，卻又從〈陳錄〉類屬，重複著錄，引陳氏曰云云。很容易把重出的一條作爲佚文。幸而盧文弨〈群書校補〉，指出不少。

〈通考〉每有錯誤之處，如：

㈠〈通考〉引用〈陳志〉而不標明「陳氏曰」的，計二十九條。

㈡引用〈陳錄〉而誤標「晁氏曰」的，計八條。誤標「晁氏又曰」的一條。

㈢引用〈陳錄〉而誤標「張氏曰」的一條。

㈣引用〈郡齋讀書志〉，而誤標「陳氏曰」的一條。

前三種情形，可能使〈經籍考〉保存〈陳錄〉的佚文，不易發現。第四種情形，則容易導致誤輯所引〈郡齋讀書志〉的文字，作爲〈陳錄〉的佚文。

㈡前人引用古書，每加刪節改易，不能便當做佚文。

古注和類書，有因傳鈔刊印致誤的，輯佚時如不留意，便會誤爲另一部書的佚文。

類書引用古書，在一處連續有好幾條的，除第一條著書名外，接下去的各條，每冠以「又曰」，如果這一條的書名逸去，看起來便都成爲和前一條同一書的文字了。輯佚的人不能辨別，當做那種書的佚文，便錯了。

〈太平廣記〉明談愷刊本，卷首附有引用書目，鄧嗣禹、郭伯恭、哈佛燕京學社，楊家駱先生等，遞加考訂增補，然其中一書兩名，繁簡並用等情形，仍未盡詳考，而每以爲另一種書。葉慶炳先生有〈太平廣記引書引得補正〉等論著，後出最精，並撰〈太平廣記引書考釋〉，成經史兩部百五十種，子集部分則還未見發表。也可見這事做來不易。

八、輯佚的資料

一般輯佚的資料，以類書和古注爲主，因爲這些書都是抄輯很多書而纂輯成的。輯佚工作，便是把抄自何書的資料，仍還給原書，資料多了，再行排比。

最常用的類書，如唐人編的〈藝文類聚、北堂書鈔、六帖〉等。宋人編的，如〈太平御覽、太平廣記、冊府元龜、群書考索、玉海〉等。明人編的〈永樂大典〉，凡兩萬多卷，鈔存的書很多。而編纂時很潦草，常把一部書全行抄在書名的韻下，如「戲」字下，鈔了若干戲曲。這就類書說，不能發揮其功用，就輯佚說，卻很省力。如〈陳錄〉，便是鈔在一處，不過曾加以刪削，所以清代修〈四庫全書〉時，又用〈經考籍、宋志〉等資料校補。

古注如〈史記三家注、世說新語劉孝標注、三國志裴松之注、酈道元水經注、文選李善注〉，和群經義疏等。因爲這些書都抄輯了很多書。

一般人認爲輯佚的資料，當以六朝和唐宋的資料爲主。因爲漢人注書多很簡略，還沒有類書。三國時編的〈皇覽〉，雖已不存，而這時受佛教的影響，群書音義編注得特別多。元明以降，因爲時代較近，大家認爲沒有什麼資料可輯。其實並不如此，〈永樂大典〉所存佚書之多，已爲衆所共知，而清代所編的〈古今圖書集成〉，卻少有人注意。梁任公曾說其中容有筆記說部之書，今已不傳。然當時〈明史〉還未修成，所引〈明外史〉，原書已佚，還可輯出不少。其他可輯的佚書，我不曾在這方面花過功夫，不能列舉。然而由編成於稍早的〈經義考〉，乾隆時編成的〈四庫全書〉，底本已亡佚不少，可以推知〈古今圖書集成〉必定有可輯的佚書，而且還不會太少。那麼上推明人所編的類書，元明甚至清初人的古書注釋裏，也當有些佚書可輯。

六朝以至唐宋的古注和類書，前人輯佚已多，再做祇有些拾遺補缺，或是訂正錯誤罷了。而元明以降的資料更多，值得我們留意的。

九、輯佚的功用

㈠古書已佚，那麼雖存一鱗半爪，總也聊勝於無。集注和類書抄存的古書，各有其次序。今從各書中鈔出彙集一處，按圖書分類及時代先後順序排列，對辨章學術，考鏡源流，提供了可貴的資料。已有傳本而輯得其佚文的，對利用該書的人，便能得到更完整的資料。

㈡古書已佚，後世常有托名而別撰僞本。辨僞的方法雖多，而最有力的證據，自然是找出原本，兩相對照，豈不眞僞立辨，清人輯得古本〈泰誓〉，今本〈泰誓〉便成僞書。王國維輯出〈古本竹書紀年〉，又把〈今本竹書紀年〉鈔撮的來源，一一找出，眞僞問題，便迎刃而解。

㈢便於注釋古書時引用。筆者不曾注過古書，不過我推想，清人的古籍注疏，得力於輯佚書的地方定然不少。譬如清人的群經新疏，〈漢書補注、後漢書、三國志集解、晉書斠注。莊子、韓非集釋〉等，當有些資料得自古書的輯本，至少利用輯本做線索，再去查原書。要是沒有清人輯佚的成果，如〈玉函山房輯佚書、嚴輯全文〉之類，近百餘年來的子史研究，當會增加些困難，而減色不少。

十、宋明兩代的輯佚工作

通常論輯佚工作，每推始於宋末王應麟輯過〈三家詩考、周易鄭氏注〉各一卷。案宋黃伯思〈東觀餘論〉載有〈跋愼漢公所藏相鶴經〉後：

按〈隋書經籍志、唐書藝文志〉，〈相鶴經〉皆一卷。今完書佚矣。特自馬總〈意林〉，李氏〈文選注鮑照舞鶴賦〉，鈔出大略。今眞靜陳尊師所書，即此也。

這便是輯佚的工作，應是北宋的事，比王應麟要早多了。

上文第三節引〈陳錄〉說隋以前文集多亡，傳本爲後人自總集、類書、史傳之中鈔出，應是北宋，至遲也是南宋初年的事。

明人有姚士粦輯〈陸氏周易述〉，而不甚著。孫瑴輯〈古微書〉，〈焚微、線微、闕微〉不傳，僅存〈刪微〉，輯得〈尙書微〉等九類六十九種。近年日本人輯〈緯書集成〉，當是就孫氏書續輯的。

〈談生堂藏書約購書訓〉說：

如書有著於三代而亡於漢者，然漢人之引經多據之；書有著於漢而亡於唐者，然唐人著述尚存之；書有著於唐而亡於宋者，然宋人之纂集多存之。每至檢閱，凡正文之所引用，注解之所證據，有涉前代之書而今失其傳者，即另從其書，各爲錄出。如〈周易坤靈圖、禹時鈎命訣、春秋考異郛、咸精郛〉之類，則於〈太平御覽〉中得之；如〈會稽典錄、張璠漢記〉之類，則於〈北堂書鈔〉中得之；如〈晉簡文談疏、甘澤謠、會稽先賢傳、渚宮舊事〉之類，則於〈太平廣記〉中得之。諸如此類，悉爲裒集。又如漢唐以前，斷文殘簡，皆當收羅。此不但吉光片羽，自足珍重。所謂「舉馬之一體，而馬未嘗不立於前也。」

這一輯佚理論，早於他的鄉後學章誠約兩百年。理論說得如此透徹，因祁氏應實際做過些輯佚工作，方能說得出來。其所輯書，見同書〈購書訓〉。

十一、清代的輯佚成績

這方面梁任公曾做一總結，他認爲清人輯佚，本於漢學家治經，惠定宇不喜〈王弼易注〉，而從事於漢易，於有〈漢易學〉之作。余仲林師用其法，輯〈古經解鈎沈〉三十卷。

經部多輯漢注，而最尊鄭康成，黃右原有〈高密遺書〉十四種，孔廣孫輯〈通德遺書〉十七種。

陳鱣又輯〈六藝論〉，錢東垣、王復等輯〈鄭志〉。

史部多輯古史，兩晉六朝人所著史。而陳運溶〈麓山精舍叢書〉等專輯六朝地理書，爲任公所忽略。

子書多輯先秦諸子。而以馬國翰最多。

集部以嚴可均〈全上古三代秦兩漢三國兩晉南北朝文〉，達七百四十六卷，三千五百家，最稱鉅構。遠勝於官修之〈全唐文、全唐詩〉。

十二、鑑定輯佚書優劣之標準

梁任公列出四項，並補充節錄於下：

㈠用善本、精校本。佚文出自何書須說明。數書同引，舉其最先者。

㈡所輯佚文力求完備。如有異同，應分別錄出，或加校注。

㈢求備又須求眞，不可貪多而誤引他書。

㈣力求按原來次序，還其本來面目。

我覺得能如馬國翰，於每輯一書，能寫一序，考其源流。嚴可均每輯一人，都撰一小傳。雖稍出於輯佚之外，卻也很重要，能增加所輯佚書的利用價值。

十三、輯佚工作的檢討與展望

輯佚工作，以清代成就最大。而修〈四庫全書〉時自〈永樂大典〉輯出佚書三百七十五種，近五千卷，最爲有用。其中如〈續通鑑長編〉五百二十卷，〈舊五代史〉百五十卷，都是龐然巨帙。然如極有用的〈宋會要〉，卻成於徐松之手。〈全唐文、全唐詩〉，不及嚴可均以一己之力輯成的全文，來得完備嚴謹。

私家的輯佚工作，早期的如惠定宇、余蕭客，不標所輯原書名，體例實近白著。後來如馬國翰等，以多爲勝，每不能精。不免要待後人糾繆補闕了。

輯佚到後來，不免鑽牛角尖。如治經的，不讀〈三禮鄭注〉，而專講〈尚書、論語〉鄭注。不讀〈後漢書、三國志〉，而專講〈七家後漢書〉。都不免本末倒置。見識於章學誠和梁任公等。

輯佚工作，始於宋而盛於清。如今還有不少可以做而且值得做的工作。淺見所及，略述於下：

㈠前人已輯過的，先編一總目，一書有多家輯本，彙集於一處。以待彙合補正。

㈡多做類書、古注等引書引得，哈佛燕京學社做了一些，還不夠。引用書名有疑問的、有錯誤的，應加考訂。

㈢輯佚時，引用資料，應取善本。古注如〈四部叢刊〉等，每據宋元舊本影印。類書如〈藝文類聚、太平御覽〉等，均有影印宋本。錯誤當較少。宋本也不能無誤，能效法嚴可均校〈初學記、北堂書鈔〉，再據以輯佚，自然更可減少錯誤。

㈣近年碩士、博士論文，有就一種古注或類書，撰為引書考的，自然容易精審。做得多了，大有助於輯佚。

㈤由一人專輯一兩書的佚文，銖積寸累，自易為功。大家分工合作，集腋成裘，輯成的佚書也就多了。

㈥大部頭的專門性類書，如〈太平廣記〉，先拆散還原，再根據相關資料增補，考訂。

㈦綜合性的類書和古注，也可以把所引各書拆散，引自同一書的資料，集中一處，再加考訂。

㈧前人已輯各書，根據善本核對，並加增訂。

㈨由學術機構，也許可以成立一輯佚學會，擬訂計劃，區別緩急，分工合作，避免重複。每輯一書，務求不遺不濫，無一字無來歷。

㈩梁任公說：「數書同引，則舉其最先者。」固然是對的。筆者認為後引的書，也不妨一一注出，如有異文，參互考訂，更便於查閱。

中央圖書館館刊，新十卷二期，六十八年十二月，八十七年四月增訂。

乾嘉時代的舊書價格及其買賣

——讀蕘圃藏書題識札記

劉聲木〈萇楚齋隨筆〉批評〈蕘圃藏書題識〉說：「多言收售情形，……適成其爲書估文字。」黃氏是不是「書估」，且不管他。〈題識〉中確是多半記下了收書的價錢以及交易的情形，不僅是當時書價的翔實記錄，也可看出當時的物價和商場的習氣。

葉德輝〈書林清話〉卷六〈宋元刻本歷朝貴賤〉條，除了〈汲古閣珍藏秘本書目〉所列價目外，其他書目、文集、筆記中，僅有零星記載，而「惟黃記多詳載」。（按〈汲古目〉所列，係毛氏所估的定價，正確性自不及黃氏所記交易時的實價。）不過葉氏在這一條中所引黃記，很是疏略。如：

「宋本王右丞集十卷，價一百二十兩。」案〈題識〉王集是陶蘊輝寄自都中，同時還有元本〈丁卯集〉和宋本小字〈說文〉，物主共索直白金百二。黃氏已有〈說文〉，不靦買，往返了好幾封信，以二十六金便買了王、許兩部集子。小字本〈說文〉卷帙也有限，這個折扣是很大的。

「宋本〈孟浩然集〉三卷，以京板〈佩文韻府〉相易，貼銀十四兩。」案〈題識〉，這次共換了五部書，三部宋本是〈孟集、錢杲之離騷集傳、雲莊四六餘話〉，影宋鈔本的岳板〈孝經〉和呂夏卿〈唐書直筆新例〉。

書原已很貴，葉氏還要抬書價。

葉氏所記，僅是某書多少錢，把〈題識〉中討價還價的情形，和藏家與書估的習氣，全行略去。黃氏購書的年月也省掉了。黃氏藏購古書，從乾隆末年到道光初年凡四十多年，書價是有變動的。如：

嘉慶十一年丙寅，時方盛行舊板書，初索十番，後累積至幾十金。（明活字本〈蔡中郎文集題識〉）

十三年戊辰，時方購進御書籍，索直甚昂。（〈說苑、棠陰比事〉）十九年甲戌夏旱，米價遽貴，吳翌鳳迫得賣書補助生活。（〈毗陵集〉）固然吳氏家貧，（見〈藏書紀事詩〉）因米貴賣書的，恐不止吳氏一人，於書價當有影響。

此外四十多年間的銀價、物價自也影響到書價。

一般說來，舊刻名鈔，愈傳愈少，不免漲價。如：

明弘治刊本〈文則〉二卷，以家刻〈國策〉易之，蓋書不多見，索直白金一兩六錢，視毛估鈔本，價已倍之矣。嘉慶十年二月三日。宋刊本錢杲之〈離騷集傳〉一卷，余檢〈汲古閣珍藏秘本書目〉，宋版影鈔，一兩五錢。今爲宋版，宜乎價增十倍矣。嘉慶六年十月。舊鈔本〈珩璜新論〉一卷，汲古珍藏，沽值五錢。予取時用番銀七餅，貴賤懸殊，一至於此。道光四年二月。

明鈔本〈草莽私乘〉一卷，〈汲古藏目〉估直二錢，是書之直幾六十倍於汲古所估。旁觀無不詫余爲癡絕者。然余請下一解曰：今日鈔胥以四五十文論字之百數，每葉有貴至青蚨一二百文者。玆滿葉有字四百四十，如鈔胥直約略相近矣。貴云乎哉！矧其爲名人手鈔也。道光四年七月朔。

從汲古毛氏到黃氏時百餘年間，書價漲了由數倍到六十倍，黃氏在晚年窮困之中，還自我解嘲地說買了便宜貨。眞是「書魔」了。

那時宋元舊本，已是按葉計價。

〈普濟方〉，宋刊本殘存首六卷。嘉慶十三年冬，索直六十金，余未及還價而罷。仲冬尚在某坊，問其直，元易爲洋矣，給以番餠二十枚，以他書貼之，合四十兩青蚨，共計一百四十四番，以葉論價，合每葉青蚨一百九十五文。聞有無錫浦姓書賈，持宋本〈孟東野集〉，索直每葉元銀二兩，故余戲以葉論價，此書猶賤之至者也。

案由這條可算出當時的銀價是每兩約七百〇二文。每葉索價二兩，自是漫天要價，也可看出書價之貴了。

宋刊本〈三謝詩〉一卷，索直十六兩，中人往返三四，始以每葉白金二錢易得，宋刻之貴，至以葉數論直，亦貴之甚矣。乾隆六十年六月四日。

宋刊本〈鑑誡錄〉十卷，顧千里得諸徐七來家，後爲程念鞠豪奪去，已二十年。謀諸書賈之素與往來者，久而始得見其書，索直白鏹三十金，余愛之甚，易以番錢三十三圓。書計五十七葉，並題跋一葉。以葉論錢，當合每葉四錢六分零，宋刻書之貴，可云貴甚。而余好宋刻書之癡，可云癡絕矣。嘉慶九年正月丁巳。

由這一條可算出當時「番錢」合白銀，大約是每元八錢一分。

元刊本〈樂府新編陽春白雲〉十卷，錢謙益舊藏。書僅五十一番，相易之價亦合五十一番。嘉慶十四年正月二十八日。

這部〈陽春白雲〉，若以葉論價，可算蕘圃所購書中，價錢最高的了。無怪上文所記書賈能把宋本〈孟東野集〉定成元銀二兩一葉。

不過也有便宜書可買，這要碰機會。

舊鈔本〈岑嘉州集〉八卷，以五百蚨得之，可謂好書而賤直者。嘉慶五年五月望後一日。

宋刊本〈浣花集〉十卷，殘存卷四至十，余友陸子東蘿以青蚨一分得諸冷攤，持贈余。

這和論葉計價，相差太懸殊了。大概這些書，都是夾雜在一些屬於「下乘」的書中。

毛氏手校本〈河嶽英靈集〉二卷，以賤直易之。

這是在任蔣橋顧氏書散盡後，所餘下乘書中覓得的。

嘉慶十九年初秋，有裝璜工人從鋪首以青蚨五十六文買得破書一捆，內揀出舊鈔漢丞相〈諸葛武侯傳〉一冊。而嘉慶五年冬有明刊本〈練川志〉，破損不勘觸手，尚索白金八兩。

這種沙裏淘金的覓書，有了機會，還得看鑑別力。而裝池費有時數十倍於書價。

明刊本〈文溫州集〉十卷，以青蚨三星易之，書友相視而笑，莫解其故。余亦未欲告之也，近日書價賤貴，此等書反有賤售者，坐不識古耳。

舊鈔本〈稽神錄〉六卷〈補遺〉二卷，姚舜咨舊藏。以白金五星易諸書友郁姓。郁姓喜甚，以爲此紙簍中物，而竟有出銀易之者。此本勝前所收者多矣。但不加裝潢，仍恐後之見是書者復爲書友之續。嘉慶十年小春五日。到十八年初秋又自破書中得〈塵史〉，取校義門手校余澹心藏本，知今所見的是底本。

宋刊本〈傷寒要旨〉二卷，此書不傳於世久矣，故各家書目罕載，人皆目爲明板。余以白金三兩餘購得，卷中明明有乾道辛卯刻於姑熟郡齋字樣。

元刊本〈元統元年進士題名錄〉，崇善堂主人需錢一百四十文。余曰無用需貴價，有用索賤直，君等類如是，遂如數歸之。竹汀謂余此錄於〈元史〉大有裨益，急爲重付裝池，再加表託，其費幾至數十倍於書價，而是錄遂有聞於世矣。

不僅在故紙推中可揀到便宜貨，書賈眼力不如行家，難免珠沙不分了。也不僅破舊的小書有機會便宜買得，就連卷帙較多的佳本，較難得的初印本，也有機會。

北宋〈孟東野集〉十卷，余同年友蔣賓嵎於乾隆五十九年因學徒秋試，偕游白門，以五百青蚨從書攤易得，爲寶劍之贈，拜受之。嘉慶十四年仲春。

明活字本〈小字錄〉，昭文邵朖仙贈余，云以青蚨三星得之書攤，係後印。茲所得者爲初印，出番餅二枚易之。嘉慶十六年十月二十五日。

初印本自是較貴。然而收書的機會不同，價錢就縣殊多了。

廉價書可遇而不可求。通常交易，需要討價還價。

宋刊本〈茅亭客話〉十卷，客歲索直五十金，秋初易白金十八兩去。

宋刊本〈歷代紀年〉十卷，述古堂舊物，初書友以是書求售，知其爲宋刻，需直二十金。余曰：此書誠哉宋刻，且係錢遵王所藏，然殘缺損污，究爲瑜不掩瑕，以青蚨四金易之可乎。書友以余言爲不謬，遂交易而退。

講價不很容易，有時還要託人幫忙。

宋刊本〈陶靖節先生詩注〉四卷，今夏有吳子修候余，余往答之，出所藏者示余，湯注陶詩在焉。物主即伊相識，可商交易者，遂倩人假歸，議久始諧。

宋寧宗時刊本〈詳註片玉詞〉十卷，物主議每冊一鎰，後減至番錢三十圓執意不能再損，得足紋二十兩，遂成交易，重其爲未見書也。嘉慶十四年七月。

宋刊本〈魏鶴山集〉百二十七卷，所缺幾及二十卷。嘉慶紀元之冬，議直再三，竟以白金六十兩購得，向索數百金也。

宋刊本〈趙公類考東南進取輿地通鑑〉，存三十卷。初欲消白鏹三百金，書旋他往，轉訪得之，索直如前。余懇其留閱者累月，議價再三未諧，仍取去。此已巳季冬事也。今者許以五十金議遂成。嘉慶十五年庚午四月十三日。

有時議價不成，能碰巧從他處買到較廉的。

舊鈔本〈緯略〉十二卷，郡人吳有堂索八金，並欲鈔還其另一殘本所缺者。屬坊友之與吳稔者詢之，必如數而始付閱，屢議不果，頃忽有高姓書賈特此示余，其居奇心之遜於吳多矣，索直十二番，無可減者。嘉慶十九年秋白露後一日。

明刊本〈蠛蠓集〉五卷，素直二金，無可減者，因置之。而長孫秉剛適於鄰坊見有此集，未之識也。歸述所見，命攜來，板刻正同。惟此竹紙與彼綿紙異耳。直不啻十分之一，遂購得。

有時書賈希望將幾部書一次售出，而不願全收，也需要一番交涉。

舊鈔本〈毗陵集〉二十卷，澹生堂鈔本〈國朝名臣事略〉，共索直十番，擬獨留毗陵，許以四番，久而始成。

也有議價有距離，甘脆多買一部，希望能將價錢扯得公道些。

宋刻本〈沖虛至德眞經〉八卷，索白鏹六十金，議價再三，仍執前所言。不得已屬其取向所見〈新序〉（北宋刊本）同買之，許以八十金而始允。余雖知是書之貴，明爲余與抱沖爭購之故，然此愛書之私，終不爲所奪。乾隆六十年四月十四日。

因議價未諧，蹉跎未買。隔了若干時日，以致漲價的情形，也數見不鮮。

明覆宋本〈新序〉十卷，初見時估直十二金，欲與他書並售未能獨得，後累至十倍，浙人金轡庭茲以番餅四十二枚易之。

宋刻本〈陶靖節先生詩註〉四卷，去歲夏秋之交，許四十金未果，已爲硤石人家得去。今夏以百金之直，銀居其大半，文玩副之，議久始諧。嘉慶十四年中秋月。

宋刊本〈甲乙集〉十卷，初瞿木夫往觀，需銀四兩。嗣經錢聽默定爲宋板，議價至一斤金。余方北行未成交易，頃自都門旋里，如願償之。

舊書的價格本是主觀的，所以還有議價未妥，卻在他處出了較貴的價錢。

元刊本〈東萊先生詩律武庫〉三十卷。去冬以二番餅購得舊鈔本二冊。頃有書坊以元刻七冊來，許以白金三兩五錢，未及諧而去。今五柳主人歸自京師，以六番餅易得。嘉慶十五年五月九日。

縱使出高價能買到中意的書，黃氏還是捨得的，有時因價錢相持不下，書卻給他人買去了，事後不免惋惜。

明刊本〈開元天寶遺事〉二卷，初書友以是書及皇甫涍輯本〈支遁集〉示余。索直甚昂，爲有諸名家圖記也。余許以家刻書直千錢者易之，未果，攜之去。明日往詢之，需三餅金，後日親訪之，其支集爲他人以千錢易去矣，遂持此冊歸，稍慰求古之心。嘉慶十七年五月二十五日。

書價實在太貴了，得書與惜錢，二者不能兼有，是件很苦惱的事。

宋刊本〈唐女郎魚玄機詩〉一卷，〈書錄解題〉著錄，世無單行本。書僅十二葉索白銀八兩，惜錢之癖與惜書之癖交戰而不能決，稽留者數日矣，至是始以五番售余。嘉慶八年三月。

不過價錢太不合理，祇好不予考慮。

明刊本〈林和靖先生詩集〉四卷，物主需直四金，余因其書尚是明刻，未必有此重價姑置之。

宋刊本〈蘆川詞〉二卷，昨歲陳竹厂友人以之示余，索直百番，且詭云余曾許過朱提五十金，余以一笑謝之。嘉慶二十四年秋。

在當時蘇州附近藏書家中，黃氏是比較肯出高價的。

宋刊本〈嘉祐集〉，索直白鏹四十金，他人還價未至，物主允降價相就，竟成交易。

景宋鈔本〈續後漢書〉二卷。僅存昭烈皇帝本紀之一，索重直。既而售者無人，仍與余易家刻書，其值合番餅二枚。嘉慶十七年。宋刊本〈珞琭子消息賦〉三卷，〈陰陽三命〉二卷，道光紀元四月，書僅三十三葉，索直餅金亦如之，且不可留，但一展卷而矣。幸以價昂未有收者，遂勉購之。

明刊本〈大定新編〉四卷，索直二十餅金，久之無過問者，余許以四餅金允易而欲余贈以家刻書，其議始成。

宋刊本〈溫國司馬文正公文集〉八十卷，嘉慶二年夏，學餘堂書肆索白金一百六十兩，余以價昂還之。閱月有五，主人來云，此書出君家，遍示郡中藏書者，雖皆識爲宋刻，然所還之價有不及而無過者，曷於前四十之數而益其半乎。余重是書之刻在宋爲最初，以徐（松靄）盧（雍）二公之手澤，故不惜重資購得之。

鈔本〈回疆志〉，（是新書，無人過問，以千錢得之，重其成書在修〈大清一統志〉後。書估以爲是好主顧，過了三個月又持元鈔本〈書經補遺〉五卷，索白鏹一金。）余笑而頷之曰：余雖肯出價，子不可過爲居奇，且留之稍緩議直，後歸其直青蚨八百錢。乾隆六十年十一月。

宋余仁仲刊本〈公羊經傳解詁〉十二卷，價白金一百二十兩，不特書估居奇，亦余愛書有以致此。初是書出鎭江蔣春農家，書估以賤直購之，攜至吾郡，疊爲有識者稱贊，故索價竟至不減，余務在必得，惜書而不惜錢物。嘉慶十三年秋七月。

有時數家爭購，把書價哄起，賈人坐獲漁利。

北宋刊本〈說苑〉二十卷，爲墨古堂周姓物，一日有老者以手帕包一書來索直青蚨七百，周酬以二百四十文持示同業某，某曰：此明刻也，奚貴耶。後售於五柳居，得青蚨一千四百，因入余手，易朱提三十金。而余卻甚德陶，向使不以歸余，余亦無從得至寶。嘉慶十二年九月三日。

當時書估利潤，甚爲可觀。

明刊本〈荆釵記〉十二卷，書估以青蚨二分拾得，余出番餅一枚易之。嘉慶十六年冬。

舊鈔本〈玄珠密語〉十七卷，嘉慶二十年秋，物主以此書來索番餅八枚，云向以十金得之，而私謂所親裝工錢瑞正子伊人曰：實從閶門外上塘街以青蚨五十六文得之，持示同行胡立群，許以三餅金，故知其佳，必爭高直也。

宋刊本〈渭南文集〉五十卷。錢聽默云：攤主以青蚨一兩五錢收之，書友某倍其值而質之，持往任蔣橋顧家，許以白鏹七十兩，往返再三，猶若勉強成就。今顧氏書散，價亦七十兩，五柳居以白鏹四十五兩易歸。

宋刊本〈新定續志〉，士秀以番錢四枚買得宋刻司馬溫公集，易余六十金而去。今聞其得故家書有三間屋，價止青蚨二十四兩，令人可歎可笑。此書以白金三十金相易，則其他直錢不從可推乎。然余謂書友之以書賺錢，原爲貿易常態。

經商原爲謀利。惟本利相差到數倍甚且數十倍，可說是暴利了。使得「惜書不惜錢物」如黃氏，也不免感到受勒索。

金刊本〈中州集〉十卷。索白鏹五十金，云是金本，須每本十金，許至十五金而猶不允，強留樣本，而以四冊還之。比過文瑞堂書坊，知爲書船吳步雲物，固所素識，吳以實對索直青蚨十四千文，如數予之，而酬前取來者以二千文。此書竟不至受書賈之勒索，可謂生平一得意事。吳曰是書爲海鹽張晉喬物，余得諸伊姪孫，實錢十千文。後送諸鮑以文，許過元銀十二金。

利之所在，書賈間彼此也不免明爭暗鬥，巧取豪奪。

元刊本〈毛詩注疏〉二十卷，以白金十兩買諸五柳居書籍鋪者，偶爲友人乾沒，余從其友人處出錢十千購得之。

藏家畢竟是書賈衣食父母，所以黃氏時常可以向書賈借書校勘，或配補缺葉。有的藏家僅向一家書坊收書。

東城多故家，故家多古書，古書時有散出者。東城之坊爲易收，亦爲東城之人所易得，蓋搜訪便也。玄妙觀東有某坊向與張君訒庵爲最稔，閱其積書幾千金皆是坊爲之購買也。

買書以現金交易爲主，後來黃氏刻了〈士禮居叢書〉和幾種小書，便以書易書，這也可以看出黃氏所刻書受人歡迎，容易銷售，書賈樂於接受。

鈔本〈王子安集〉十六卷，以家刻零種易之，嘉慶十四年中秋前五日。

宋巾箱本〈附音重言古注禮記〉曲禮至月令凡五冊。今夏鄭雲樵來，易余刻〈國語、國策〉五合去。嘉慶十三年四月十八日。

毛斧季手鈔本〈洛陽伽藍記〉五卷，胡立群出銀三星易得，余以家刻〈國語〉易之。

鈔本〈游志續編〉，索直二十金，以家刻〈國策〉十部相易，價亦略可相抵。

舊鈔本〈珩璜新論〉一卷，去冬於坊間見插架有寄賣之書，偶檢三四種，與易家刻書。嘉慶五年。

連寄賣書也肯換家刻書，可見黃氏刻書的暢銷情形了。以書易書，有時竟是書賈提出的要求。

影宋寫本〈楊太后宮詞〉，衛前書肆從潘元家叢殘中論秤而出，弗敢取重直，請易家刻〈易林〉。嘉慶十五年五月二十六日。

舊鈔本新編〈翰林珠玉〉六卷。向於都中見之，索白金四兩，時識力未到，已無及矣。今五柳主人弟收得，云京錢八吊五，不願取值，欲易余家刻〈國策〉十部，遂與交易。嘉慶十九年正月五日。

黃氏晚年境遇窘，不復有雄財收書。有時書癖復發，祇好用家刻書換書。

鈔本〈席上腐談〉。道光三年七月覯此書，以係金俊明手跡，需直較昂。余向爲顧氏直估數且十倍之（琯按此句疑有誤），思還之而意猶眷念，賈人亦曉余重視此書，又憐余無錢買書之病，許以余重出書相易。越日賈來議直五餅金，以家刻書易之。

鈔本〈知非堂稿〉六卷。平湖估人攜其本地人家古書示余，皆大價非十折不可，勉強商之不易銀而易貨，可謂貴之至者矣。此冊最近情，索兩番餅。估人捆載而來，卒無有售者，乃余獨以家刻易之，此亦不得已之苦心也。附載同易之書：

洪武刻〈元史節要〉二冊十三洋

錢東澗鈔〈草莽私乘〉一冊十三洋

朱竹垞鈔〈美合集〉一冊六洋四角

計換家刻書二十四洋有零。

有時也換其他的書。如以京板〈佩文韻府〉，貼銀十四兩易宋本〈孟浩然集〉等五種已見前述。

宋刊本〈聖宋文選〉三十二卷，舊時鈔補，而仍缺卷七至十一，須以新刻〈十三經〉易之，遂與交易。時閶門書業堂新翻汲古閣〈十三經〉，每部需錢十四兩。

甚至宋板書也取出換書。書價昂貴，私家財力有限，勢難兼蓄並收。黃氏收宋刻雖云約二百種，然旋聚旋散。大抵除了少數鎮庫寶物，多是校勘數過，再觀賞一段時期，便相機出手，這樣才有餘力再收他書。不過與書賈交換，他們得慣了幾倍到數十倍的暴利，換起來太吃虧，所以祇有在同好間行得通。如嘉慶九年冬以二百四十金自周香嚴家買得宋刊殘本〈太平御覽〉三百六十卷，即以所藏宋刻書抵其半值。這樣時買時賣，很容易被人目爲書賈。私家藏書，除了財力十分雄厚，想要多見異本，非如此不可。其實藏書家和書賈間也有個分際，書賈僅爲謀利，藏書家是爲了閱讀、校勘，至少是爲了觀賞，或是滿足這種癖好。

藏書家之間，也有相互買賣的。

> 舊鈔本〈紹興十八年同年小錄〉，家椒升以此本來，易去青蚨一千五百文。
>
> 舊鈔本〈乙巳占〉十卷，從毛榕坪購得，用白銀八金易之。
>
> 元至正九年俞貞木鈔本〈存悔齋詩〉，白金六兩易諸友人張秋塘。
>
> 鈔本〈耕學齋詩集〉十二卷，嘉慶十年八月張秋塘易余番錢一枚去。
>
> 舊鈔本〈建康實錄〉二十七卷，適有友需余鈔本〈咸淳臨安志〉者，余獲直三十金，澗蕢戲曰此書余亦欲獲半直，余重其割愛之意，即易之。
>
> 元刊本〈東坡樂府〉二卷，需直三十金，檢書一二種售之友人，得銀二十四金。千里猶不足，余力實無餘，復益以日本刻〈簡齋集〉如前數，而交易始成。嘉慶八年季冬六日。

顧千里時常爲黃丕烈買書，他的量較狹，買賣之間，恐不無利潤，所以錙珠必較。他們之間也有贈書的。

景祐刊本《漢書》，嘉慶二十年季冬贈厚齋都轉（按即汪閬源之父）。

宋刊本《中興群公吟稿、鑑誡錄》，舊鈔殘本《鐵圍山叢談》，顧千里自江寧寄贈。

這些贈書，恐未必是無條件的，如《漢書》贈汪，因他助修文廟，且有志於蓄書。觀後來黃氏藏書，生前即漸歸汪氏父子，題識中所述，恐是門面話。

元刊本《孔氏祖庭廣記》十二卷，何夢華贈，余贈以行資三十金。

薛氏手鈔本《劉隋州集》十二卷，爲居伯洪從山淵堂購得手校本，以兩餅金易得之，伯洪因請手書本，以燕窩一兩送余。

嘉慶十一年寒食，鮑廷博年老患病，需錢買參，送來殘本《元朝秘史》，舊鈔本《嵇康集》，元刊本《契丹國志》，活字本《范石湖集》，易去番餅四十枚。

可見名爲贈送，實際上還是買賣。甚至還有書賈贈書的。宋刊殘本《五百家注音辨唐柳先生文集》十一卷，五柳主人贈後返京，黃氏賦詩懷念。

黃氏是陶五柳的大主顧，送點書不難賺回。無條件的贈書也不是沒有的。

殘宋本《姚少監文集》，嘉慶十七年五月十一日，爲余五十賤辰，諸親友之以禮物相送者，余敬謝弗敢拜嘉，而相知中又有以筆墨文玩諸物爲贈，則弗敢固辭矣。是書則贈自周香嚴。

他如陸東蘿贈宋本〈沅花集〉，邵琅仙贈明活字本〈小字錄〉，蔣賓嵎贈北宋本〈孟東野集〉，俱見前述，大致也是無條件的。

書價以外，從題識中還可看出當時的紙價和鈔寫的工價。

鈔本程穆箋〈吳梅村先生詩集〉，通計五冊，共四百九十六葉，紙價四百文，鈔資四千文。

宋刊本〈事類賦〉三十卷，所缺三卷，倩名手寫之，書止四十葉，字二萬四千五百十六，價五千三百九十四文，紙直裝工，不在其數。

紙每百葉約八十文，鈔資十倍之。不過要請名手，一葉就要一千二百餘文，或是每百字二十二文。無怪黃氏對名家手鈔或舊鈔佳本雖貴也認作便宜了。

大陸雜誌二十卷十一期　五十二年十二月

書目答問概述

一、〈書目答問〉的著者

本書卷首略例末題「光緒元年九月日，提督四川學政侍讀銜翰林院編修張之洞記」，略云：

此篇爲告語生童而設，非是著述，海內通人見者，幸補正之。諸生好學者，來問應讀何書，書以何本爲善。偏舉既嫌絓漏，志趣學業亦各不同，因緣此以告初學者。茲乃隨手記錄，欲使初學便於翻檢。諸生當知其約，勿駭其多。

都是完全出於張氏的口氣，尤其是「隨手記錄」，充分說明是他自己寫的。

然而繆荃孫〈藝風老人年譜〉光緒元年條：「八月執贄張孝達先生門下受業，命撰〈書目答問〉四卷。」因此葉德輝的跋文，柳詒徵撰范希曾補正序，都說是繆氏代撰。

陳援菴氏撰〈藝風年譜與書目答問〉載〈圖書季刊〉三卷一、二期，二十五年三月北平圖書館編，認爲荃孫祇是先爲助理，復爲訂正。理由是同時人李慈銘好臧否人物，潘祖蔭與張之洞、繆藝風往返甚密，均不聞〈答問〉出自藝風。且〈答問〉所述，與張之洞生平所論，及其後〈勸學篇〉諸作，同出一轍，而與藝風學派不同。又光緒三十四年藝風撰〈半巖厂所見書目序〉云：同治甲戌，南皮師相督四川學，有〈書目答問〉之編，荃孫隨同助理。光緒二年張之洞與王懿榮手札，述〈答問〉由蜀刻成後寄京，請懿榮補正，並轉藝風訂正，請潘祖蔭指摘。援菴終覺年譜命撰之說，稍爲過當。

大抵〈答問〉從編撰到初刻初印，以至後刻的改動，採納過多方意見，一如邵懿辰的〈四庫簡明標注〉，祇是未曾注明某條出某人之手。

我對著者問題，在考證之外，有一點感想，〈答問〉即使不是張之洞自撰，他祇是主持而由門人助理，甚至代撰。但張氏本人確有編撰〈答問〉這部書的學識與能力。這和自己沒有能力動筆而請人捉刀，是有些差別的。

二、〈書目答問〉的傳本

〈答問〉刊成，在清光緒二年丙子（西元一八七六年），去今恰滿一百周年。刻成後又屢經剜改，葉德輝於光緒十九年跋云：「有初刻本，有後刻本，有修改本。蓋屢經校補，始克通行。此猶初刻本，故前有『提督四川學院關防』印。」既鈐蓋關防，不但是原刻，當也是初印。葉氏在〈郋園讀書志〉裏凡收跋文五篇，提到〈答問〉不同的本子，共有十多部，原刻初印本僅有這一次，博雅如葉德輝，且是繆荃孫的門人，尚且如此，足見在清代末年已不可多得了。

梁子涵先生的〈中國歷代書目總錄〉，記〈答問〉的傳本有十種：

㈠清光緒四年原刻後印剜補本。

㈡清光緒四年上海淞隱閣刻袖珍本。

㈢清光緒五年貴竹陳文珊重刻光緒二年寫定本。(案後附〈四川省城尊經書院記〉)

㈣清光緒十四年上海蜚英館影印原刻初印本。

㈤清光緒二十一年上海蜚英館石印本。

㈥清光緒二十三年沔陽盧靖刻愼始基齋叢書本。(案:此書附趙祖銘撰〈書目答問校勘記〉)

㈦民國十一年上海掃葉山房印本。

㈧民國十五年北平慈祥工廠鉛印本。

㈨民國十七年新城王樹枏刻張文襄公全集本。

㈩民國間上海商務印書館鉛印本。

〈書目總錄〉是一部學科書目,例言有「本編所採書目,知見所及,概已列入。」可是對於〈答問〉的板本,實不甚完備。如首列原刻後印剜補本,自應有原刻初印本。又如光緒五年到十四年,中隔八年。光緒二十三年到民國十一年,中隔二十四年,一定有很多印本。民國二十年以後,范希曾的〈書目問補正〉既出,取代了〈答問〉原著,〈答問〉便不甚通行。

不過民國三十一年四川大學還印過一次〈書目答問〉。校長程天放的序文記其經過很詳細:

蜀之刊人以善刻書著,清季王湘綺先生主講尊經書院、伍肇齡先生主講錦江書院,先後擇國學書籍若干種付之剞劂，以惠學子。及存古學堂成立，兩書院及官書局之書版均歸焉，並加鐫若干種，精印行世，一時稱盛。其後存古學堂遞嬗爲國學院、國學專門學校、公立四川大學。後與成都大學、成都師範大學合併爲國立四川大學，此項書版遂爲川大校產。……抗戰既歷數載，海岸線悉遭敵寇封鎖，西洋科學書籍，幾不復能輸入，東南各都會淪陷敵手，官書局及印書業均受摧殘，故雖國學書籍亦感缺乏。……爰擇學子需用最切之書，若〈五經〉、〈四史〉之類凡二十五種先行付印，其餘則稍緩時日，期能一一重印也。補刻工作始於二月，隨刻隨印，至七月而書成。

這是一個很有意義的本子。祇是程序之外，別無刊書序跋牌記，不知究竟是尊經書院、錦江書院還是存古學堂刊行的。政治大學社會科學資料中心的程天放先生紀念室，藏有若干種川大印行的書，其中便有一部〈答問〉，和其他經史板式一律，祇要查明一種，便可推知。六十三年新文豐出版公司影印了這一本子。我曾略加查對，有的和原刻初印同，有的又和後印或後刻的相同。板已略有斷裂，字迹則很清晰。除了板心有長編的葉碼外，右欄還有耳題記「書目總」第若干葉，遇清帝廟號均抬頭，想是刻於清季，而〈書目總錄〉失收。

商務印書館的鉛印本，後來好像收入〈國學基本叢書〉，柴德賡說：「涵芬樓排印本答問，竟削〈末附清儒〉姓名略不載，可謂不知此略之功用，不識刻書之規矩矣。」這一本子現仍收入〈國學基本叢書簡編〉，我覺得應該改用足本〈書目答問補正〉才好。

我曾經見過此兩種石印本，不過總覺得還是補正實用，所以也不曾留意，其他的本子，便祇有從間接的資料去認識了。其中最重要的，便是原刻初印本和貴陽本。貴陽本也就是〈書目總錄〉所記的貴竹陳文珊刻本。

三、原刻初印本

葉德輝光緒十九年癸巳三月跋云：

> 此猶初刻本，前有提督四川學院關防印，取後刻校勘，有此本有後刻無者凡二十八種（經十、史十三、子三、集三）。有此本小注有後刻無者凡五種（經二、史二、子一）。有此本無後刻有者凡百十三種（經三十七、史三十五、子十六、集二十五）。有此本小注無後刻有者凡九十種（經四十五、史四十一、子一、集三）。有此本列小注後刻列正目者凡十八種（經七、史五、子五、集一）。有此本列正目後刻列小注者凡四種（經三、史一）。有此本與後刻部類不同者凡十九種（經六、史十三）。有此本列附錄後刻列正目者凡四種（經）。有此本列正目後刻列附錄者凡十一種（經）。余別爲校目列此本後。大抵此本於著述刊刻人名多有傳聞之失，後經改修，仍有未盡。

根據王夢丹女士所標的〈答問〉原書的號碼，計

經部五四七種（合刊本作一種計，下同）

史部五一七種。

子部四一八種。

集部四六四種。

叢書目一〇九種。

共計二〇五五種，初刻本和後刻本不同的地方已幾達七分之一，至於經部更多到四分之一光景。所以清顧廣圻〈思適齋文集〉卷十二〈石研齋書目序〉說：

蓋由宋以降，板刻眾矣。同是一書，用較異本，無弗夐若徑庭者。每見藏書家目錄，經某書史某書云云，而某書之爲何本，漫然不可別識。然則某書果爲某書與否，且或有所未確，又烏從論其精觕美惡？

很可用來說明〈答問〉一書的板本。

葉氏對〈答問〉一書，手校了十多次，撰有〈書目答問斠補〉一書，民國二十一年印行。其書未見。民國五十年左右，我曾借得葉氏校語一帙，傳錄在〈補正〉上，都是補的傳本刊行年月，記初刻和後刻的差異地方屈指可數，略鈔兩條在下文「〈書目答問〉補正」節。去精存蕪，很是可惜。

柴德賡記〈貴陽本書目答問〉兼論〈答問補正〉，（〈輔仁學誌〉十五卷一、二期，三十六年十二月，以下簡稱柴文。對原刻本也有若干記述：

〈答問〉爲講版本目錄之書，凡治答問所舉各書之版本，不可不先考〈答問〉本身之版本。故凡貴陽本改正各條，原刻初印本雖誤，亦有後印本已改正者，則當以後印本爲正，不得便謂原刻之誤也。范氏〈補正〉以原刻初印本爲根據，然後印本有訂正者，亦間有採錄。如經部〈卦氣解〉下增〈卦本考〉，……算法類補長沙荷池精舍刊本凡十二種，皆注明據後印本是也。然予所見原刻缺漏，後印本已增改，而范氏所據之本尚未注明者，如〈漢魏二十一家易注〉，原刻缺卷數，後印本作三十三卷。……洪齮孫〈三國職官表〉，後印本改作飴孫。

上列各條，後印本多有之，而范氏所見後印本尚未改定，自是范氏所見之本如此，幸〈補正〉已收入更正，然有〈書目問答〉者，非必盡爲范氏所用之本，以校范書，每有出入，此不廣集眾本之失也。

且范氏所用原刻，亦非最初印本，以予所見初印本校之，如二姚〈說文解字考異〉，最初印本作十四卷〈補正〉引作二十九卷。李光廷〈漢西域圖考〉下，最初印本無王峻〈漢書辨誤〉，〈補正〉所引有之。則〈補正〉所用之本，非最早印本可知。光緒十一年乙未上海蜚英館石印本，即據最早印本影印者也。（琯按：〈書目總錄〉作十四年，或十一年、十四年、三十一年三度石印。又柴氏所據原刻初印本，當即蜚英館之石印本。）

又〈答問〉原刻本於每類中別分小類，輒以』號表之，〈補正〉一一削去，使閱者無以剖別源流，且每覺書籍時代倒置，莫明其意之所在，此又千慮之一失也。」（衍琯按：柴氏所校〈補正〉，於〈元史本證〉上批云：「本書止號全削，僅此書下有』號，尚留痕跡。」全書止號，柴氏一一補齊。）

從柴文我們略可見出原刻初印本的眞面目。柴氏以貴陽本校〈補正〉時，又曾略舉原刻初印本和後印本的異文。如：〈說文解字〉下蘇州浦氏重刻孫本。批云：此行原刻初印所無。〈說文解字考異〉二十九卷，批云：原刻初印十四卷，後印本始增爲二十九卷。

然柴氏主要在校貴陽本，所以對原刻初印本或後印本祇是遇有貴陽本有關的地方，偶然提到而已。原刻初印本或蜚英館本，和後印本，應不難找到，很可以徹底做一番校勘工作。至少，要認清各本間有著很大差異。

四、貴陽本

貴陽本是王秉恩根據張之洞的寫定本校刻的，和原刻本同出一源，而經過王氏的一番校補。有己卯十月王氏的跋文：

右重刻南皮師撰光緒二年寫定本〈輶軒語、書目答問〉二種。……丁丑春在京，師以定本二種授讀，仲冬攜歸貴陽，假者愈眾。定本板師送之鄂間有印行，成都亦刻有小字本，皆不易致。貴竹陳君文珊任資重刻，秉恩乃即定本敬爲校勘。始知定本爲門人分錄，展轉迻寫，不無差異。有卷第顚倒者，有板本脫漏者，有名氏舛漏者，有定本後書已刊行，或別刻重翻，卷弟缺略，因可增補者。謹就愚管所及，一一校補。

柴德賡曾用貴陽本去校〈補正〉，這一校本現歸臺伯蕑先生收藏，民國四十幾年，有一書賈曾據以影印，縮成四十八開小本。原書約爲十八開，天頭爲柴氏批了些密行細字，縮印本不能盡行容納，因而削去一些批語，和這一書賈縮印清季振宜批的〈通鑑〉用同一偷工減料的手法。五十年頃，承臺先生借給原本，傳錄在新印的〈補正〉上。其中有柴氏題記三則：「民國辛巳二月廿六日星期日大風，閉戶校經史兩部畢。青峯自記。」（在卷二末）「二月二十七日夜十二時校至此。青峯自記。」（在卷三末）「三月初二夜四時校竟，已聞雞鳴。青峯記。」（在卷五別錄後）

辛巳是民國三十年，青峯是柴氏的字。最後部分的姓名略，柴氏仍有不少校語，卻沒有題記，想是在三月初二以後校的。後來在〈輔仁學誌〉發表貴陽本一文，末行是「三十六年八月十七日寫於青峯草堂」，六七年間，柴氏致力於貴陽本的表章，似仍不甚爲人注意。我在十多年前既錄柴氏校語，又曾讀過這篇文章。月前查了多種索引，都找不到這篇文章的下落，還是承張錦郎兄到期刊庫房中逐期查閱出來的。

柴氏很推崇貴陽本，他說：

> 王秉恩貴陽刻本，與原刻頗有異同，予嘗校得二百八十餘條，大率原刻本誤而貴陽本是，范氏〈補正〉殆未見此本。今觀范氏所補正者，貴陽本每先有之。貴陽本所已正者，范氏或沿舊未改。則范書雖佳，貴陽本亦自有其價值。故特表而出之。
>
> 夫刻本之改正原刻者，莫貴陽本若。使范氏得見貴陽本，寧不驚喜欲狂。惜乎其終未得見，此

貴陽本之不幸，學林之憾事也。

柴氏又列舉下列三事，以證明貴陽本之善。

㈠貴陽本卷弟之改正　原刻本卷數缺誤，貴陽本已改，〈補正〉亦改正者，計張惠言〈虞氏易事〉等二十五種。原刻卷誤，貴陽本已改，補正未改者，計毛奇齡〈易小帖〉等十九種。

㈡貴陽本之增補，原刻本所缺板本，貴陽本已增，而〈補正〉本尚缺者，計校宋〈孟子趙注〉等三十九種。原刻誤入板本，貴陽本已刪，而〈補正〉尚仍之者，有戴侗〈六書故〉等三種。

㈢貴陽本姓名之改正　書籍著者缺誤，貴陽本改者八種。〈補正〉於此八種中改者五種，仍而未改者三種。〈答問〉末附清儒姓名略，〈補正〉不置一詞。貴陽本按原書體例增補字號籍貫者，凡朱彬等二十二人。又原刻畢以珣誤作畢珣，鄭元慶誤作鄭餘慶。六嚴與六承如混二人爲一人，均賴貴陽本爲之訂正。

至於貴陽本的小誤，如黃宗羲〈崑崙河源考〉，實萬斯同撰，貴陽仍原刻之誤，范氏已改。嚴衍嘉定人，答問誤作秀水，貴陽本及〈補正〉本均未改。柴氏也不諱言。

五、〈書目答問〉的補正

〈答問〉的略例已說：「此編爲告語諸生童而設，非是著述，海內通人見者，幸補正之。」柴德賡說王秉恩刻答問的跋文，列舉四失，勤加校補，實即〈答問〉的補正工作。〈書目總錄〉

列有下列五書：

㈠〈書目答問箋補〉四卷，清江人度編，清光緒三十年漢川江氏家刊本。

㈡〈書目答問斠補〉，葉德輝編，民國二十一年蘇州江蘇省立蘇州圖書館鉛印本。

㈢〈書目答問補正〉五卷，范希曾補正，民國二十年南京國學圖書館鉛印本。

㈣北平圖書館藏梁啓超手批清光緒五年貴竹陳文珊刻本二冊。

㈤中央研究院藏北京人文科學研究所舊藏葉德輝批校四川原刊本一冊。

柳詒徵在民國二十年〈書目答問補正序〉中說：「郘園增輯之三四本未印行，江氏箋補亦不廣。」筆者於江氏書未見，葉書雖有傳錄本，似非全豹。梁批本今不知存亡。流傳最廣且取代答問原著的是范氏的〈補正〉。

葉德輝對〈答問〉校補很勤，以後刻校前刻的跋文，已見前。另外再錄幾則跋文：

歷年所得之書以及目睹之本，並以朱筆記錄之。暇日取家藏四部書補注刻者姓名年月，叢書本則檢其序跋年月，添寫於旁。其無序跋可證者，以總序年月爲斷。乙巳（光緒三十一年）。

此目吾屢經手校，隨校隨爲友人或門下取去。家有後刻蜀印本，曾校過付從子厲甫收藏，案頭所留，僅光緒間上海蜚英館石印後刻蜀本耳。既手錄一本，付兒輩，檢存笥長隨，則光緒乙巳客居湖北花園山北校者。宣統己酉（元年）。

余持此目幾三十年，獲有一書即以朱筆補注。暇日因獲家藏四部書，考其刊刻入人名年月，增記于旁，非獨拾遺補闕，且以糾其訛誤。新年養痾息靜，閉戶□居，手錄一通付從子啓崟，再錄此冊付從子啓藩，而以此冊付大兒啓倬收存。宣統三年二月。

足徵葉氏對〈答問〉校補之勤，可是據我的傳錄本，葉氏所補多是刊書年月，增記板本已很少見。像王秉恩、范希曾那樣增補書籍的，眞是屈指可數了。

葉氏所補刊書年月，有些也經過一番考證才下筆。並間有改正〈答問〉的錯誤。

趙左翰輯〈七緯〉　福州小積石山房刻本　葉氏在福州上增「嘉慶十四年」，末注：書後有木印記嘉慶九年刊，蓋記始工之年，至十四年而刊成也。

余蕭客輯〈古經解鉤沈〉　原刻本　魯氏重刻本　葉氏於原刻上增「乾隆乙卯」，末注：道光庚子修補，非重刻也。

王引之〈經義述聞〉三十二卷　自刻本　江西刻本　學海堂本　只二十八卷　葉氏批云：嘉慶二十二年江西刻本十五卷，嘉慶二年初刻本未分卷，止四卷，道光七年家刻足本。

武億〈三禮義證〉　道光癸卯刻本　補正增家刻本　葉批：億孫來校刻，聊城楊以增助資，今在〈授堂遺書〉內。

艾儒略〈職方外紀〉　守山閣本　金壺本　龍威本　葉批：龍威本只有南懷仁〈坤輿外紀〉，並無此書。明崇禎五年刻〈天學初函〉中有此書，地圖摺疊夾書內，極精細，守山閣本圖皆改平列。

〈四庫全書總目提要〉　揚州小字本　葉批：乾隆六十年按察使謝啓昆校刻小字本，有阮元跋，故世爲揚州本。

宋歐陽棐《集古錄目》　葉批：近繆氏雲自在龕刻本，注明出處，最佳。

任兆麟輯《尸子》　心齋十種本　葉批：據元大德八年任仁發鈔重刊，爲此書第一古本。

吳曾《能改齋漫錄》　葉批：乾隆中汪秉鈞臨嘯書屋本，宋劉昌詩《蘆浦筆記》糾正《能改齋漫錄》之誤極多。

宋祁《宋景文筆記》三卷　葉批：此書有十二卷，當入雜家，此乃考證經史之說，故入儒家。

焦勗《火攻擊要》　葉批：道光辛丑揚州刻本改名《則克錄》。

夏文彥《圖繪寶鑑》　葉批：徐沁《明畫錄》八卷，明初至明末止，讀畫齋本。姜紹《書無聲詩史》八卷，錄明畫人傳，有康熙五十九年李氏刻本。

《王右丞集》　葉批：康熙中項絪玉淵堂刻本六卷，極精。

《韓昌黎集》宋廖瑩中輯注　蘇州重刻本　陳景雲點勘　明徐氏東雅堂原刻本今尚有　葉批：陳景雲點勘在蘇州本上，原板乾隆十一年尚藏洞庭王氏雲津草堂，余有印木。

以上或增補或訂正的，牽涉到書名、卷數、撰人，板本等項。雖不如王、范之多，然卻每爲王、范所未及，值得表出。

葉氏有些見解和《答問》相反。如郝懿行《爾雅義疏》條，有郝勝於邵晉涵《爾雅正義》的按語。葉氏便批云：「按邵書勝郝，謂郝勝於邵，耳食之言也。」瑄按：葉氏用語如此之重，另跋也有英雄欺人之語，不像門弟子說的話，恐怕他也並不堅信〈答問〉是繆荃孫代筆。

〈斠補〉仍間有記〈答問〉初刻本異同處。如：

傳記類：〈鄭珍學錄〉　批云：初刻本入譜錄姓名年譜之屬。

陳士元〈名疑〉　批云：初刻本此下有錢大昕〈疑年錄〉四卷、吳修〈補錄〉四卷，吳榮光〈歷代名人年譜〉十卷。

鄭處誨〈明皇雜錄〉　批云：初刻本此下有〈朝野僉載〉六卷，云舊題張鷟撰，湖海樓本。然湖海樓實無此書。

六、范希曾〈書目答問補正〉

柴德賡推崇備至：

自范希曾氏撰〈書目答問補正〉，時代既近，搜羅至廣，殷勤補苴，細入毫芒，學者咸以爲便，不僅足爲張文襄功臣已也。

范希曾跋云：

後此五十年間新著新雕，未及收入。亦時有小小譌失。某案頭初置此書一部，輒就知見，隨手以硃筆補注眉上。積及上下眉無隙地，更置一部注之，如是者兩三部，竊自比於〈橋西雜記〉所載邵位西標注〈簡明目錄〉故事。乙卯閑居，遂取數部，審擇迻錄，合爲一帙，成〈補正〉

五卷。

柳詒徵序云：

丁卯夏，余館盋山，要希曾助編館目，希曾大喜，謂藉是讀未見書，假似歲月，學其有成。居山館閱三稔，日孜孜勘藏書，體羸善病；不懈益勤。館書逾四十萬卷，希曾創意釐析爲目若干卷，分別部居多獨到。長日飯罷，坐陶風樓下啜茗，或休沐徙倚烏龍潭，聯襼登清涼山，縱談平生蘄嚮及編摩所得，睪然有劉子政、曾子固之遺風。……文襄之書斷自乙亥，閱五十餘年，宏編新著，影刻叢鈔，晚出珍本，概未獲載。……希曾所輯。最後而較備。雖亦限於見聞，或瀏覽所及，而未暇臚寫者，要已可備儉學之檢閱。

希曾所採，得自國學圖書館四十萬卷的藏書和名師宿儒的探討，所以〈補正〉一出，衆本皆廢，甚且取代張之洞的原著了。

柴德賡既校貴陽本，而深惜范氏〈補正〉未能採及。

筆者也曾指章學誠〈史籍考〉、鄭鶴聲〈正史彙目〉，〈補正〉入譜錄，不如附洪飴孫〈史表〉後。又李慈銘，曾國藩、翁同龢、王闓運諸家日記，〈補正〉入儒家類考訂之屬，不如入傳記。（說見〈書目答問索引〉評介，載〈中央圖書館館刊〉，五十九年十月）

指摘最嚴的是曹仕邦先生的〈書目答問編次寓義之一例〉。（載〈新亞書院學術年刊〉九期，五十六年九月，以下簡稱「曹文」），他指出范氏在〈大唐西域記〉下補入〈三藏法師傳〉，俾兩書相表裏。

然同時又補入的〈南海寄歸內法傳〉，卻屬研究戒律方面。〈高僧傳〉下補入的〈釋迦譜〉，應移置〈法苑珠林〉條下。而同時又補入的〈佛祖通載〉，不足取。又〈緇門警訓、釋門正統、佛祖統紀、諸經集要、釋氏要覽、出三藏記集、歷代三寶記、大唐內典錄、閱藏知津、法門名義集、五燈全書〉等都值得補入而范氏失載。而最應該補入的是〈六祖壇經〉，范氏也許根本不知道〈壇經〉對禪宗研究的重要，故擯諸〈補正〉之外，可說未達一間。以至批評「范氏之失就是有點近乎『橫通』」。

曹氏所評范書之失固是，而不免稍稍苛求。柴德賡便有恕辭：「然范書有功學者，世有公論，況范君書未成而身卒，使天假之年，搜輯必更完備。」范氏祇享年三十，而生前體弱多病，「能夠在補正〈書目答問〉方面有這樣成績，實在非常難得。」（曹文）。

〈書目答問補正〉在民國十八年〈國學圖書館第二年刊〉先載〈史部補正〉，民國廿年排印全書，此後屢經影印，排印本頗有錯字，影印本曾加改正，柴校本曾加比勘，指出十多條。王夢丹女士在〈補正索引〉中有勘誤表四頁，列舉誤字二十八條。又此本改正原印本之處十九條。民國四十五年新興書局所據以影印的底本便是初次的鉛印本，也是錯字最多而未經改正的本子。

七、〈書目答問〉補正索引

溧水王夢丹女士（緐）編，民國五十八年香港崇基書店發行。自序說：「范書問世，迄今已三十餘年，其間諸家著述，亦復不尠。余頗有志續補，俾成完璧。惜范書列書四千餘種，檢尋不易，爰以暇日，編爲書名及人名索引。」所以編這部索引的本意是預備自己用的。

有例言十條，可以看出編輯時所費的工夫很是精密。

索引係剪貼影印，排列上難免有些錯誤，遺漏和顚倒的地方。筆者曾爲文評介，梁子美先生也有文介紹。

索引後附有〈補正〉原書，字大悅目，是我見過最好的本子。很希望夢丹女士續補能早日問世。

八、〈書目答問〉的旨趣

張之洞無自序而有凡例，述編撰旨趣很詳明：

讀書不知要領，勞而無功，知某書宜讀而不得精校精注本，事倍功半。今爲分別條流，愼擇約舉，視其性之所近，各就其部求之。又於其中詳分子目，以便類求，一類之中，復以義例相近者使相比附，再敍時代，令其門徑秩然，緩急易見。凡所著錄，並是要典雅記，各適其用。總期令初學者易買易讀，不致迷罔眩惑而已。

可以說旨在辨章學術，考鏡源流。令讀者可以即目求書，因書究學，充分發揮了書目的功用。

即目求書，說來容易，然善本實不易得。所以張氏鼓勵人刻書，別錄後有〈勸刻書〉說：

凡有力好事之人，若自揣德業學問不足過人而欲不朽者，莫如刊布古書一法。其書終古不廢，則刻書之人終古不泯。且刻書者傳先哲之精蘊，啓後學之困蒙，亦利濟之先務，積善之雅談也。

至於說刻些什麼書，不妨按照〈答問〉來選刻。張氏在致王懿榮札中曾說到這一點，可參照上述陳援庵文中徵引的。

葉德輝跋文則更指出還有維護道統的用意在：

略行〈孫祠書目〉之例，其分正目附錄，亦本孫目內編外編之意，而變其名稱。經主東漢，史部省去歲時，多以說部子書入之雜史。子部立古子一類，以括周秦間子書。又以雜家典實者入儒家。儒家分議論經濟、理學、考訂三屬。集部於汪洋大海中存歷朝各大家有傳本者；其北宋之西崑，南宋之江湖，但有精華，無不採擇，至於明初之臺閣，晚季之公安、竟陵，則概在屏棄之列。又前後七子之聲調，去短取長，皆有別白。閱者據此目購書求學，不至誤入歧途也。

在〈答問〉的字裏行間，也可看出這一意趣。如列朝經注說經本考證下說：「空言臆說，無家法者不錄。」易之屬下有「雜道家言者不錄」。詩之屬有「詩家與四家詩皆不合者不錄」。周禮之屬下「疑經者不錄」。儀禮之屬下「有意攻駁古注者不錄」。這一類說明很多。

九、〈書目答問〉的體例

余嘉錫〈目錄學發微〉說就體例言，目錄之書有三類：一曰部類之下有解題者，二曰有小序而無解題者，三曰小序解題並無，祇著書名者。又說：屬於第三類者，現存如〈唐宋明藝文志、通志藝文略、書目答問〉皆是。此類各書，不辨流別，但記書名，已深爲〈隋志〉所譏。然苟出通人之手，則其分門別類，秩然不紊，亦足以考鏡源流，示初學以讀書之門徑。鄭樵所謂「類例既分，學術自明」，不可忽也。

然而爲什麼「類例既分」，就「學術既明」了，恐怕很多人也不甚瞭然。我想用曹文來說明。曹氏分析道釋類的九部書的順序，並不按照時代，認爲是實在另有深意。

首先是〈弘明集、廣弘明集〉，都是纂集有關佛教文字而成的總集。希望讀者通過這些眾說紛紜的宣揚或論辯文字，能夠對佛教基本教義與早期在華發展遇到的問題，先獲得一個普遍的概念。接著是〈佛國記、大唐記西域記〉，都是古德西行求法歸國後所作親歷其境的遊記，使讀者從這兩部書中，概括地認識了佛教產生的地理和文化背景。跟著是〈高僧傳〉，讀了可知早期中國佛教歷史，同時把兩〈弘明集〉所反應佛教在華活動的片斷連貫起來。之後是〈法苑珠林〉，是佛教很重要的一部類書，將佛家種種掌故與名物制度等分門別類，以調和中印文明。之後是〈五燈會元〉，是禪宗史書，讀了可知佛教史的急劇轉變，之後是〈開元釋教錄〉，是佛教最負盛名的目錄學者作，有指導閱讀的用意存在。最後是〈翻譯名義集〉，對每一名詞，都徵引許多佛典與俗書來解釋。讀佛經若遇上不懂的翻釋名詞，可從本書獲得解釋。從上面的探討可知〈答問〉對書目先後的安排，很明顯的存著一種指導閱讀的寓意。實也辨明了學術源流。

〈答問略例〉說：「多傳本者舉善本，未見精本者舉通行本。」又說：「不盡用前人書目體例，學海本即〈皇清經解〉、津逮本即〈津逮秘書〉、問經堂本即〈問經堂叢書〉，皆取便省，他叢書仿此。」葉德輝便深表不滿。跋文說：「按目求書，非一朝一夕之故。且各書下多注通行本三字，其爲當日通行耶？抑爲今日通行耶？藏拙之語，不免英雄欺人。即此可知時刻亦不能盡見，何況購置。」又說：「注中偶載元號又不記年月歲名。如明之嘉靖、萬曆，皆享國四十餘年，我朝康熙、乾隆，皆享國六十餘年，其中歲月有初中晚之殊，刻本有先後之別。今略而不具，使閱者摸索，不得其詳，亦一蔽也。」所以葉氏很在增補刊書年月上下工夫，而且也因此考出〈答問〉的一些失誤，已詳前文。然都很瑣細，不甚關繫弘旨了。

十、〈書目答問〉的分類

一般目錄書討論一書的分類，往往列舉類目，再說明那些類目是因襲自某部書目，有幾類是改動類名，甚或是新創的。或是再把幾部書目的分類情形列表對照。這些工作，當然很重要。不過還沒有接觸到類例的核心。

〈答問〉的分類極精密。略例說：「分別條流，慎擇約舉，視其性之所近，各就其部求之。又於其中詳分子目，以便類求。一類之中復以義例相近者使相比附。再敘時代，令其門徑秩然，緩急易見。」所以部類屬三級之外，更以止號『』細分。若按曹仕邦先生分析釋家的九種書，可說次序先後的安排，極費經營。

論〈答問〉的分類，葉德輝跋文屢次說是略行孫星衍〈孫氏祠堂書目〉之例。〈孫祠書目〉又遠承宋鄭樵〈藝文略〉的分類精神。姚名達〈中國目錄學史〉說：〈書目答問〉在分類史上之地位，不在創造，而在對〈四庫總目〉加以他人所不敢爲之修正。

究竟如何因襲，如何修正，單比類目是看不出其間精神所在，至少初學之士是如此。筆者在講授目錄學時，每請同學們就兩部書目的同一類，先以甲書爲主，看此類各書在乙書都分屬在那些類。再以乙書爲主去查甲書，各列表對照。一書有而另一書未著錄的，或兩書同入一個類的，且不加過問。（不是其中就沒有問題，而是暫時置之，以待他日專加論析。）至於兩書分類彼此不同的那些書，就分析其中緣由。同學們都好爲批評，常要一一說出那一部書目分類較好，那一書較差。我的意思其間出入固不能沒有高下，但初學的人，不易甲乙。而更重要的是要分析兩部書目分類的精神所在。

梁君奮平曾分析〈書目答問〉和〈四庫總目〉小學類的異同，他得到的結論大致是〈答問〉對〈四庫〉的取捨和增補，以至類目的更易，都充分反映了乾嘉以降在小學方面的成就。可說得到辨章學術、考鏡源流的要領。刊於〈圖書與圖書館〉第二輯。

我覺得用這一方法去討論分類問題，才比較徹底，然做起來十分繁瑣，必須借重團體合作的方式，才易收效。用這番話討論〈書目答問〉的分類問題，離題稍遠。然我願借這機會做這一呼籲，希望能發揮群力，使我國圖書分類問題，能得到一個徹底的解決。而不再是因襲、修正等籠統的說明。

十一、〈書目答問〉的影響

就分類來說：〈書目答問〉在四部外有叢書部。雖然明人祁承㸁的〈澹生堂書目〉已有叢書部，早於張氏三百年。然此後的各家書目，都未見採用。仍是把叢書入雜家或類書（如〈四庫總目〉），要到〈答問〉以後叢書才由附庸蔚爲大國，與四部平列。〈答問〉之將叢書獨立，未必就是受祁氏影響，此後各家書目，無疑是受〈答問〉的影響。

〈書目總錄〉把〈答問〉列爲舉要解題書目。這類書可上推到宋人〈朱子讀書法〉，清人在〈答問〉之前的有李顒〈讀書次第〉等三種，然都不爲人重視。到了〈答問〉一出，「承學之士，視爲津筏，幾於家置一編」（范希曾語）「〈書目答問〉爲一切學問的南針。」（胡適語）「〈書目答問〉支配了中國學術幾十年。」（羅家倫語）張之洞也很自負。〈輶軒語〉論讀書宜有門徑條說：

> 汎濫無歸，終身無得。得門而入，事半功倍。或經或史、或詞章、或經濟、或天算地輿。經治何經，史治何史，經濟是何條，因類以求，各有專注。至於經注，孰爲師授之古學，孰爲無本之俗學。史傳孰爲有法，孰爲失體，孰爲詳密，孰爲疏舛。詞章孰爲正宗，孰爲旁門。尤宜抉擇分析方不致誤用聰明。此事宜有師承。然師豈易得？書即師也。今爲諸君指一良師，將〈四庫全書總目提要〉讀一過，即略知學術門徑矣。

余嘉錫覺得張氏是夫子自道，〈目錄學發微〉於引用上文說：「張氏之語雖若淺近，然實深知甘苦之言。然但欲求讀其書而知學問之門徑，亦惟〈四庫提要〉及張氏之〈答問〉差足當之。」而〈發微〉屢引答問，每有佳評。

〈答問〉以後，讀書的方針，態度變了。有些不盡適用。依仿之作甚多。〈書目總錄〉列舉了梁啓超、胡適、呂思勉、支偉成、李笠、丁福保、鍾泰、曹功濟、汪辟疆等九家，還有日本人長澤規矩也等兩家。其實還不完備，如章炳麟和朱自清等也有類似的書目。都是損之又損，到朱氏便僅屈指可數，連附見的也不過三四十種罷了。然而都不足以取代〈書目答問〉。

張氏希望人能依照答問來刊書，這一願望也大部分實現了。像商務的〈四部叢刊、國學基本叢書〉，中華的〈四部備要〉。選書範圍大致是〈書目答問〉所錄的。近二十多年翻印古籍，盛極一時，雖然不再能像編印〈四部叢刊〉等那樣有計劃，規模大。可是細爲分析，除去爲了適合洋人胃口的一些近代史料外，大致還是以〈書目答問〉爲中心。

書賈未必在印書之前，都去先查一下〈書目答問〉是否著錄，對某書的批評如何。不過他們對讀者的意向很清楚，讀者需要的就印。那麼究竟是〈書目答問〉（和〈補正〉）的作者，算準了百十年後讀者的好惡，還是讀者都能按照〈答問〉所列的書去問途入門（現在便可成爲各門的專家了）？我想兩者都有。這實在要大學問，恐怕不是繆荃孫所能勝任，還是像張之洞纔能擔當得了。

至於〈書目答問〉是否要續補，筆者認爲可以是可以，不過吃力不討好。筆者在評〈答問索引〉一文中曾指出有仍錄〈答問〉和〈補正〉，刪除〈答問〉和〈補正〉，就〈答問〉補入新書三類，都不如各就自己所專攻的學門開列書目較易爲功，且能達到指示門徑的效果。至於共同的基本書單，用梁啓超等的書目儘夠了。

十二、結　語

張之洞當年提出「西學爲體，中學爲用」一說，後來的英雄豪傑或加非議，或加修正。然也未見得有多少新義。所以表現「中學」的〈書目答問〉仍能風行不替。近年情形有些變了，有點是「西學爲體，西學爲用」，甚至是「中人爲體，西人爲用」。祇是西人也愛讀中國書，「中學」也爲西人所重視，而成爲西方學者治學的一支。所以中人也不至完全荒棄「中書」（可是未必還懂「中學」），這種情形存在一天，〈書目答問〉終不能廢棄，〈書目答問〉不遭廢棄，「中學」必能在天地間站得住腳，而且能日益昌大。寫到這裏，願以這一結語證之於後世。

圖書與圖書館第二輯　六十五年十二月

明代史籍彙考評介

〈明代史籍彙考〉，傅吾康（Wolfgang Franke）編，吾康，德國人，精研漢學，所說中國話之純熟，一如華人，娶安徽胡氏爲妻。馬來亞大學的中國文學系，便由他手創，後任該系客座教授，現任德國漢堡大學教授，年六十多歲，其父曾任駐澳門領事，因熱愛中華文化。其姊現任德國某博物院院長，其子也繼承衣鉢，研究漢學，尤精乙部，在各大學任教。（承江寧楊家駱、丹徒蘇景坡兩先生見告）傅氏一門累代從事史學研究和教育工作，卓有成就，和我國古代史學家有些相似，很令人欽羨。反觀我國一些在人文或社會科學上卓有成就的學人，其子弟往往去學理工，雖在父兄不能以移子弟，眞是余欲無言了。

全書計卷首序目二十二頁，正文及索引三百四十七頁，十八開本精裝一冊，西元一九六八年由馬來亞大學出版部（係馬大和新加坡大學共同投資經營）印行，售價美金二十五元。

卷首有序言、目次、前言、簡字表等。正文開端是導論（已由石衍長先生譯出，載在〈中央圖書館館刊〉新三卷一期，五九年一月），全書所分章節如下：

第一章　編年（分實錄等四節）

第二章　公私纂修史乘（含正史、別史、紀史本末、雜史等，分通紀和斷代等九節）

第三章　傳記（分總錄、忠義、名臣、儒林文苑、郡邑、分朝、特行、表譜等八節）

第四章　筆記小說（按內容、時代和地域分十節）

第五章　奏議（分總集、別集，別集再按時代分，共九節）

第六章　政書（分會典、各部則例、律例、禮制、邦計、通考、學政、詔令等八節）

第七章　理藩及軍政（分軍政、理藩，按區域分共十節）

第八章　地理及方志（分總志、山水、道里、遊記、通志等十八節，通志按省分，州府縣志則列表）

第九章　經濟、工藝和叢書（分五節）

附錄書名和著者索引，按英文拼音順序排，以著錄各書爲限，徵引各書和奏議、方志的存目書名及著者姓名不編入索引。

每章都有小序，略述本章所收史籍在四部分類法之類屬，這一類書籍流傳和各家重要書目著錄的情形。如第八章地理和方志的小序：

本章所錄各書，於四部分類屬史部地理類，如就各書內容來說，和geography一字，內涵並不完全一致。因方志主要部分是人文地理和地方的歷史和情況，而涉及一般地理問題則不多，衹有少數名著如顧炎武的〈天下郡國利病書〉是例外。本章著錄各書，多附有極具價值的圖版。專門研究輿圖的著作有王庸（或王以中）的〈明代輿圖彙考〉，刊載〈圖書季刊〉三卷一、二期，民國二十五年北平出版；王氏又有〈中國地理圖籍叢考〉，民國二十五年上海出版。西人Walter Fuches和L.C.Goodrich都有西文著述。至於專門研究一部書的，則列於各書敘錄之末。

第一節爲總志，所記包括禹域全境或其大部分，和正史裡的地理志所述範圍略相當。第二節爲專志，如河渠（含運河）、漕運、驛運等。在中國圖書分類是地理類河渠或水利之屬，有些書則在政書類邦計或食貨之屬（參見第六章）。範圍略和正史裡的河渠志或溝洫志相當。這些書提供了一些很有價值的經濟、社會和政治制度史料。地理類還有山嶽、寺觀、勝蹟諸屬，僅和某些較專門的文化史有關，爲本章所不取。第三節是兩部遊記。明代官員經常從事公務上的旅遊，如巡行、調任等，這種例行公事的跋涉，實在是艱苦多於愉快。所記沿途見聞，價值有限。像徐宏祖的〈徐霞客遊記〉（見本節第一種）能做周詳的地理觀察和記遊，實不數見。

第四節到第十八節是各省通志，其中關於地理的記述，比總志還要少。至於省區以下的府、州、縣志，則在本章之末但存其目。這些方志，不僅有地理方面的敍述，而且也包括了這一地方的建置沿革、水道、兵務、賦稅、儒學、寺觀、勝跡等記載，和制舉、官師、循吏、儒林、文苑、藝術、忠孝、列女等列傳。又選載本邑人士有關地方資料的詩文。各種志書的章節內容並不一致，上述各項要爲通例。這些志書含有極豐富的國史所未備的地方史料，因爲修國史的著眼點在通觀全域，而對某一地方的情形，難以盡述。往昔對方志的收藏似多限於私家愛好，直到晚近，始承認方志在從事歷史研究上有極重要的地位。本章各節所錄省志，以明代所纂修的爲限，所以修得愈晚的，所存的明代史料愈多，當然明代志書也多存前代史實。至於府、州、縣志，也是和各省通志一樣的。

第四到十八節的通志，也有幾部是關於某些特定地域，按尋常分類，並不入都會郡縣之屬，而隸於地理類其他各屬。有的並不關乎地理，而僅是蒐集某地的史料。第四章第八、九、十等節所收的一些區域性的地理著述，也在四部分類法的地理類。

由於本部和四裔之間，並沒有什麼顯然的界限，若干著述涉及邊疆和藩屬，也都在四部分類法的地理類，多隸於邊防之屬。這些史籍在本書則歸於第七章，而和中國的傳統分類法有別。

明代方志既多，勢非本章所可盡錄，因而把府、州縣志，但存其目，一如第五節奏議的例子。省區的劃分，一依明代建置，所以北直隸和河南鄰接處的若干縣，在明代的隸屬和後代有別。本章所收志書，都是現存於中國、日本或西洋各收藏機構，而主要依據下列各書目：

一、〈國立北平圖書館善本書目〉，民國二十二年印行，著錄明代志書最富。二十六年抗日戰時既起，爲恐敵寇攘掠，部分善本寄存美國，五十四年運返，美國國會圖書館有微卷（Microfilm）出售。

二、〈國立中央圖書館善本書目〉，其第一冊於民國四十六年印行，明代方志收藏之富，當居舉世第二位。

三、〈中國地方志綜錄〉，朱士嘉編，民國四十六年印行，著錄中國二十八個機構的藏書，含北平圖書館舊藏和日本的一些藏本。

四、〈日本現存明代地方志目錄〉，日本山根幸夫編，西紀一九六二年京都東洋文庫印行。

五、〈國會圖書館藏中國方志目錄〉，朱士嘉編，西紀一九四二年美京華盛頓印行。

六、〈歐洲所藏中國方志目錄〉，Y.Hervouet編，西紀一九五七年Paris & La Haye印行。

至於早期的收藏，則引證〈千頃堂書目〉，偶而也引用他種書目，至於〈鄞范氏天一閣書目內編〉（民國二十八年印行）等，對明代方志雖頗有著錄，然現存志書，悉已收於朱士嘉的綜錄，所以本書不再引證。〈千頃堂書目〉（卷六第四至四十三葉、卷七第一至四十四葉，）凡著錄方志一千六百零六種，其中現存的僅得五百一十三種。因爲〈千頃堂書目〉對方志纂修年代，僅舉元號，其他書目，對年代所記也並不詳明。所以有些現存方志，是否見於〈千頃堂書目〉，不易斷定。本書祇有從寬處理，凡現存方志，可能即是該目著錄的，便加引證。總而言之，〈千頃堂書目〉所著錄的方志，約有三分之一如今還有傳本，可是現存明代方志爲〈千頃堂書目〉所失收的，也數不在少。大抵有明一代所纂修的方志，當超過兩千種。就下表看來，〈千頃堂書目〉所收明代方志，各省都有，雖然西南幾省都僅有寥寥數種。而以浙江最多，山東、江西、河南等省較少。表列數字，包括本章所收省志和其他邑乘著作，但〈千頃堂書目〉地志部分若干非方志的某些地區性的史籍，則不包括在內。

明代方志統計表

	千頃目著錄	千頃目著錄今存方志	千頃目失收今存方志	今存方志總計
北直隸	一九九	五九	三六	九五
南直隸	二〇八	九六	七七	一七三
山西	九三	二五	二四	四九
山東	六二	二〇	五五	七五
河南	一二一	四二	四四	八六
陝西	一一五	三八	二六	六四
浙江	二六四	八八	一四	一〇二
江西	六二	一六	三三	四九
福建	一〇〇	四八	二六	七四
湖廣	一一五	三五	三六	七一
廣東	九〇	二四	二四	四八
廣西	六四	七	二	九
四川	八三	九	一一	二〇
雲南	二三	四	四	八
貴州	一〇	二	三	五
合計	一、六〇八	五二三	四一五	九二八

這篇小序，對中國人來說多是普通常識，除去統計數字有用之外，實是可有可無。對外國人想要研究明代史的人來說，應是非常簡明扼要的介紹了。

每一書有解題，包括書名、成書年代、卷數、著者（含生卒年、登科年、籍貫、傳記資料等）、內容提要、序跋年代和撰人、流傳情形、卷目、索引、參考資料、著錄情形，如傳本希見，並注明現在收藏情形。現譯述幾篇於後：

第二章第一節第一書（原書第四十五頁）

〈吾學編〉（西紀一五六七年成書）六十九卷，明鄭曉撰，曉西元一四九九年生，一五六六卒，一五二三年進士，浙江海鹽人。生平事蹟可查〈八十九種明代傳記資料引得〉第三冊二八一頁、〈東洋歷史大辭典〉第六冊二七一頁。

本書凡集十四種論著而成，從一五四九到一五六六年間遞次撰寫刊行。曉既卒，其子履淳、履準彙爲一編。有一五六七年雷禮及履淳序，同年履淳跋。一五九八、九九年間曉孫心才重刊，一五九九年李當泰序。

其總目如下：

㈠卷一至十：〈皇明大政記〉十卷，記一三六八至一五二一年間事，係編年體，一五六六年鄭履淳序。

㈡卷十一：〈建文遜國記〉，編年體，一五六六年鄭履淳序。

㈢卷十二至十六：〈皇明同姓諸王表〉二卷傳三卷附〈異姓三王表〉，一五六四年自序。
㈣卷十七至十九：〈皇明異姓諸侯表〉一卷傳二卷，一五四四年自序。
㈤卷二十：〈皇明直文淵閣諸臣表〉，記至一五五一年，一五六六年自序。
㈥卷二十一：〈皇明兩京典銓尚書表〉，一五六六年自序。
㈦卷二十二至五十一：〈皇明名臣記〉三十卷，一五六六年自序。
㈧卷五十二至五十九：〈遜國臣記〉八卷，一五六六年自序。
㈨卷六十：〈皇明天文述〉，一五四九年自序。
㈩卷六十一至六十二：〈皇明地理述〉二卷，一五六六年序。
⑪卷六十三至六十四：〈皇明三禮述〉二卷，一五四六年自序。
⑫卷六十五至六十六（重刊本卷六十三至六十五）：〈皇明百官表〉一卷（卷六十五上），〈百官述〉二卷（卷六十五下至六十六），一五六六年自序。
⑬卷六十七至六十八（重刊本卷六十六至六十七）：〈皇明四夷考〉二卷，一五六四年自序，民國二十二年北平重印本，在〈國學文庫〉第一種。參見〈歷史事典〉第四冊一一四頁；伯希和文，見〈通報〉三十期，一九三三年，第二七七—二七八頁第三號。
⑭卷六十九（重刊本卷六十八）：〈皇明北虜考〉，一五五二年自序，民國二十四年北平重印本，列爲〈國學文庫〉第四十五種。

參考資料：〈千頃堂書目〉卷四第七葉；〈東洋歷史大辭典〉第三冊一九八頁；〈東洋史料集成〉第二三〇頁；〈歷史事典〉第三冊三三二頁；A. Wylie, Notes on Chinese Lilerature第三十一頁。

藏本：美國國會圖書館（見〈善本書錄〉第一三〇——一三二面，原刊本、重刊本均有。）〈京都大學人文科學研究所漢籍分類目錄〉第一九六頁

第四章第一節第五書（原書第一〇二頁）

〈（萬曆）野獲編〉（一六一九年成書）三十卷補遺四卷，明沈德符撰，德符一五七八年生，一六四二年卒，一六一八年進士，浙江嘉興人，〈八十九種引得〉第三冊十頁，〈東洋歷史大辭典〉第五冊十八頁有其傳記資料。

本書雜記萬曆末年見聞，涉及歷史、朝政、遺聞逸事，德符之祖若父俱歷官京師，德符亦任職京師及各地，故所記多屬秘辛。初編有一六〇六年自序，續編自序在一六一九年。原輯本今已不存，明代曾經刊行。初不分卷，今傳四十六卷本（諸家書目多作四十八卷）乃一七〇〇年錢枋所編。續編四卷爲一七一三年裔孫振所編。在清代列爲違禁書籍，一八二七年姚祖恩扶荔山房爲之刊行，一八六九年重印。民國四十八年中華書局標點重印。〈中國隨筆雜著索引〉收有此書，一九六〇年日本京都印行。

參考資料：〈千頃堂書目〉卷五第十五葉；謝國楨〈晚明史籍考〉第四卷十至十二頁；〈東洋

歷史大辭典〉第七冊二七六頁；〈亞洲歷史事典〉第七冊四七三頁；〈東洋史料集成〉二三〇頁；L. C. Goodrich, The Literary Inquisiton of Ch'ien-Lung第一五三頁；王立中〈萬曆野獲編校補〉，刊載〈文瀾學報〉第二期二頁，民國二十五年杭州。

這些提要多是提供資料來源，比起中國的解題書目，資料採輯較富，而未能綜理各家學說，加以排比剪裁，可說各有所長。

本書對中外人士都感到方便的地方是，書名、人名，地名等都中英文並用，書名更有英文意譯，索引則用中文而按英文拼音順序排列。

本書所收史籍，不過千餘種，存目不足千種，合計兩千種有奇。而謝國楨〈晚明史籍考〉一書，著錄已千餘種，與本書著錄之史籍略相當。謝書除通紀類外，僅取萬曆以後迄於南明史料爲主，且不收方志。所以傅氏這部書選書較嚴，不像謝書兼容並蓄，旁及戲曲小說。而傅書之編成，取資於謝書實多。

傅氏在民國三十七年，已有〈明史要目解題初稿〉，由成都華西大學刊行。此後續有明史資料之論著，二十年後，復增訂爲本書，程功數十年，對研究明史，尤其是西洋研究明史的學人，當大有助益。

本書也不無疏失之處，像近年若干新印行的資料都付闕如，中央研究院歷史語言研究所校印〈明實錄〉，底本選擇既精，且附有校刊記，始於民國四十八年，完成於五十五年，本書第一章未見提到。昌瑞卿先生〈說郛考〉，民國五十一年刊於〈中國東亞學術計劃委員會年報〉第一期，本書所著錄說郛本各書，也未見引為參考資料。第一章第一節僅收明帝歷朝實錄，而如〈萬曆邸鈔〉、清太祖實錄〉等，均宜收而未收。若干傳本較希的史籍，僅注明美國和西洋藏本，對我國收藏明代史料豐富的中央圖書館，中央研究院傅斯年圖書館的藏本置之不問。〈萬曆野獲編〉之有明季刊本，似據謝氏〈晚明史籍考〉，然謝書卷尾〈補列版本表〉已云：「此書無萬曆刻本，道光前僅有鈔本，沈德符文集有此類記事。」都不無疏失。其所論列，如謂明代版圖不廣，文治武功，均不如漢唐盛世，是為清人不治明史原因之一。然明成祖屢派三寶太監下西洋，雖或有其他政治因素，而中華聲威，遠播海上，其影響至深且鉅，我華僑得遍布南洋各地，實肇因於此，即傅氏得在馬來亞大學創辦中文系，也不能說不受其影響，於論及朱明一代國勢，應論到這一點。方志中藝文一目，不僅多是本邑人士，即他邑人士曾服官或遊歷其地，曾有詩文之作，也擇佳選載。這些都可以說是大醇而小疵。

傅氏致力於明代史乘資料之蒐集研討，書中若干傳本較少的史籍，往往注明著者有藏本，所引據各書，多一一注明頁次，可知傅氏用力之勤，非輾轉鈔撮成書可比。以一位外國學人對中國史籍肯花這些工夫，是很令人敬佩且感到慚愧的。傅氏才六十多歲，十年二十年後再有增訂本問世也未可知。我中華學人研究明史卓然有成的也指不勝屈，對明代史籍的瞭解，似不在傅氏之下，讀了傅氏書，不知也是否打算編一本更完備、更適合中國人用的書錄。

（國立中央圖書館館刊新三卷二期，五十九年四月）

「民衆」也非「們」不可嗎？

——大家們傳播的買辦、西崽心態

打開電視機們，實在看不到什麼有價值的節目們，也是在無可奈何的心情下看的聽的。內容怎樣且當別論，播報員們的口們中、編者們的筆們下，恣意污染語言文字們，著實教人們無法忍受。且舉一例，常常看到聽到「民衆們」如何如何，特別是某一位女播報員，得過多次金獎們的，金口一開，逢「民衆」必「們」，甚至「學校們」的傑作。且不說他（恕不用她）的學問有多大，很懷疑主管們和衙門們的官員們是否也看或聽新聞們，是否記得　國父遺囑中「必須喚起民衆」、「凡我同志」，都不加們字。

從「萬國們衣冠拜冕旒」淪為「次殖民地」，以至今天在科技和社會學科們方面，昔日的蠻夷之邦們，都成為口頭上的「先進國家們」。但語文方面，實在不必全盤西化。即使西方人們，既已「衆」了，也不會聰明到還得「們」；而市民們也是集體名詞，並不S。這實在是以買辦、西崽心態產生的「洋涇濱國語」。列祖們列宗們沿用了不知多少年們的民衆們！大家受得了嗎？中國語文之美，連「先進國家們」都承認，怎忍心去肆意污染。

買辦們！請浪費一分鐘來讀本文，是否會起雞皮疙瘩們！如果不會，那恭喜恭喜，你們可以到日本以外的先進國家們去成為先進國民們了。

文史哲雜誌一卷四期　七十四年四月

論書名項和著者項在書目裡的地位

前言

前年韓國東國大學圖書館千惠鳳先生來臺訪問，有一次和我談起：中國書目是書名在著者姓名的前面，西洋書目卻反其道而行之。這兩種格式不一致，近代東方的圖書館事業，受西洋影響很大，而近年國際間關係日漸密切，圖書館事務也深感有統一的需要；他認爲可採用西洋的編目法，以著者項爲主，俾能劃一。當時我很不以爲然，略舉幾項理由以爲不可，而年來我國圖書館界人士，也不乏這種論調，我認爲這個問題，在圖書編目方面來說，所關非細，因陸續搜集資料，向師友們請益，和同學們討論，略加整理，發表出來，以就正於方家。

一、就史志分析

宋鄭樵〈通志校讎略〉，所論實是近代的目錄學，他便注意到書目中的書名項和作者項的關係。其中〈不類書而類人論〉節，加以論述：

古之編書，以人類書，何嘗以人類書哉？人則於書之下注姓名耳。〈唐志〉一例削注，一例大書，遂以書類人。且如別集自是一類，總集自是一類，奏集自是一類。〈令狐楚集〉百三十卷當入別集類，〈表奏〉十卷當入奏集類。如何取類於令狐楚？而別集與奏集不分。〈皮日休文藪〉十卷當入總集類，〈文集〉十八卷當入別集類，如何取類於皮日休？而總集與別集無別。詩自一類，賦自一類。陸龜蒙有詩十卷、賦六卷，如何不分詩賦？而取類於陸龜蒙。

按〈隋志〉於書，則以所作之人或所解之人，注其姓名於書下。文集則大書其名於上曰某人文集，不著注焉。〈唐志〉因〈隋志〉係人於文集之上，遂以他書一概如是。且春秋一類之學，當附春秋以顯。如曰「劉向」有何義？易一類之學，當附易以顯。如曰「王弼」有何義？〈唐志〉以人置於書之上，而不著注，大有相妨。如管辰作〈管輅傳〉三卷，〈唐志〉省文例去「作」字，則當曰〈管辰管輅傳〉，是二人共傳也；如李邕作〈狄仁傑傳〉三卷，省去「作」字，則當曰〈李邕狄仁傑傳〉，是二人共傳也；又如李翰作〈張巡姚誾傳〉三卷，省去「作」字，則當曰〈李翰張巡姚誾傳〉，是三人共傳也。若文集置人於上，則無相妨，曰某人文集可也，即無某人作某人文集之理。所志惟文集置人於上，可以去作字，可以不著注，而於義無妨也。又如盧槃佐作〈孝子傳〉三卷，又作〈高士傳〉二卷，高士與孝子自殊，如何因所作之人而合爲一？似此類極多。〈炙轂子雜錄注解〉五卷，乃王叡撰。若從〈唐志〉之例，則當曰〈王叡炙轂子雜錄注解〉五卷，是王叡復爲作注解之人矣。若用〈隋志〉例，以其人之姓名著注於其下，無有不妥之理。

鄭樵就漢、隋、新唐三史志論編目法，已深感應以書類人，而不能以人類書。用現代的話說，就是編目應以書名項爲主，而不宜以著者項爲主。不過他認別集類則不妨把著者姓名列在最前。然而南宋以來，別集的名稱也很繁雜，含有作者姓名的漸少。其他各類的著述，數量日多，性質日益複雜。更加需要以書類人了。現就歷代史志試爲分析，而補志不與焉。

㈠**漢書藝文志**

1.先著書名而後繫撰人（通指注者、編者）　如：〈易經〉十二篇，施、孟、梁丘三家。

2.先著撰人而後繫書名卷數　如：劉向〈五行傳記〉十一卷。

3.有僅著書名篇數而不錄撰人的（或因未詳何人，或因多人累積。）　如〈周書〉七十一篇。

4.即以撰人爲名　如：〈太史公〉百三十篇。

5.加文體於撰人後即以爲書名　如：〈屈原賦〉二十五篇。

以上五例，見姚名達〈中國目錄學史．體質篇〉第一六八頁。對姚氏五例，還可略加補充：書名有承前省略的例子：如〈易傳〉周氏二篇，後接服氏二篇、楊氏二篇……等，便都省去了易傳，如把服氏、楊氏等低一兩格排，那就看得更清楚，也許是後人傳鈔刻印，更動了原式。

所以從〈漢志〉看來，不但書名和著者沒有固定的順序，甚至可以說書名和著者有些地方是混淆不清的。這因爲劉氏父子校讎群籍，編定書目，固有承受，實等草創，於例便不能純一。

(二)隋書經籍志

到了〈隋志〉，把順序劃一了，如：「〈歸藏〉十三卷　晉太尉參軍薛貞注」。注者項原來是小字雙行排的。書名在前，著者居於附注的地位。附錄的一些梁有某書，也是書名在著者前的，如：「梁有〈周易無互體論〉三卷　鍾會撰　亡。」不過附錄裏對於某人注某書的著錄方式，都是注者在書名前面，「梁又有漢南郡太守馬融注〈周易〉一卷，亡。」再要勉強找點例外，便是集部別集，因所著錄的集子，都是撰人姓名下加集字和卷數，偶有集名的　如「張融玉海集十卷」，梁武帝、梁元帝、王筠等有多種詩文集的，也都還是把撰者放在集名之前，大概是因爲這些情形很少，因和沒有專名的詩文集一例處理。

(三)兩唐志

〈舊唐書經籍志〉沿用〈隋志〉的辦法，如：「〈歸藏〉十三卷　殷易．司馬膺注」殷易等六字，也是小字雙行。〈隋志〉著錄「梁有某書，亡」的一些書，到唐代還流傳的，不再列爲附錄，比〈隋志〉更覺得整齊劃一。對少數另有集名如「張融〈玉海集〉六十卷」，或一人有多種詩文集的如王筠等，則仍依〈隋志〉，著者姓名列在集名前，不作小字附注。例外的是〈垂拱集〉一百卷、〈金輪集〉十卷，下注太后撰。

〈新唐書藝文志〉改爲著者下接書名卷數，如「司馬膺注〈歸藏〉十三卷」。例外的有：「〈周易正義〉十六卷，國子祭酒孔穎達、顏師古、司馬才章、王恭、太學博士馬嘉運、太學助教趙乾叶、王談、于志寧等奉詔譔。四門博士蘇德融、趙弘智覆審。」這是因撰人太多，不得不移下來做附註。很多人奉敕撰注各書，都用這種方式著錄。又如〈周易〉注者多家，第一條作「〈周易卜商傳〉二卷」，此下便省作「孟喜章句二卷」等，這種承上省略的方法，當是仿照〈漢志〉的。

(四)宋史藝文志

〈宋志〉原則上也是著者在前。例外的情形很多：

1.作注的人名列於書名之下，雙行排列，作爲小注：

「〈繫辭說卦序卦雜卦〉三卷　韓康伯注」

2.有撰人名氏，又有傳注人名氏的，傳注人名同前例：

「衛元嵩〈周易元包〉十卷　蘇元明傳、李江注」

3.一人的著述，係他人所記，或經他人編的，記或編的人同前例：

「邵雍〈觀物外篇〉六卷　門人張湣記雍之言」

「〈又〉〈觀物內篇解〉二卷　雍之子伯溫編」

4.著者不止一人時，姓名俱注於書名下：

「四先生〈中庸解義〉一卷　程頤、呂大臨、游酢、楊時撰」

「〈春秋人譜〉一卷　孫子平、練明道同撰」

「〈宣和重修鹵簿圖記〉三十五卷　蔡攸等撰」

「白居易〈白氏六帖〉三十卷，〈前後六帖〉三十卷　前白居易撰、後朱孔傳撰」

5.官修的書，著者姓名都作附注：

「〈唐創業起居注三卷〉　溫大雅撰」

「〈宋太祖實錄〉五十卷　李沆、沈倫修」

「〈中興禮書〉二卷　淳熙中禮部太常寺編」

6.傳記類以傳主姓名開始的書名，著者姓名作小注，想是爲了避免混淆的緣故。如：

「〈朱勝非行狀〉一卷　劉岑撰」

「〈韓忠獻公家傳〉一卷　韓琦五世孫庚卿作」

7.儀注等類關於同一氏族的著作，也有相似的情形：

「〈橫渠張氏祭儀〉一卷　張載撰」

「〈呂氏鄉約儀〉一卷　呂大鈞撰」

8.子書多有以著者姓氏爲書名第一字的，著者姓名作小注：

「〈荀卿子二十卷〉　戰國趙人荀況書」

「〈管子〉二十四卷　齊管夷吾撰」

「〈劉子法語〉二十卷　劉鶚撰」

「〈冲晦郭氏兵學〉七卷　郭雍述」

「〈劉跋集二十集〉 王家撰」（集名疑似人名，恐相混淆，所以分別著錄。）

9.著者有疑問而不能確定，著者姓名不詳的，姓名較爲特殊的，或依托他人姓名的。如：

「〈黃庭內景五臟六腑圖〉一卷 大白山見素女子胡撰」

「〈劉子〉三卷 題劉晝撰」

「〈幽明雜警〉三卷 題退夫興仲之所纂 不著姓」

「〈常禳經〉三卷 燕昭王太子撰 蓋依託」

「〈黃氏中藏經〉一卷 靈洞主探微眞人撰」

「〈杜詩標題〉三卷 題鮑氏 不知名」

「〈易安居士文集〉七卷 宋李格非女撰」

「〈李季蘭詩集〉一卷 唐女道士李裕撰」

10.對撰人姓名不詳的，例有附註，這一點比前代各史志要完備。

「〈易髓〉八卷 晉人撰 不知姓名」

「〈流演通卦驗〉一卷 不知作者」

「〈鄭氏三禮名儀疏〉五卷 不著名」

「〈春秋釋疑〉二十卷……〈左氏摘奇〉十二卷 並不知作者」

這些情形用現在的編目法處理，可將著者項作爲「撰人不詳」，「不著撰人」，或「佚名撰」。

都和著者項在前的原則相抵觸。

〈宋志〉共計著錄九、八一九部，所收既富，例外的情形也就多起來，也從而可以看出著者姓名排在書名的前面有很多地方不盡適宜，不是一種良好的編目方法。

(五)明史藝文志

〈明志〉斷代成書，不錄前朝，共著錄四、六三一部。也是著者姓名在前，不免也有些例外：

1.官修或御製的書：

「永樂中勅修〈周易傳義大全〉二十四卷〈義例〉一卷　胡廣等纂」

「〈春秋本末〉三十卷　洪武中懿文太子命宮臣傅藻等編」

「〈成祖實錄〉一百三十卷〈寶訓〉十五卷　楊士奇等修」

「〈宗藩條例〉二卷　李春芳等輯」

「〈周顛仙傳〉　太祖製」

「〈選擇曆書〉五卷　洪武中欽天監奉敕撰定」

2.編纂而成，或編者不止一人的：

「〈太岳太和山志〉十五卷　洪熙中道士任自垣編」

「〈曆法通書〉三十卷　金谿何士泰景祥曆法、臨江宋魯珍輝山通書合編」

「〈楊愼升菴外集〉一百卷　焦竑編次」

「〈潛溪文粹〉十卷　劉基選〈續文粹〉十卷　方孝孺、鄭濟同選」

3.訂正的人：

「〈歸有光震川集〉三十卷、外集十卷　錢謙益訂正」

4.著者有疑問的：

「〈觀象玩占〉十卷　不知撰人，或云劉基輯」

6.經後人增輯的：

「〈格古要論〉十四卷　洪武中曹昭撰，天順間王均增輯」

7.佚名的著者項，也和〈宋志〉相仿：

「〈圖注天文祥異賦〉十卷……〈白猿經〉一卷　以上十一部，皆不知撰人」

就史志來說，書名項和著者項的次序是：〈漢志〉沒有什麼固定的次序；〈隋志、舊唐書志〉以書名項爲主，著者項當做附註；〈新唐志、宋志、明志〉以著者姓名加在書名之前，這一點和西洋編目法有些相似的地方，不過因爲前文所述種種情形，多有例外，便不得不把著者項作爲附注，顯得爲例不純。所以著者項在書名項之前的編目法，就史志來說，是後出的辦法，採用得較多，而有些地方不能完全依照這一原則。其他公私書目，大抵有解題的，爲了行文方便，從漢劉向〈別錄〉以來，都採用書名項在前這一格式。沒有解題的，像宋鄭樵〈通志藝文略〉是書名在前，宋尤袤〈遂初堂書目〉多沒有著者，間有著者姓名的，便列在書名之上。明末以來，有解題的書目頗多，書名項在著者項前，漸漸成爲定式，一些沒有解題的簡目，也多採同一順序。

晚近受西洋編目法的影響，少數西化的書目，也有採用著者項在前的方式，進而有人主張編目應以著者項爲主。就我國編目史來看，可說書名項和著者項在書目中的次序，升沈互見，而著者項居前的書目，往往爲例不純，不能堅守原則。所以我認爲如果把書名項列在著者項之前，成爲編目的定式，較爲合理。除去可以格式劃一，避免例外，還有幾點理由。

二、書名項在書目中最為重要

最重要的理由是僅有書名項而略去著者項，也可以編成書目。略舉數例：〈遂初堂書目〉便多略去著者項，如〈周易正義、樂府古題要解、五代史闕文、華陽國志、西山群仙會眞記、世說新語、大曆浙東聯句、文苑英華〉等。其中〈周易正義〉等，著者人多知悉，不妨從略。如〈西山群仙會眞記〉等，不詳撰人姓氏，無從著錄。當然也有因當時著者易知，而書目略去著者項致使後代難以考知的，不能不歸咎於前人編目的疏略。〈遂初堂書目〉是私家藏目，取便稽查，也許經過節略，即使這種省略去著者的書目也很有用。梁任公〈圖書大辭典簿錄之部〉：「〈晁志、陳錄、尤目〉所載，皆手藏目覩之書，研究宋代載籍者當視爲主要資料，視史志尤足重也。」

私家書目外，官修書目也有略去書名的，官修〈文淵閣書目〉四卷（〈千頃堂書目〉作十四卷，舊本不分卷，此據〈四庫全書總目〉。）〈四庫總目〉卷八十五：「所載書多不著撰人姓氏，又有冊數而無卷數，惟略記若干部爲一櫥，若干櫥爲一號而已。」這種不著撰人姓氏的方法，後人引證諸多不便，如近人張元濟〈校史隨筆〉論〈舊五代史〉明清之際尚有存本：

〈四庫總目〉，謂惟明內府有之，見於〈文淵閣書目〉。按〈閣目〉宇字第三櫥書目，存〈五代史〉十部，〈薛史〉刊本絕少，不應流傳如是之夥。以所分冊數考之，亦似近於〈歐史〉而遠於〈薛史〉，頗疑〈總目〉所言誤也。

如果〈文淵閣書目〉著錄〈五代史〉不略去撰者，就不會有這段話題。其實歐書名〈五代史記〉，歐書既出，薛書便如劉昫〈唐書〉例稱〈舊五代史〉，若對書名能明確著錄，也不應有問題發生。略去著者項的書目固有缺點，仍然有用。〈四庫總目〉又論〈文淵閣書目〉的價值說：「藉此編之存，尚得見一代祕書之名數，則亦考古所不廢也。」認爲還是有些用途。

若干私家藏書目錄和書店的發售書目，往往把著者項全行略去，衹有書名。體例上雖不完備，仍然具有書目的功用。若是編一種書目，對著者項記得很詳盡，而書名省略了。我們不能想像還能有多少書目上的功效。所以書名項是書目中最主要的一項，主要的項目在前，應是合理的、實用的。

三、書名兼有標題的功用

西洋書目中有一種標題目錄（Subject Catalogue），這是一種很有用的書目，一般說來，比分類目錄要精細些。書名往往由幾個標題組成，看書名便知道內容。譬如：〈中國繪畫史〉，含有「中國、繪畫、歷史」三個標題；〈農業機械學〉含有「農業、機械」兩個標題。有些書名雖不具有標題作用，然一般人看到書名，便立刻知道內容。譬如「資治通鑑」，連小學生也知道是一部歷史。要是單看著者項，譬如「孔穎達」，我們就不知是書目中這一條是那一經的正義。又如「王先謙」，我們無法想到是指〈續皇清經解、漢書補注、荀子集解、虛受堂文集〉等幾十種書中的那一種。書名項既比著者項的功用多，那麼排列在前面，更能增加書目的功效。

四、書名項兼表著者

書目如略去著者項，固然有欠完善，不便於利用。有些書在書名項便兼能表示著者。〈四庫總目〉別集類小序說：「集始於東漢，荀況諸集，後人追題也。其自製名者，始於張融〈玉海集〉。」按〈玉海集〉見於〈南史〉本傳及〈隋志〉。不過直到〈宋志〉，別集還是少有專名的，多是在姓名後加個「集」字。所以不論書名在著者前，還是著者在書名前，都不必有著者項，以免重複。〈漢志〉的書名項裏有著者姓名的書更多，已見前述。現傳古書和近人著述；已多有專名，書名項中包含著者姓名的已很少見。不過還是有一些：先秦諸子便是一例，新書如〈胡適手稿〉也是一例。而近代機關團體所編印的出版品以及概況、期刊、日報等，也是以著者構成書名的一部份，甚至著者隨書名而變更。譬如〈國立中央圖書館善本書目〉，書目中略去著者項，總不會是以爲歷史博物館編的，臺灣大學也不會去編〈淡江文理學院概況〉；〈孔孟月刊〉是孔孟學會、孔孟月刊社或是什麼人主編的，通常都不甚注意。〈徵信新聞報〉是徵信新聞報社編的，從五十七年九月一日改爲〈中國時報〉，報社也當然改爲中國時報社，如果編目時敘明中國時報社編〈中國時報〉，附注「原名〈徵信新聞報〉，係徵信新聞報社編，民國五十七年九月一日起改今名，編者亦改中國時報社」，何必這樣累贅呢？

其實不僅書名裏含有著者姓名可以省去著者項，若干家喻戶曉的名著，在書目中沒有著者項也無妨，〈韓文公集、杜工部詩、辛稼軒詞〉等，有姓有字號，固然一望而知著者。若干名著例如〈史記、通鑑〉等書，一見書名人人都知道著者是誰，即使略去著者項，也無損於書目的功用。

五、有些著者項無足輕重

至於官府編修的書，雖然照例有人列名總纂主編，不過既成於衆手，這些總纂或主編人對書的關係，較密切的不過發凡起例，略事校閱。有的祇是適逢其會，掛個虛名，遠不如私家著述著者和書名間關係密切。對於這一類的書，像〈藝文類聚、崇文總目、四書五經大全、古今圖書集成、康熙字典〉等等，著者項的重要性很小，可有可無。

某些類圖書，有各種不同的著者，往往書名相似，或者竟然完全相同，好像〈中國近代史、經濟學概論〉等，都有很多作者採用同一書名，如果書目中不分別注明著者，便無從分別。在這種情況下，著者項可說極爲重要，不可省略。然而祇要找這一類的書閱讀或參考，而不拘什麼人編著的都可以，著者項也就變成次要的，或是不需要的了。

〈四庫全書〉著錄和存目以及〈宛委別藏〉合計一〇、四六五種，撰人不詳的便有五二三種，佔百分之五強，這還不包括經典有後人注釋的。古代的經典多是不知撰人，後代以迄近世撰人不詳的書也很多，如果這些書以著者項爲主，便顯得沒有什麼意義。

六、以著者項為主的缺點

西洋編目法雖然以著者項爲主要項目，然對於不知著者的經典，撰人不詳的名著，譬如基督經典（Bible），便逕以書名做主要項目，不免爲例不純。細看西文編目規則，對主要項目的處理，條例冗雜，支離破碎，幾乎不成其爲規則。

有些書的著者項很多，不止一人。譬如〈史記會注考證〉，著者項當包括「漢司馬遷撰、劉宋裴駰集解、唐司馬貞索隱、唐張守節正義、日本瀧川資言考證」，如果把書名項排在著者項之後，不管是書本式還是卡片式的書目，都要令人感到祇在此山中，雲深不知處了。西洋編目法遇到這類情形以主要撰人爲主要款目，然後書名項，再接續著者項的全部。近些年編目法趨向於精簡，把書名項後著者項的主要撰人略去，以免重複，使人有著者項被腰斬的感覺。

七、編目應以書名項為主

大抵古人不苟著述，非學有專精的，不輕易著書。即使有些粗製濫造的著作，因爲鈔寫的複本很有限，印刷又不是一件容易的事，交通阻塞，流通不易，保管不良，淘汰得也很快。所以著者姓名和所著的書，足以共傳不朽，以著者項爲主要項目，自有其必要。而近世利用打字、錄音、複印、照像、電腦等技術，著書甚爲容易，一天編寫出幾萬字，也非難事。印刷事業發達，刊行圖書，早晨發稿，晚上便可印成書本，而且一版便要印成少則幾百，多則幾十萬。交通便捷，圖書流通的速度和數量比以前大爲增加。著者姓名的重要性日減，漸漸不甚爲採購或閱讀圖書者所重視，在書目裏的地位也就不宜再居於主要項目。

古代著述既少，書目著錄圖書，部數上很有限，〈宋志〉和〈四庫總目〉都約一萬部，卷帙無多，檢查便利。而且古人居多暇日，儘可從容翻閱，不管書名項或著者項在前，都無所謂。現代出版和圖書館事業發達，藏書常達幾百萬以至千萬冊，書目的卷帙也日趨繁鉅，一定要編得最便利於查閱，書目的功效才能充分發揮。書名項既然最重要，自然應排在最前，作爲主要款目。著者項的重要性漸減，自宜從主要項目的地位退下來，才能各得其所。

八、結語

主張把編目法改成以著者項爲主的人士，不過是因爲謀求和西洋編目法一致，可以得到若干方便。西洋對於某些記載的次序，和我國以及受我國影響的東方國家往往相反。海禁初開時，閩粵人士稱西人爲番仔，有事事和我們相反的意思，如姓名、地址的次序都剛好顛倒（翻）過來（承林愛芳先生告知）。

這當然是很主觀的說法。不過西洋人倒也眞的感到他們的順序有問題。五十三年冬，筆者參觀紐約市郵政總局，曾問接待人員：中國郵件收發信人的姓名住址的次序是，省縣市名、區鄉里名、街道名、門牌號碼、機關團體名、單位名、收發信人姓名。這樣分信時，可循序看下去。貴國的次序恰恰相反，而分信時勢必不能依照這一順序，在工作效率上是否會有影響。回答是：中國式的寫去，很合分信程序，不過美國分信人員對反順序的寫法已很習慣，如果改正過來，反恐易滋困擾，而必須經過相當長的時期才能適應。不過事實上已逐漸改變，譬如改正極力推行的郵區號碼（ZIP code），便是大的區域號碼在前面而小的號碼在後，如紐約市皇后區（Queens Borough）弗拉辛（Flushing）的郵區號碼是11357，1是美東幾州的號碼，13是皇后區的號碼，57是弗拉辛的號碼，便是由大而小的順序。將來很可能把街道、門牌統一編號，用機械分信，那便和中國的程序完全一致了。

又如姓名，西人名在前而姓在後，可是書目的著者項或是人名辭典、傳記資料裏的姓名，又把姓移在前面，後加逗點，已是顚來倒去，徒滋紛擾。近年電信事業發達，電話需要量激增，各地電話簿都是龐然巨帙，爲了節省篇幅，把個人用戶的姓名完全按姓在前名在後的次序排，姓後連逗點也不加了。洋人算盤最精，如果一行可排三十個字母，省掉一個逗點，便可省去三十分之一的篇幅。大家用成習慣，連卷首都不需用凡例說明了。其他兵役、學籍、稅務的資料，也仿效電話簿，想是同一道理。現在什麼格式都講求標準化，單一化，說不定有一天西洋人會把姓名改成中國式的寫法。其實西洋人的圖書館編目法對著者號碼的編法便是姓在前而名在後的。

住址、姓名、編目法等中西不同，只是由於約定俗成，沒有誰是誰非可說。不過中國式的由大而小很合於程序，也便於用機械來處理。

西洋人近年也感到書目中的著者項重要性日減，有識之士也有改以書名項爲主要項目之議，附和者日衆。祇因積習難改，已有的書目太多，驟然更易，會和郵局分信人員對改變姓名地址寫法一樣的不習慣。不過根據上文所述的理由，總會有改變的一天。如果我們今天全盤西化，等到洋人採用我們的方法，再隨著改回來，豈不可笑。

近世我國圖書館事業，是「用夷變夏」變得較爲成功的一環，對於西洋不合理而且快要揚棄的方法，我們自不必跟從，俾能「用夏變夷」，以求編目法的合理化，進而標準化、單一化。

〈國立中央圖書館中文圖書編目規則〉，便以書名項爲主。卷首凡例說：「我國歷代公私著錄體例，自〈漢書藝文志〉以降，大同小異，互有出入。此編參校諸家，抉其通例，務求典據，非事更張。」又說：「晚近歐美各國圖書館採用科學管理方法，與我國舊制頗多扞格。今酌乎其中，擇善而從，以求歸於至當。」最具卓識。現已爲我國各圖書館通用的編目規則，足見很適合國情和公衆的需要。

回憶民國四十八年夏，肄業臺灣省立師範大學，同時在中央圖書館實習，任中文編目工作。時圖書館編目規則，需求殷切，都希望能在臺重印，而規則編成於民國三十五年，十多年間，方法以日進而益密，例證或經久而失當，因乘重印前加以修訂。雖溽暑蒸人，館長海寧蔣師慰堂必抽暇親自主持，我也得濫竽其事。有若干館內外人士建議改以著者項爲主，以求和西洋編目法一致，慰堂師斷然不加考處，其說遂寖。事隔將近十年，這種說法又漸有人提起，然見仁見智，未有定論。千惠鳳先生是近年直接和我談到這個問題的，因而引起我對這一問題的注意。暇時和本館同仁談起我的意見，頗獲贊同，並對拙見加以修正或補充。而得益於林愛芳、沈谷珍、昌瑞卿、陳萬鼐、張東哲五位先生爲多，並鼓勵我寫出，盛情可感。我也覺得可以把這一問題就正於方家，裁決於公意。稿成，適逢慰堂師七秩壽辰，館中編印論文集以賀，允爲發表，以介眉壽。

（慶祝蔣慰堂先生七十榮慶論文集，五十七年十一月）

覆刻本的鑑定與利用

前言

我國的雕板印刷術，木板的硬度有限，日久便容易磨損，雖然可以修補，效果就差很多。而且水火兵燹，板片常遭損毀，再需這些書，祇得重刻。重刻的方式，其中有一種便是先據原刻的印本影寫，據以上板開雕。稱爲覆刻本，所據的底本如是宋元舊刊，稱爲覆宋刊本或覆元刊本。其覆刻得精的，不僅行格、板式，一如底本，連字體的筆鋒刀法，也有如底本，眞是「下眞蹟一等」，用來披閱，實與原本無異。不過在收藏和市場價格，和原本自高下有別，甚且相差很大。而書賈或收藏者，或由於鑒別不精，或出於故意加以變造，以覆刻本冒充原本，在板本的鑒定上，常造成困擾。然如細加對比，仍可分出先後。清代中葉以降的善本書志，以及筆記、文集等，不乏這一類的記載，倘加搜輯，頗有助於鑒別。加以近世照像影印的技術，日益精進。大批的影印本，如〈四部叢刊〉等。又有些善本書影等，更便於比對。要是細心些，在鑒別上，比前人要方便多了。

一、成　因

刻書何以要採用覆刻的方式呢？筆者認爲有下述幾項因素：

一、我國學習書畫，先重臨摹。書籍便是由文字和插畫組成的，覆刻舊本，可說淵源有自。

二、歷代有名的法書，屢經歷代名家臨摹。不過要臨摹得好，需有工力。且書法在臨摹外，更貴有創意，所以也並不求完全依仿底本。一般人如果想取得名家碑帖的摹本，有雙鈎一法，就是用薄紙蒙在碑帖或拓本上，用細筆鈎勒各字的外廓。雙鈎中塗滿墨，是爲填墨。這種影寫的方式，由來已久了。

三、一部書在開雕之前，先得找書手寫樣，再經多次校正脫誤，才能上板。如果採用覆刻的方式，前人校對的工夫，便可全部利用。要是負責任的，祇要再校正其疏忽了的脫誤便可。圖省事的，根本不必再校了。

四、我國有好古的傳統，據舊本覆刻，最能保存古書的原貌。

所以在抗戰前商務印書館編印〈四部叢刊〉，所據底本，取其刊印早而較精審的，據以照相影印，標榜「存眞」。同時的中華書局編印〈四部備要〉，認爲古書舊本，仍不免有誤，且板式和字體，多有差異，也不劃一，因用錢塘丁氏八千卷樓所鑄的仿宋銅活字重排精校，標榜「改錯」，五十年來，讀書人多取〈四部叢刊〉而少據〈四部備要〉，尤其在校勘時爲然。近三十年在臺灣所重印的古籍，更多據舊本照像影印，以節省印製的費用，省卻校對的工夫。這一心態，也可爲覆刻舊本做一旁證。

二、溯　源

覆刻舊本，由來已久，唐杜甫有〈李潮八分小篆歌〉：「嶧山之碑野火焚，棗木傳刻肥失眞。」這是用木板翻刻石本，應是仍用於傳搨。這詩約作於大曆二年（七六七），而我國雕板印刷，至遲始於盛唐。不過用木板或石板翻刻舊本，也許還有早於大曆年間的。可以說覆刻這一方式，和雕板印刷同時開始。可是傳搨和刷印，總還有些差別。

王國維〈兩浙古刊本考〉杭州府刊板雜刊本部分，有〈一切如來心秘密全身舍利寶篋印陀羅尼經〉一卷，有題記四行：「天下都元帥吳越國王錢弘俶印寶篋印經八萬四千部，在塔內供養顯德三年丙辰歲記。」出湖州天寧寺塔中，當時所印至八萬四千卷，必非一板所能印，故同時所出二卷，大小行款均同，而字體微異，可證其有數板。顯德三年爲西元九五六年，再過四年，宋太祖才即位。

一塊木板雕上小字，能印刷出多少次，雖然缺少統計，不過由到正德以後的三朝本已很邋遢來看，至多僅能印幾千次。八萬四千卷至少要需幾十套板才能印出。即使誇大其數量，便是十分之一，也有幾千卷。相互間「大小行款相同，而字體微異。」當時既沒有複寫的方法，當是先寫一份上板，用薄紙印幾十份，代替書寫，用以覆刻，才會產行這一結果。這也許不能稱爲覆刻，可是和後代覆刻的方式，並無二致。

王氏又由日本神護景雲四年（當唐大曆三年，七六八）所造百萬木塔，其中各有刻本〈無垢淨光經〉等各一卷，卷軸大小，與〈陀羅尼經〉略同，推測其制當出於唐，唐大曆以前必已有此種印本。又記甲子（民國十三年）八月，雷峯塔圮，每磚中有一孔，孔中亦有〈陀羅尼經〉一卷。卷首有題記：「天下兵馬大元帥吳越國王錢俶造此經八萬四千卷，捨入西關磚塔，永充供養，乙亥（九七八）八月日紀。」可見這一方式，歷時頗久，且影響到日本。採取覆刻以流傳舊本，可說是同一方式。祇是覆刻是後代依舊本的原式加以翻刻，而陀羅尼經等則是在同時便雕成同一板式，以便大量印刷，在技術上多少有些差別。

三、簡史

北宋從淳化初（元年爲西元九九〇）到天禧五年（一〇二一），因群經摹印歲深，字體訛缺，由國子監以李鶚本重校刻板，行款仍循五代監本之舊。詳見王國維〈五代兩宋監本考〉。除覆刻五代監本經注外，北宋國子監又新刻群經義疏，並遍及史、子、集三部。

宋室南渡之初，北宋監本既爲金人輦之而北，紹興中，詔令國子監下諸道州學，取舊本書籍，次第鏤板。群經諸史，行款多從北宋監本，採覆刻的方式。因而在鑑定上便易有爭議。如原以爲是景祐間所刊監本〈史記〉，〈史記書錄〉等便考訂爲南宋覆刻景祐監本。

而南宋末年，經由元代，到明初，這百餘年間所新刻的四部書，和覆刻本之間，最難鑑別，因所流行的板式多是大黑口，風行趙松雪的字體，元明又都不避諱，而覆刻本卻連宋乜帝諱也照刻。所以李清志先生的〈修訂本館善本書目敘說㈠〉（中央圖書館館刊十六卷一期，七十二年五月），參考日本阿部隆一先生所著〈中國訪書志〉，就板式、刻工等，認爲：通行所謂「宋版明修十行本〈十三經注疏〉」爲元代覆刻或翻刻本。

明代中葉，正德、嘉靖間，覆刻宋本之風頗盛，而以吳中爲最著，且大率出於私家。所用的字體，摹刻宋版的，不免有些差異，試以嘉靖間覆刻宋黃善夫本〈史記〉，有金臺汪諒、震澤王延喆和秦藩三家，取以和商務百衲本二十四史中影印黃氏刊本相比，即使字體最接近的王刻本，後人常用以仿冒宋刻的，也不難分辨。至於爲藏家所重的沈辨之野竹齋覆刻的〈韓詩外傳〉、郭雲鵬濟美堂刻〈李太白詩集〉等，已用初期的匠體字，又板心上方正中多刻有書名，分辨起來則不難。而這些書的宋元舊槧，或已不傳，有賴覆刻本流傳，所以〈四部叢刊〉每採做底本。

到了隆慶、萬曆以後，刻書多隨意校改，後人因而發「明人刻書而書亡」之嘆。梁啓超曾說清人的徵實之學，是明末人廢書不讀的反動。清人刻書，力求保存、恢復原本的眞面目，也可以說是明人輕於改書的反動。清代覆刻宋元舊本，儘可能保存原本，字體、板式，一仍其舊，即使原本有脫誤，也不加更易，而另撰札記，彙集衆本，勘比異同，附於卷末。存眞和改錯，都兼顧了。

清人覆刻舊本，不但有大量的單行本，〈書目答問和補正〉，便著錄了不少精品；也彙刻成若干叢書。

覆刻舊本的叢書，明弘治間無錫華氏，覆刻宋咸淳本〈百川學海〉，民國十幾年，武進陶湘覆刻咸淳本，缺卷便模刻弘治本配補，序文中對弘治本頗爲推重，略說：

> 〈百川學海〉原書流行絕少，藏者都非宋槧。咸淳以後，翻刻有三：一、弘治無錫華氏本。二、嘉靖莆田鄭氏本。三、坊本。坊本擅易原書，不足討論，鄭本原書仍舊，而併十集爲廿卷，目次行格，亦均不同。歸安陸氏曾析爲百目，散入〈皕宋樓書志〉。其第一種〈九經韻補〉，行格悉與鄭合。是陸氏不但未見宋本，且未見華本。華本目次雖更，行格未改。
>
> 眞宋本久如星鳳，庚申（民國九年，一九二〇）冬，忽聞盤山行宮舊藏宋本，流落廠肆，爲文停雲館舊藏，後入泰興季氏、崑山徐氏。湘收書垂四十年，甘苦深嘗，晚乃獲此。因與傅沅叔商榷景刻。左氏原本之序，以日本宮內省圖書寮咸淳眞本模刊補入。所缺四冊，以仿咸淳本字體，錄華本以足之。

不過〈百川學海〉，咸淳本便已是叢書，而且多是一兩卷的小書，多到十卷的，僅有數種，總計也不過一百七十九卷，兩千葉，相當一部卷帙不甚大的書。清人則選取若干宋元本，另編成叢書。如市面上很通行的影印宋本〈廣韻〉，實在是張氏〈澤存堂五種〉中的覆宋刊本。後來黃丕烈選刻〈士禮居叢書〉，愼校精刊，且附有札記，當時便爲士林所重，後來又多次影印，就內容的可信度說，固然足以取代原本。就保存原刻的板式說，也遠勝於內府翻刻的相臺岳氏本〈五經〉。所以日本京都大學東方文化研究所漢籍分類目錄中，叢書部的第一類是叢編，第二類便是「景仿類」，所收重要的叢書有：

（洪氏公善堂叢書）　清洪汝奎輯　清光緒中涇縣洪氏刊本
（古逸叢書）　清黎庶昌輯　清光緒十年遵義黎氏日本使署刊本
（宸翰樓叢書）　羅振玉輯　清宣統三年刊本
（隨盦徐氏叢書）　徐乃昌輯　清光緒中南陵徐氏景刊本
（擇是居叢書）　張鈞衡輯　民國五年吳興張氏景刊本
（密韻樓景宋本）　蔣汝藻輯　民國烏程蔣氏刊本

又收〈四部叢刊〉等是影印本。至於〈澤存堂五種〉都是小學類的書，收入該類，〈士禮居叢書〉則因其中雜有清人著作，不全是覆刻本，而入叢編類了。

四、鑑　別

覆刻本的鑑定，可以採用一般刊本的法則：

㈠序跋、牌記等

覆刻本每有覆刻時的序跋或牌記，敘明刻書的時間、地域和刊印者。不過有心作偽的人，常撤去這些序跋，剜掉或剜改牌記，甚至另行偽刻補入，以冒充底本。詳情和鑑定法可參考昌瑞卿先生的〈古書作偽舉例及如何鑒別〉。

㈡刻工

書板記刻工姓名，主要是因爲一部書要很多工人共刻，尤其卷帙較大的，更要刻上好多年。爲了便於計算工資，所以刻上刻工姓名和每板的大小字數。那麼覆刻本的刻工姓名，應不同於原板。可是有些時期，如明代中葉的覆刻本，連原板的刻工姓名也照刻不誤，其愚而且迂，眞不可及。所以這要分別觀之，僅能做參考。

㈢板式

1.行格　覆刻本的行格，應該和原板一致，然而或是無心，如底本有缺葉甚至缺卷，另據他本。或是有意，如對底本加以校改。以覆刻得自日本舊藏宋元本著稱的〈古逸叢書〉，便有校改，以至改錯了的情形。尤其是橫不成列，每行字數多少不一的底本，更易有這種情形。

2.字體　刻書的字體，每隨時代而有變易，浸而形成風氣。覆刻本中刻得精的，字體也依底本摹刻，隨時代而改變的也很多。明代中葉的覆刻本，每用當時的字體，浸而也採用匠體字，最易分別。清代覆刻的精本，每仿所據宋元舊槧的字體，卻因時代相去久遠，可參考紙張去區別。

3.刀法　覆刻本如仿原板的字體，刀法總不免呆滯，有如寫仿影，其間總有些差異。如果能把原本和覆刻本相對比，細加察看，覆刻再精的，也能看出其間異同來。

4.板匡　金子和正先生在「金元版之鑑別法」，提出覆刻本或後印本的板匡，常較原板或初印本略小，並提出一些數據。認爲板片因年久而有縮短的關係。這一現象很值得注意。所以今後記錄板匡尺寸，不僅要精確，而且要記明是何卷何葉。而尺的長度也難免有些出入這些因素，都當考慮。又通常記板匡，僅注意到高度，至於寬度是否也有影響，都值得探討。通常記板匡高度祇及於公分，最好能記到公厘，量尺也力求其標準。日本人每在書影板匡旁置一量尺，其法可取。

(四)諱字

刻書抄書，通常祇避本朝的帝諱，那麼覆刻本和原本在避諱上，應不一致。不過南宋末年，統治力已薄弱，元明兩代不避諱，覆刻舊本，反連諱字也照刻。清代避諱較嚴，覆刻本卻也不乏照刻宋諱的例子。所以避諱字用於鑑定覆刻本上，也僅能做參考，還得有其他的佐證。不過要是避清代帝諱，那麼其他證據再多，絕不會是宋元明三代的舊槧，則可斷言而無疑。

(五)對比原書、影印本或書影

不怕不識貨，祇怕貨比貨，持原板和覆刻本在一塊相對比，最易加以區分。退而求其次，有原本或覆刻本的影印或書影也行。不過影印本的底本或書影的板本，鑑定和記錄，一定得精確無誤。不然所依據的祇是覆刻本，卻記爲原板，那麼據以對比，結論便不能正確。日本學者來臺研究板本，每帶著有關書影，以備隨時取出比對，其法可取。

(六)參考各家書目

從清初錢曾的〈讀書敏求記〉，到〈天祿琳瑯書目〉，形成書目中重視板刻，尤其是宋元舊槧。愈到後來，推勘愈密。重要的，如〈四庫簡目標注、宋元本行格表、文祿堂訪書記、寶禮堂宋本書錄、中央圖書館和故宮博物院的善本書目、書志〉等。記古本的板本特色，多很詳明，參考的價值很高。這幾十年來，書影陸續推出如〈中央圖書館宋本圖錄〉、〈中國板刻圖錄〉等。

㈦校勘

覆刻本以至影印本和底本之間，總或多或少，有些有心無意的出入，如能細心校勘，便可見異同。這是很費工夫，卻最可靠的方法。

因爲覆刻本的行款、字體、板式等，既多依仿原本，就連刻工和諱字，也有照刻的，從這些方面去分辨原本和覆刻，不易得到很正確的結論。如果能把兩種或多種本子加以校勘，從文字上的出入，最能找出彼此間的異同。因爲覆刻，以至影印，雖說模仿原本，然由缺葉、描潤、校訂等因素，總有些改動的，祇有從校勘著手，才能發現。從而加以分析，確定原本或覆刻本。

五、價　値

在市場的價格上，覆刻本因時代較晚，傳本較多，不能和原本相比。不過在內容和便於利用方面，則校刊精審的覆刻本，不僅足以取代原本，甚至可以超過原本。今略述其價值如下：

㈠保存原書版式，或可據以推測

五代所刻監本群經，和北宋的覆刻本，都早已沒有傳本。可是還可從南宋覆刻的五代監本，或翻北宋時遞翻的監本，去瞭解五代監本的板式。王國維〈五代兩宋監本考〉說：

監本行款，據日本室町氏所刊〈爾雅〉（古逸叢書有覆刻本），末有「將仕郎守國子四門博士臣李鶚書」一行，其本避南宋諱，當是南渡後重翻五代監本，或翻北宋時遞翻之本。（觀〈釋草〉椴木經注，日及不作白及，是經宋人修改之證。）其書每半葉八行，行大十六字、小二十一字，與唐人卷子本大小行款，一一相近。竊意此乃五代、南北宋監中經注本舊式。他經行款，固不免稍有出入，然大體當與之同。（如北宋諸經疏，雖每行字數各經不同，然皆半葉十五行。）如吳中黃氏所藏〈周禮、秋官〉二卷、昭文張氏所藏〈禮記〉殘卷、內府所藏〈孟子章句〉十四卷，皆與李鶚本爾雅同一行款，疑亦宋時監本，若翻監中之本。又後來公私刊本，若建大字本、興國軍本、盱江廖氏及相臺岳氏本，凡八行十七字之本，殆皆淵源於此。

王氏所論，主要依據是日本室町氏刊本，去五代監本，雖已經過多次覆刻，然能保存原來的板式，不僅可據以推知〈爾雅〉一書五代監本的面目，而且可以把〈周禮〉等殘本，相臺岳氏本群經，貫穿起來，成爲一個系統。如果不是室町氏這部〈爾雅〉，便不易有王氏這一結論」。〈爾雅〉雖然傳本甚多，不必藉五代監本和後世覆刻本來保存，可是至少在校勘方面多一古本。而覆刻本使古本大量流通，容易得到，對讀書、校書，方便不少。

㈡廣為流通，易於取得，便於利用，且可配補缺卷。

古本到後代常會失傳，縱有傳本，也很罕見。即使自已藏有，也因價値過高，不能供日常閱讀之用。如果有了後代以至新近的覆刻或影印的本子，因多而易得，內容上卻又沒有甚麼出入，利用起來就方便了。譬如校書，最好用校印精審而又易得的本子做底本，所以清代校勘學者校子書，常用〈漢魏叢書〉等做底本。〈漢魏叢書〉輯刻於程榮，校印得還算好，後來何允中的重編本便差了。我們今天再校子書，自可採用〈四部叢刊〉等所影印的宋元舊本，就遠勝過〈漢魏叢書〉，且容易得到。

舊本也難免有脫誤，甚至殘缺不全。在覆刻時如加以校補，那麼就內容說，還勝過原本，清代的一些藏書家，尤其兼事校書的，如黃丕烈等，所覆刻的舊本，每用其他本子互勘，撰爲〈札記〉，附於書後。讀起來加以參考，便能知道各本異同，擇善而從。又如張宗昌校刻的〈唐石經〉，殘損的地方，用宋本校補，而用雙鈎以示校補的部分，比讀〈唐石經〉的拓本，同等可信，而殘損處用宋本校補，用時更加方便。

收藏的舊本，如有殘損，總是憾事。如果能找到後來的覆刻本配補，成爲完帙，則是一種彌補的方法。清代以來的公私收藏書目中，常可看到這種情形。這比用不同的板本配補要好得多。

商務印書館編印〈四部叢刊、百衲本二十四史〉，底本儘可能選用海內外的宋元舊槧。遇到舊本殘缺不全，便用覆刻本配補。找不到覆刻本，才退而求其次用其他的本子。

六、記　載

覆刻本和底本的關係，不全相同。行款、字體、板式，全依原式的，甚至諱字和刻工也照刻，關係最爲密切，鑑別也最困難。字體板式，隨時代而稍有改變，內容也稍有改訂，行款則照舊。如果連行款也有改易，祇是在內容上依照原本，便不在覆刻之列了，在板本上習稱爲重刻本或翻刻本。我覺得前兩種的覆刻方式，也宜有些區別，第一種可稱爲「影刻本」，和影鈔本、影印本相同，至少是相近。而第二種則稱爲「覆刻本」。不過其間也不易截然劃分。

在板本的記載上，用字頗不一致，譬如翻刻和覆刻，有時有加以區別，有時又互用。甚至日本京都大學的漢籍目錄把開明書店編印的〈二十五史補編〉，所據的底本，也都冠以「覆」字。當今圖書資料用電腦處理，國際間的關係日益密切，實宜加以協調統一。

還有覆刻本的著錄，據〈中央圖書館中文圖書編目規則〉乙編之一第九條的例子，如明郝梁覆刻宋本〈太玄經〉，可題云：明嘉靖甲申（二年）郝梁覆刊宋兩浙茶鹽司本。這還比較簡單，遇有覆刻和底本刊行的時地人都記得詳明，板本一項，會長到四五十個字。我認爲不妨分做兩段記載，如前例可作「明嘉靖二年郝梁刊本　覆宋兩浙茶鹽司刊本」，較爲醒目易讀。

在書目的排列順序，通行的方式是同一種書，依刊印的先後編次。我認爲不妨把覆刻本、影抄本、影印本，緊次於底本之後，再依時序排。然後再排其他晚於底本的印本。這樣可以把覆刻本等和底本的關係充分表示出來。因爲覆刻本等距底本在時間上再晚，然在內容以至板式上卻相同或相近，遠比其他較早的板本關係密切。對讀者來說，也便於查閱，尤其對板本不甚瞭解的人，具有指導的作用。

七、修補本、影印本

和覆刻本相類似，而在板本上關係密切的，還有修補本、影印本和影寫本，也附帶略加說明。

(一)修補本

書板年久，不免漫漶殘損，再行印刷時，便需加以修補。修補可分幾種情形：

1.少數字跡漫漶不清，或是經校訂需要挖改，這是修的工作。

2.有些板片，部分殘損，另刻一塊補全。這種情形很少見，不妨也說是補。

3.若干板片不堪再印或全缺，再印時必須另刻補足，而所補刻的板片，宜和原板一樣，才能相配。當然字體不一樣，僅是不夠美觀，至少行款要一致，才能前後銜接。若是字體、板式、行款，都和原板一樣，便是和覆刻同一方式，所以說修補本便是部分覆刻，理由便在此，有些三朝本，補板常多過原板。不過都是長時期遞次補刻的。和覆刻本不用原板，全行另刻不同。

如果善爲利用，修補板很有助於板本的鑑定。因爲每次修補，中間總要隔上幾十年以至更久，刻書的字體、刀法、板式等，多少會有些變化。而這些變化，又是逐漸形成的。尤其經過遞次多番修補，這種變化的差異，也逐次增加。這期間所刻不同的書，固然也可以比出差異來，不過總不如在同一部書中，對比起來，要方便得多。而且補刻的板片，通常都記明補刻的年代。即使不記，原板因經過多次，至少一次印刷，筆劃總要變得粗些，久了便漫漶不清，愈是後來修補的，反而清晰。而不同的書，卻不能從這一點加以比較。

中央圖書館有一部〈玉海〉，附刻〈辭學指南〉等十四種。是元後至元三年慶元路儒學刊本，而經明正德到清乾隆間遞次修補。原板所存已很少，而補板都在板心刊有年代，用來看正德到乾隆這兩百多年間，刻書所用的匠體字，由初出現逐漸到完全僵化，匠氣十足，對這一演變的情形，實在是很好的範本。如純就板本來說，這一三朝本還不如清刻本字體一律，錯誤也少些。不過用來做鑒定板本的範例，卻不失爲廢物利用，我希望能有出版者能加以影印。

不過修補本的書板，刻成雖有先後，每次印刷卻是一次印成，紙張便也相同。如果經遞次補刻，能確定各本補刻的年代，對紙墨的時間倒是能夠確定。不比未經修補的書，先印本和後印本，常隔上一段時間。

㈡影印本

晚清從西洋傳入石印、影印等技術，既省事又存眞，雕板印刷逐漸受到淘汰。宋元舊槧，一經影印，便能化身千萬，普遍流傳，效果比覆刻古本，既快、而能存眞且價廉，商務印書館所編印的〈四部叢刊〉初編到三編，收書便多到幾百部，加上其他叢書和單行本，總計在千種以上。

這些影印本，不是雕板印刷，雖然和覆刻本不是一回事，不過在古籍鑑定上，提供了比書影更完整的資料，又因爲流傳廣，容易得，而各書刻成的時代，板本的特色，出版者每加考訂，有詳細或簡明的介紹。如能常加閱讀，對各書的字體、板式等，自能熟悉。有機會再看原板，細加比較，並注意其紙張、墨色，以至影印本不能充分表現的刀法，對鑑定古籍的板本，助益匪淺。尤其因爲容易得，能爲缺少甚至沒有機會接觸舊本古籍的人，提供了豐富的古本資料。

㈢影寫本

再附帶提一下影寫本，覆刻本可以把底本複製成千百部。如果僅需一兩部，前人有影寫的法子。用薄的紙張，蒙在底本上，由受過訓練、能寫宋元時期流行的刻書字體，有如練習書法的寫仿影，這便是影寫。寫得好的，眞是下眞蹟一等。如明清之際的毛氏汲古閣、錢氏述古堂，影寫的精本，比現代的複印、影印，還要能傳原本的神髓。關於影寫本，可以參考寫本部分，這裏不多贅。

影印本的技術和材料，既傳自西方，而西方從谷騰堡發明印刷術時起，所用的墨，西德巴伐利亞圖書館班颯先生說：全用油調製，而我國雕板印刷所用的墨，則用水而不用油調製。單就這一點，應已不難分別，如再加上紙張等差異，更易鑑定。而古今圖書集成，清光緒間曾據雍正時銅活字印本，以石印法重印，卻不乏有以石印本當做銅活字本的例子，足見其間區別，卻也不易察知。

我曾見過中央圖書館用近年所製的劣質毛邊紙，用影印機印明末刻的書，倒很像原刻。據說如用刀片輕刮，便可把碳粉刮去。由於薄紙很不適於影印機，印得既慢，而且印壞的情形很多，不容易試印成一張好的。該館這樣印書，是爲了供展覽或做樣本用，而不拿來流通的。

結　語

覆刻因爲據舊本摹刻，對圖書文獻的傳布，很有貢獻。後人用這一特點，來冒充宋元刻本，不免造成鑑定上的困擾，如能善爲利用，卻也有助於鑑定板本。而在若干方面，如多而易得，便於利用。保存原本的內容、板式，藉以推知久已亡佚的古本的情形，都是值得我們注意的。清人覆刻的宋元舊本，悉依原式，而另附校勘記，兼具存眞和改錯的功效。原本殘損的，還設法配補，比原本更便於閱讀。不過書每印一次，總難免和原本有些出入，以張元濟主持編印的四部叢刊、百衲本二十四史等，自稱愼加描潤，仍不免有這一缺失。則是利用覆刻本、影寫本時，所應注意的。譬如引用四部叢刊中的書，最好記明是那一年影印的，很可能不同版次，便因描潤而有些出入。板本方面，以此類推有時是靠不住的。

（古籍鑑定及維護研習會專集）

底樣

服玩甚華顗代之衣冠器用莫不□□
史敏三曰富人咸有輕之之意覬遂首逆帝同
與濟厥自重迹屏氣莫敢欺犯使徽之字景猷
潁川鄢陵人也自中丞出爲新安王子鸞北中
郎長史寧朔將軍東海太守卒官八年覬自郢州行事
徵爲右衞將軍未拜徙司徒左長史道存代覬
爲後軍長史江夏內史時東土大旱都邑米貴
一斗將百錢道存慮覬甚之遣吏載五百斛米
餉之覬呼吏謂之曰我在會稽三載去官之日不
辦有路糧二郎甚彼米乃能便得此米邪可
載米還彼吏曰自古以來無有載米上水者都
下米貴乞於此貨之不聽吏乃載米而去泰始
元年遷侍中未拜復爲江夏王義恭太宰長史
還出爲尋陽王子房右軍長史加輔國將軍行
會稽郡事太宗即位召覬爲太子詹事遣故佐
平西司馬庾業爲右軍司馬代覬行會稽郡事
時上流反叛上遣都水使者孔璪入東慰勞璪
至說覬以廢帝侈費倉儲耗盡都下罄匱資用

〈百衲本二十四史〉中〈宋書〉底樣

清樣

服玩甚華顗代之衣冠器用莫不麁率蘭臺令
史竝三吳富人咸有輕之之意覬蓬首緩帶風
貟清嚴自重迹文屛氣莫敢欺犯庾徽之字景猷
潁川鄢陵人也自中丞出爲新安王子鸞北中
郎長史東海太守卒官八年覬自郢州行真
徵爲右衛將軍未拜徙司徒左長史道存代覬
爲後軍長史江夏內史時東土大旱都邑米貴
一斗將百錢道存慮覬甚乏遣吏載五百斛米
餉之覬呼吏謂之曰我在彼三載去官之日不
辦有路糧三郎至彼未幾那能便得此米邪可
載米還彼吏曰自古以來無有載米上水者都
下米貴乞於此貨之不聽吏乃載米而去泰始
元年遷侍中未拜復爲江夏王義恭太宰長史
復出爲尋陽王子房右軍長史加輔國將軍行
會稽郡事太宗即位召覬爲太子詹事遣故佐
平西司馬庾業爲右軍司馬代覬行會稽郡事
時上流反叛上遣都水使者孔璪入東慰勞璪
至說覬以廢帝侈費倉儲耗盡都下罄匱資用

三百二十四　宋書列傳四十四　卅八

〈百衲本二十四史〉中〈宋書〉清樣

記影印描潤始末（節自百衲本二十四史樣本）

張元濟

〈宋書〉最初者為紹興原刻，所補不止一次，明補有弘治、嘉靖、萬曆三版，甚至同一葉中，有兩朝或三朝湊合者。描潤之事，不容稍忽。請詳言之：原書攝影成，先印底樣，畀校者校版心卷第葉號。有原書以原書，不可得則以別本。對校畢，有闕或顛倒咸正之。卷葉既定，畀初修者以粉筆潔其版，不許侵及文字。既潔，覆校。粉筆侵及文字者，記之，畀精修者糾正。底樣文字，有雙影，有黑眼，有搭浪，有溢墨，梳剔之，梳剔以粉筆。有斷筆，有缺筆，有花淡筆，彌補以硃筆。仍不許動易文字，有疑，闕之，各疏於左右闌外。精修畢，校者覆校之，有過或不及，復畀精修者損益之，再覆校。取武英殿本及南北監本，汲古閣本，與精修之葉對讀。凡原闕或近磨滅之字，精修時未下筆者，或彼此形似疑誤者，列為舉疑，注某本作某，兼述所見，畀總校。總校以最初未修之葉及各本，與既修之葉互校。復取昔人校本史之書更勘之，既定為某字，其形似之誤，實為印墨漸染所致，或僅屬點畫之訛者，是正之，否則仍其舊。其原闕或近磨滅之字，原版有痕迹可推證者，補之，否則寧闕。闕字較多，審係原版斷爛，則據他本寫配。於闌外記某行若干字據某某本補。復畀精修者摹寫，校者以原書校之，一一如式，總校覆校之，於是描潤之事畢。更取以攝影，攝既，修片。修既，製版，製版清樣成，再精校。有誤，仍記所疑，畀總校。總校覆勘之，如上例。精校少則二徧，多乃至五六徧，定為完善可印。總校於每葉署名，記年月日，送工廠付印。此描潤經過事實。

書目季刊發行二十年賀辭

〈書目季刊〉從民國五十五年九月十五日創刊，如今已滿二十年，這一刊物實際由臺灣學生書局獨立支持，十分難得。試看四十年來同類的刊物，如〈出版月刊、出版與研究、書評書目〉等，其實際支持的出版機構或基金會，在財力、人力方面，都不下於甚至遠超過學生書局，可是這些刊物呢？不過都祇維持了數年。其夭折的原因不止一端，最主要的應是經費。以〈書目季刊〉而論，每編印一期，大約花費不下新台幣十萬元，可是能回收的，卻不容易達到半數，所以二十年累計下來，貼補不下四百萬元。很少的出版社，會有四百萬元做創辦經費。用開一家書局的費用，去支持一個刊物，而又是個無底洞，就無怪沒有人肯做這椿傻事了。

也許有人說，〈書目季刊〉可以爲學生書局做做廣告和公共關係。這話自然有理，不過比學生書局資金多，營業額高的書局，卻計不及此，在商言商，應是得不償失。所以一些自以爲大的書局，祇肯編印些純廣告的「書訊」，爲了在郵費上做手腳，卻登記爲雜誌，眞是掛羊頭而賣狗肉，十足的市儈。

經費之外，人力也是問題。很多出版社的編輯部是空的，或者祇是剪貼部，校對部。能把一份季刊維持二十年，得有適當的人力，才能支持下去。〈書目季刊〉能由屈萬里、方豪、羅聯添、劉兆祐諸先生主持編政，這是該刊能維持一定水準的主要力量，也可看出學生書局在這方面投注的心力。

抗戰前的一些大出版社，如商務、中華、開明等，都擁有多種刊物，一時形成風氣，而且成爲衡量出版社的地位一項指標。如今因爲書的銷售量很有限，刊物的銷路更不易開拓，所以很少出版機構，肯辦雜誌。尤其圖書目錄方面的刊物，約稿、推銷，都很困難。所以既少有人嘗試，更難以維持久遠。不過正因爲不易維持，更顯得〈書目季刊〉的可貴，凡是對創辦、支持這一刊物刊行二十年，付出心血的人，都值得我們敬佩。而用發行刊物來衡量出版社的地位，比五六十年前，更顯得有意義。

〈書目季刊〉本來想命名爲〈圖書季刊〉，因爲當時臺灣省立臺北圖書館有〈圖書月刊〉，雖創刊旋即停刊，爲了避免同名，因改用今名。曾經因故停刊三期，又加上中國兩字。其間也偶有兩期合刊的情形，這在編印季刊，則是常有的事。二十年來，雖偶有頓挫，大體上說，是很順利的。而由開頭的每期百頁左右，增加到近幾年的兩百頁左右，正是在穩定中成長的表現。

就內容來說，論著之外，從創刊起，每期都附有新書簡目，最新期刊論文要目索引。簡目以求全爲原則，索引因資料太多，而且其他刊物也有同類的索引，所以從嚴選擇，又以文史哲爲主。後來又增加當代漢學家著作目錄，以及書評索引。論著部分，則間有若干專題書目，以及外文論著目錄。以供應圖書出版等方面的資訊。而這也是該刊創始的動機之一。這一方面，該刊可說是先知先覺。後來有些刊物仿效，可是都不能常久。如今僅中央圖書館還能維持經常出版。不過新書出版報導部分，資料常要比〈書目季刊〉晚上一些時日，而且還會有重要的缺漏。

二十年來，八十期的刊物，總計刊印了一千多萬字，除了提供新的書目、索引之外，也發表了不下兩百位編著者的五百篇論著，這一影響，很是深遠，所投入的人力、財力、物力，是功不唐捐的。一種刊物能刊行二十年，也打下了很穩固的基礎，在對已往二十年的成就表示欽慕、祝賀之外，也願提出一些期許，希望在既有的基礎上，能百尺竿頭，更進一步，益發充實而有光輝。

我國從古以來，便圖書並稱，〈書目季刊〉以往似偏重於發表文字資料，如能配合或選刊一些圖版，當能收相輔相成之效。譬如封面和封底，都祇是圖案，如果每期能用來刊印兩三幅圖片，二十年來，便可有兩百多幅。較早期的，如今有些便成為很珍貴而有價值的歷史陳跡。〈書目季刊〉打算在二十一卷起革新版面，希望能加以考慮。當然內文也能增加圖片，那就更好。

雖然不必以刊名是書目自限其內容，不過近年學術性的刊物漸多，而以書目索引等資料性為主的刊物則甚少，也許這一方面的稿源不暢，不過以學生書局和主編的人際關係之廣，應不難約到這一類稿件。這樣一方面可以名實相符，一方面也可平衡學術研究方向，因為這是一切學術研究的根源，卻得不到各界應有的重視。

要靠發行和廣告收益去維持刊物，在目前本就不易，尤其是不受重視如〈書目季刊〉，可說更不可能。不過如能多增加一分發行量，便可多發揮一分影響力。對編著者、出版者所付出的心血，也多一分回饋。要想增加訂戶、零售、以及合訂本的數量，也許不容易，那麼不妨考慮採用交換的方式。尤其對國外的大學或學術機構，要他們訂閱，也許困難，交換他們的出版品，也許較容易。國外多一分〈書目季刊〉，其意義更不尋常，影響力也既大且久。至於交換回來的資料，也許不一定有用，總也增加一分國內的學術資料。交換也不一定容易，那麼不妨配合學生書局的業務，凡學校、學術機構有若干購書額，便贈閱一分。

發行了二十年的〈書目季刊〉，明天一定會更好。

（文史哲雜誌三卷一三期，七十五年九月）

從書目叢編談起

頃閱胡楚生教授的〈三十年來臺灣學術界對於版本目錄學之研究概況〉（〈書目季刊〉三十卷四期，民國八十六年三月），〈引言〉中提到民國五十六年，〈書目季刊〉創刊那一年，對於版本目錄學而言，大體上是一個重要的分水嶺。並在〈研究概況〉中列舉了七十種論著，各做了簡略的介紹。開頭五十六年至五十九年便列舉了〈書目叢編〉至四編我寫的〈敘錄〉。引起了我的一些回憶和感想。

話要從四十四年一月我考進臺灣省立師範大學國文研究所目錄學組，同時在中央圖書館實習說起，這事是偶然的機會所造成的。中央圖書館在南京時，古籍書目大致具備，而且三十七年也在選運來臺之列，不過能運到臺灣的很少，連較重要且常用的書目也屈指可數。這年暑假，有兩週時間，館長蔣師慰堂，命我到霧峯北溝善本書庫去跟昌瑞卿先生做學徒。正好館中要舉辦一項展覽，昌先生命我開一書目，看了皺著眉頭改了一番，我想一定是自己開還省事些。此後常查些書目，偶然也編些書目。到四十九年冬，研究所要畢業時，慰堂師命辦「蘇東坡著作展覽」，並編一書目，經過一番改動，油印出來做爲展覽目錄。

亡友阮訥堂兄，贈以商務影印宋袁州刊本〈郡齋讀書志〉，我取來校王先謙校刊的衢州本，王氏博取袁、衢二本，及諸家校記，宋刊本之異文爲王氏所未及見的很少。不過藉校勘的過程，仔細的讀了王氏很瑣細的校記，集校勘、目錄、版本於一役，對此後在這些方面，很有助益。深切體會到慰堂師所常強調的：校勘是目錄和版本的階梯。

五十一年春結婚，次年冬，屈師翼鵬命爲文紀念黃丕烈誕生二百年，我以黃氏題跋爲基本材料，寫成〈乾嘉時代的舊書價格及其買賣〉（〈大陸雜誌〉廿七卷十一期，民國五十二年十二月，見本書第十篇），在閱讀及蒐集材料，以至結集成篇，對我是一番訓練。從而培養我對物價的注意。五十二年春長女宗忞出生，次年還不到周歲，慰堂師派我照料若干善本到美國紐約市世界博覽會展出，這時唐德剛先生在哥倫比亞大學主管亞東圖書，哥大收藏中文書，在數量上居美國前數名，公餘得以進入書庫恣意閱覽，頗開眼界。曾轉錄胡適之先生批校〈書林清話〉，摘抄彭信威著〈中國貨幣史〉，其中記宋代交子之印製，後來以此爲中心，隨時遇到材料便記下來，十多年間雖所得無幾，然能寫成一小篇〈我國套色印刷簡說〉（國立中央圖書館館刊。新四卷一期，民國六十年三月），並養成注意極冷門小問題的材料蒐集。

五十四年夏回國，慰堂師命爲三十種書目各撰提要，以便分三集印行。提要交卷了，並經昌瑞卿先生和慰堂師增改，把三十篇提要由〈中華叢書〉印成〈書目舉要〉一本小冊子，篇幅長些的，也不過兩千字左右，短的祇有三四百字，其中有些還不是我寫的。可是書目因主其事者認定銷路不會好，不願賠錢而不肯印，然在中央圖書館卻大爲不便。常要查些書目，手頭卻沒有，台大固然有一些，需要時去查一下倒還容易。台大也沒有的，祇有到中央研究所傅斯年圖書館去找，路程既遠，當時交通也遠不如今天方便，祇有累積多些，再跑一趟去查。我找些出版商，都以怕賠錢而不肯印。楊家駱先生主持世界書局，倒是可以考慮分批印，然而書局卻因人事改組而作罷。後來好容易慫恿廣文書局，老闆是同門友王道榮兄，估算一下，錢是認賠定了，還賠得起的情形下，姑且一試。這便是五十六年編印的〈書目叢編〉二十種。

〈書目叢編〉是這樣編印的，每種書由我寫一篇敘錄，全編再寫一篇總的序文，略述編印的旨趣，再就所收各書目做一簡略的介紹，對敘錄來說，猶如〈四庫全書簡明目錄〉之於〈總目提要〉。冠於全篇二十種書目之首。既可全編發售，也可發售任一種。且便於從任一種書目，得知全編有那些書目，因我覺得一種叢書，既全套出售，也可拆開來單獨發售其中任何一種。

同班同學應愛學兄，生前曾服務中華書局多年，該局向台銀貸了一筆錢，印行〈四部備要〉，我勸該局可以拆開零售。在此之前，有客戶透過關係，買去其中幾部書，該局正爲將來湊不成全套出售，所以堅拒零售。售得款項，專門存儲，俟賣完時好用以再版。我對愛學兄說出幾點理由，零售較合情理。一、賣得之款，存儲起來，過了若干年，再拿去印書，不合書店經營方針。二、拆開零售，某些書銷路好，早日賣完，隨時添印，長期保存些成套的書，省得全部賣完了，去籌款再印。三、買全套的，多是學校或學術機構。零買的則係個人居多，銷路互不相妨。四、大套書萬一稍有散失，幾無從補全，對圖書館和個人，同感困擾。五、若干暢銷的書，零售可增加銷路。並將這番意思，向該局其他人士遊說，終於在一次會議中，先提出一百套拆散零售，果然有些書很快售完，便添印這些書。過了幾年，盤算一下，零售的銷售金額，不下成套售出的金額，這則是當初未想到的。其實不僅叢書可以拆散了賣，總集之類，尤其大套的總集，如大陸新編的〈全宋文〉、〈全明詩〉之類，也應如此。新文豐新編印的〈叢書集成〉、〈續編〉、〈三編〉之類，也都應拆散了賣。〈四部備要〉的情形，可供參考。

〈書目叢編〉的底本多出自丁念先先生，丁先生長於書法，精於鑒賞，曾考訂漢碑，已發表若干種。其念聖樓頗有收藏，身後圖書部分讓於省立臺北圖書館，其哲嗣取價不高。其中明正統所修〈上虞縣志〉殘本，爲孤本家鄉文獻，丁先生甚爲珍視，則看做傳家之寶，不在讓與之列，現在想仍珍藏。我的意思不如由中央圖書館、故宮博物院等單位收藏，既很妥善，又省得自己多費心血。

除了念聖樓提供的底本外，也還有些其他公私收藏，爲一集所容納不下。而問世之後，雖數年之內，不易收回成本，然照銷路看，也不致賠多少本錢。而且撰寫敘錄的方式，既受讀者稱讚，也可提高書局的聲譽。於是次年便有〈書目續編〉問世。撰寫敘錄的方式，除了承襲初編之外，並將初編所收各書，在全編序文中編一簡目，以便檢索。

〈書目叢編、續編〉所收各書，固多見於〈書目舉要〉中，其提要則有詳略。如〈千頃堂書目〉、〈蕘圃藏書題識〉。〈郡齋讀書志〉等，十多頁，五六千字。數年之間，不無寸進。五十七、八年間，又有〈書目三編〉，撰寫敘錄，除依循前例之外，在全編總序中，備列初、續編簡目，並混合排列順序，以便讀者能即目求書，自此書目叢編及敘錄之撰寫，已成一規範。其前四種爲〈別錄佚文、七略佚文、漢書藝文注補注、四史儒林文苑傳〉，這四種書目滙印，係梁任公的主張。〈漢志〉注釋凡數十家，我認爲王先謙的補注博取多家，精於汰擇。然刊於〈漢書補注〉，今裁篇別出，以便閱者。施之勉先生對滙印這四種書甚爲讚許。

五十九年又有〈書目四編〉，僅有十種，以江蘇省立國學圖書館收藏爲主，該館在柳翼謀先生的主持下，凡有館藏，多編有目錄。如〈陶風樓藏清季江寧局署檔案目、陶風樓藏名人手札、陶風樓拓本影片目、陶風樓藏書畫目〉，已稍稍溢出書目之範圍。然篇幅無多，又同屬館藏，因也一併收入。又將柳老之序跋輯爲一帙，因收到的篇幅無多，於是旁及其學術論文，以及詩篇，成爲〈柳翼謀先生文錄〉一冊。在臺及域外的柳先生交遊及門人很多，傳布其論著，應合士林需求，事實卻並不如此，大概學風轉變的關係。

在撰寫敘錄時，深感到以柳老的聲譽之隆，交遊之廣，傳記資料則甚貧乏，很不可思議。在〈書目四編〉問世後，多方蒐集，僅得四五百字。一天遇到高師仲華，他看了〈傳稿〉，說雖在中央大學時，受業於柳老，然於其生平，所知還不如我寫的多，於是介紹了包明叔先生，他和柳老常有往來。經三度訪板橋包府，才有機會與包老談柳老的生平，他說雖與柳老時相往返，見了面天南地北，無所不談，可是說到柳老生平，所知卻很有限，柳老有兩位南高時的學生、施之勉和趙吉士兩先生，現任教成功大學，包老可以寫信介紹。有了介紹信，我專程往臺南謁見施、趙兩先生，除了晤談並寄呈筆記之外，以後並得到他們的書面資料。並說「柳老師的傳記，應由我們做學生的來寫，難得你這麼熱心，到處找資料，寫成〈傳略〉。」原來我一直多方面蒐集柳老的傳記資料，他是江蘇的大老，從鄉前輩口中，每能得其遺聞逸事。大家知道我找資料去寫〈柳傳〉，識與不識，每相告知，我得到些資料，便重寫一次，到謁見施、趙兩先生，已携了第五次稿子去。得到一些新的資料，同時解決一些傳聞異辭，寫成六稿，再寄呈施、趙兩先生。經洽請〈國語日報・書和人〉主編王天昌兄，允爲刊出。受篇幅限制，〈柳翼謀先生傳略〉（〈書和人〉第一五二、一五三期，民國六十年九月廿三日、三十日。）刊出時，已是我的第七稿了。前後歷時兩年，幾全心投入，卻也得到些不虞之譽。此後陸續有幾篇柳老的傳記，基本材料大致以我寫的〈傳略〉爲主。民國七十八年返鄉探親，過南京時，得謁見柳老的女兒定先生生，面呈〈傳略〉，告以柳老長孫曾符先生，正與其合撰柳老年譜。聞其簡譜在臺某刊物連戰，我以興趣已不在此，至今未能找到一閱。

有人問我書目要出到幾編？答以初步出到十編，聞者咋舌。如〈粵雅堂叢書〉收集百餘種，每書均有跋文，署名伍崇耀，實出譚瑩之手。曾請人抄出（當時影印費很高，而品質很差。），我加以點校，分類編排，這也是一種書目。〈四明叢書〉的張壽鏞跋文也是如此。加上較重要而未收入的書目，又何止可印十編。可是世事變幻，難以預料。起因有一美國人（外黃內白的華裔）認爲我擋了他的財路，找人挑撥我和廣文書局的關係，因而生變。在〈書目五編〉預約廣告見報那一天，我在臺大遇到楊家駱先生，痛責五編已售預約，何以四編借印他的書，應贈之書仍未送到，我因楊先生太胖，恐生意外，委婉說明，楊先生仍不接受。事後知道眞象，才知假洋鬼子從中搞鬼。

其實我編印〈書目叢編〉，在流傳各家書目之外，還有一番用心。便是仿照丁福保的〈說文解字詁林〉的方式，去整理書目，其先決條件便是諸家書目，有統一版式——三十二開本。其實丁氏也用過〈詁林〉的方式去整理書目，且有〈四部總錄．天文、算法、藝術〉等編問世，不過經標點排印，而且很久未見賡續問世。〈書目叢編〉既生波折，我的工作也有了變動，而且工程艱鉅，非一己之力所可勝任，祇好就此打住。

日前與曾聖益先生談起，他說如今科技進步，可用電腦網路縮影，有志於此一工程，希望他能完成這一鉅製。曾先生畢業於政治大學中文研究所，八十五年考進臺大中文系博士班進修。胡楚生教授的大作誤爲文化大學。

胡楚生教授的大作很費心搜羅，然還有的資料或多或少涉及版本目錄學，就知見所及，略舉於下：

約在民國六十年光景，某君在日本一所大學撰寫的碩士論文，討論宋代的出版法規。學成回國服務，並自行出版論文。於版本目錄均有涉及，雖關係不深，然大家很少注意這一問題，不妨過而存之。

〈明代坊本考〉陳昭珍撰，民國七十年臺灣大學圖書館學研究所碩士論文，昌彼得教授指導。

〈隋書經籍志研究〉許鳴鏘撰，民國七十三年臺灣師範大學國文研究所碩士論文，李曰剛教授指導。論文中於前人意見多加批駁而少加許可。

〈中國書籍簡史〉嚴文郁撰，民國八十一年臺灣商務印書館初版。嚴老雖久居美國，然曾在輔仁大學圖書館系講學多年，本書正是結集教學時用的材料而成。

〈天祿琳瑯書目藏書印章考〉，賴福順撰，民國八十年文化大學出版社初版。天祿琳瑯於版本鑑別不精，所記藏書印章中有贋鼎，本書也少加考辨。不過藏印為鑑定版本的一個旁證，而少有人專門論述。

〈從傳統到現代中國版印技術之演變一六〇〇—一九〇〇〉李貴豐撰，民國八十二年政治大學歷史研究所博士論文。論及版印技術之中西交替。

如果從寬來說，以上六種都與目錄版本有關。而且表現出研究範圍擴大了。即使從嚴也有三四種不妨補入。

過去三十年間有七十種專著，固然還有些可以補入的，可是這七十種之中，有的實在不敢恭維，就算他七十種好了。在質和量方面，作者都很滿意。我在友輩之中，向來愛唱反調，號稱反對黨，對這事我也以另一角度來看。

三十年間出版了七十種論著，平均每年二．三種，其中包括了五種敘錄，每種祇四、五萬字，在質的方面，也不足廁於專著之列，如扣除或打個折扣，平均祇兩種略多。而且這七十種專著中，學位論文便有四十三種，除一種係博士論文外，其他四十二種，都是碩士論文。其他專著祇有二十七、八種，平均每年僅〇．九種。碩士論文，寫了祇可說是剛起步，其後續有專著的，祇有吳哲夫、劉兆祐、周彥文三位先生。其他七十二年至七十五年起張璉、藍文欽、陳仕華、張碧惠、計文德等九位先生，陸續通過了碩士論文，到今年最少十一年了，未見他們續有版本目錄的專著問世，也許有單篇論文，或其他專著，總之，後續的研究是不能令人滿意的。

民國七十七年及八十三年，各有七篇碩士論文，佔了七十種專著的十分之一，可說是大豐收的兩年。可是八十四、五兩年，僅各有一或二篇碩士論文，做個點綴。希望這都是偶然現象，不是盛極而衰。

學位論文以外的二十七、八種專著，由十八人編撰而成，撰人多表現在社會上影響大，不過有十多人祇有一種專著，也許其中有的是偶然一爲之的玩票性質，還得參照單篇及其他論著。

在四十二篇的碩士論文中，臺大十六篇最多，東海和文化各八篇，東吳、政大各三篇，東吳另有博士論文一篇，臺灣師大兩篇。臺大和東海的二十五篇，有二十三篇由潘美月教授指導，也就是說四十二篇的論文，有一半還多是由她一人所指導。她在臺大中文所和圖書館所都專任，並在東海的中文所兼課。文化的八篇，多由吳哲夫教授指導，文化的史學所有圖書博物館組，他在所中兼課。以研究所來分，圖書館所最多，其次是中文所，歷史所也有幾篇。

所有的七十篇專著，著者近五十人，除了三或四人之外，其他都在臺灣讀大學和研究所。而民國六十五年起，大陸上經所謂十年動亂，事實上在十多年中，知識分子橫遭迫害，圖書文獻所受毀損，遠過於五厄十厄，有人說是新焚書坑儒。可是經過改革開放，十多年間，古籍整理弄得熱鬧滾滾，版本目錄也在其中。主要原因在注重培植人才，發揮團隊力量，並由國務院副總理主其事。相形之下我們三十年的成就，不免瞠乎其後，如何急起直追，共創光明前程，則端賴有志之士努力奮鬥。

八十六年六月二十二日動筆，二十四日完成初稿，十一月十二日校改。

又記：〈書目叢編〉能夠出版，得到很多師友和家人的鼎力相助，衷心甚爲感謝，便不一一列上大名，而從醞釀編印書目開始，直到四編陸續問世以後，得到海寧蔣師慰堂的教誨以及關心尤其多，今天適逢老師百年誕辰，謹以這篇文字獻爲紀念。

（書目季刊第三十一卷第三期，八十一年十二月）

續通鑑長編目錄芻議

古人讀書貴在博聞強記，融會貫通。而以一事不知爲恥。然一般人殊不易有此功力。東漢以降，文尚駢儷，辭賦多用故事，曹魏時因編有〈皇覽〉，爲類書之權輿，以供儉於腹笥者查用，通人譏爲兔園冊子，然愈編愈盛，今傳〈藝文類聚、北堂書鈔、初學記、白孔六帖〉等，成於歐陽詢、虞世南等名流或績學之士，亦知實有此需要。

印刷術起於唐而盛於兩宋，兩宋學術已盛，著述甚富，一書或逾千卷，因有韻編之書，以供檢索。

正史人名索引

至於清代，通人如章學誠，論校書且發爲編索引之理論。又自編〈歷代元號通檢〉。良以史料愈積愈多，既不能爲腹笥所容，而中人以下，不有索引等工具，更難以掌握汗牛充棟之史料。晚近西風東漸，此類需要尤爲殷切。抗戰前開明書店編印〈二十五史〉，章錫琛序略云：

〈二十五史〉爲我國史冊之總結集，所函人名浩如煙海，或一人而名號歧出，或兩人而隔世同名，甚至有並時同名而了不相涉者。

清人汪輝祖遂有〈史姓韻編〉之作，顧止限於〈二十四史〉，且不載帝王妃后及外國諸傳人名。其排列方式又以時代序，隔世同名者即無由彙列校其同異。編次依韻目，今日亦不便檢查。汪氏又有〈三史同姓名略、九史同姓名略〉二書，即在查索隔世同名者。各書刊於嘉慶初年，去今已兩百二十多年。

民國二十四年開明書店印行〈二十五史〉，編有人名索引，所收合附傳近五萬人，全依人名四角號碼排列，人名後載所見史書簡名及卷次，以及見於〈二十五史〉頁次及欄次，遠比汪書方便。略同時又有梁啓雄編〈二十四史傳目引得〉，所收附傳人名稍少，且未收〈新元史〉。

大陸既印行點校本〈二十四史〉，又編有各史人名索引，則凡見於各史之人名，全行收錄。又總編成〈二十四史紀傳人名索引〉，所收略同梁啓雄所編。此類索引近年臺灣各書店頗有翻印本。鼎文書局既翻印大陸點校本〈二十四史〉，各史後均附人名索引。其增附史傳亦均附有人名索引。紀傳體各史外，日本佐伯富、梅原郁先生編有〈資治通鑑、續資治通鑑長編、建炎以來繫年要錄〉等編年史人名索引。京都同朋舍印行。王德毅先生編有〈宋會要輯稿人名索引〉，新文豐出版社印行。

重要詞彙

史乘人名固重要，其他詞彙亦宜有檢查工具。哈佛燕京學社〈引得叢刊〉中，對四史及注釋均編有綜合引得，以重要詞彙爲目，記明出處，並出其全句爲注。然所收詞彙不多，且均依字順排列，而不分類。後來日本藤田至善、小野川秀美等編有〈後漢書、金史、元史〉等語彙集成，所收詞目較備，排列亦較清晰，亦係按字順排。哈佛燕京學社又有〈食貨志十五種綜合引得〉。體例略同〈四史引得〉。日本人亦編有史志引得多種。

黃福鑾先生於〈四史〉均分別編有索引。大致依照〈太平御覽〉分爲二十四部，每部下再酌分若干目，共約一百二十目。每目再依所收詞彙筆劃排列，詞目後視需要酌加注釋，如一人一地有異名。然不錄全句，則一人在史書中或百餘見，自索引中無從知某條有用，而必須查閱原書。然先行分類，則遠較僅依詞彙字順排列功用爲大。惜僅成〈四史〉部分，未見續編其他各史。而其他各類史乘，亦均需有此類索引。

通鑑目錄

其實古人對史籍浩繁，難以盡讀，早有此感，如司馬光修〈通鑑〉，成書二百九十四卷，約三百萬言，僅較〈四史〉稍多，而所記則上接〈左傳〉，下迄五代，歷時千餘年。成書後又撰有〈目錄〉三十卷，實即大事年表，據目查書，綱目分明，然甚少有人留意，則以〈通鑑〉於隋唐以前，多據正史，而正史俱存，遂爲轉手資料，鮮加徵引。而治唐史者，則以〈通鑑〉所引用野史達二百餘種，今多已不存，〈通鑑〉固必不可少。然僅有八十一卷，查閱時不太要利用〈目錄〉。所以〈通鑑〉雖很通行，〈目錄〉則僅有四部叢刊、四部備要本，備要本雖亦單行，而銷路不廣。所謂〈目錄〉，亦即標題。如能在印行〈通鑑〉時，合〈目錄〉於本文，在查閱時能方便得多。一如詩文集，筆記有題目。如能將原無標題之史料加上標題，亦是整理史料之一法。丘漢平先生編〈歷代刑法志〉，係將正史中刑法志錄出，加以標點、分段。（與大陸點校本正史頗有異同，一長於法，一長於史，可加比對，較其得失。）並加標題，卷首目次亦備錄標題。閱讀或檢查時很爲醒目。其無刑法志各代，則補撰，體例相同。如能將重要史料均如此整理，效果較僅加點校爲大。

隨筆索引

日本京都大學東洋史研究會編有〈中國隨筆索引〉，收書一百六十種。又〈中國隨筆雜著索引〉，收書四十七種。就此二百餘種標題中重要詞彙，依日文字順編爲索引。一標題中有二或三個重要詞彙時，均分別收錄。若干筆記原無標題，或標題簡略，則補加或另擬。亦爲一種整理檢索資料之方式。雖未加分類，功效終不甚著。然如能善爲利用，對查閱筆記中資料，仍迅速得多。今後印行此類筆記，如能在書前及本文分別加上恰當標題，比刑法志更爲有用。因刑法志內容有條理，而筆記多很雜亂。目錄與索引僅能據以檢索，如欲取得資料，仍需查原書。前代所編類書，即係鈔輯資料。然每加刪改，又輾轉抄襲，是以不足爲據，惟可作爲線索，據以查核原書。又每則多無標題，僅在一詞彙之後，列舉若干資料。近年仿類書體裁編輯資料，其體例稍有改易。

詩詞詞話類編

如臺灣大學中文系所編有〈百種詩話類編〉，取歷代詩話一百零一種，拆散重行編排，將同類資料彙集一處，如關於杜甫資料，個人部分即有七十多頁，尚有與其他詩人一併論述者。與前代類書不同處，在凡所收錄詩話，隻字不遺，全行收入。序跋凡例，亦附錄於後。除專門研究某家詩話外，此百一種詩話，可以束之高閣。而類書於所採各書，則有取捨。

友人王國昭先生，曾取唐圭璋〈詞話叢編〉，遵鄭師因百指示，增〈蕙風詞話〉，仿〈百種詩話類編〉編有〈詞話類編〉。而每則均有標題，其原有不足涵攝者則另擬，原無者則新撰。撰擬標題亦非易事，每經再四改易，仍難滿意。又全編出於一人之手，較成於衆人者能劃一體例。近年唐圭璋將〈詞話叢編〉增二十四種，並加標題。經點校重排，其標題多很簡略。王先生亦有意改編舊稿，希望能早日完成，並印行問世。不僅可供研究詞學時檢索，兼可作採用同一方式整理資料之範例。如能以此爲基礎再加改進，尤所企盼。

此類整理資料方式，固已節省不少檢索之勞，惟有關杜甫之資料既多，如能就所錄各條中論及何篇何句，編爲索引，則更爲方便。

分類鈔輯史料

詩話、詞話，率篇卷不多，固宜合數十種，百餘種滙合加以整理，而史書動輒數百卷以至千卷，即使一部書，亦難採用此種方式，於是有鈔輯之法。

吳唅曾就〈朝鮮王朝實錄〉中關於中國之史料，鈔出成爲一書。韓國嶺南大學曾就〈二十五史、通鑑〉中涉及朝鮮之史料，鈔輯成一書，並在天頭上加標題。中央研究院歷史語言研究所則就二十三種正史（陳書、北齊書無此項史料）及〈清史〉中，鈔輯成〈二十三種正史及清史中各種史料彙編〉五冊。書前有1.所收諸史卷目表2.標題總目3.標題分類表。所鈔史文分段而不加標點。標題包括族名、國名、人名、地名等。另有索引包括專名、專題六萬餘詞，約三百多萬字。惟彙編已於六十四年印行，索引似尚未問世。

鈔輯資料，比編製目錄或索引，固可節省查閱原書之勞。如加注原書卷次以至頁碼，又可據以覆按原書。然如原書卷帙過多，鈔輯以至編印，必須投入大量人力、物力以及時間。所以編目錄或索引，仍有其可取之處。若能先編目錄，用以依順序查閱原書，再就目錄編分類索引，用以找分類資料，則較僅鈔資料爲用更多。

且以宋李燾〈續資治通鑑長編〉爲例，原書凡五百八十卷，後僅存若干殘本。清乾隆時修〈四庫全書〉，自〈永樂大典〉中輯得五百二十卷，光緒初年黃以周等又輯〈拾補〉六十卷。總計超過六百萬字，如加標點並分段，當有八百萬字，約是〈宋史〉兩倍半，而所記僅是北宋九朝一百六十八年之史事。且編年紀事，不如紀傳、紀事本末、會要等體裁，稍分開類，較爲易於檢索其中資料。

其中所含史料甚爲豐富，舉其大端，如政治、國防、外交、財經、軍事、典章制度、君臣言行等，所記固連篇累牘。其他如圖書文獻、宗教、司法判例、民情風俗、宮廷紀聞、遺聞逸事，亦多有記載。爲研討北宋百餘年歷史之重要史料。

續通鑑長編中史料

然而因卷帙過多，且編年記事，不易查閱。以至多數涉及北宋史事之論著，對李燾《長編》中極有用之史料，全未引用。想在撰寫時，未必不知利用《長編》，而要自此數百萬字中找尋所需資料，幾如大海撈針，遂置而不顧。如葉德輝《書林清話》，所輯歷代圖書史料最爲豐富，對《長編》中資料全然不知利用。王國維《五代兩宋監本考、兩浙古刊本考》同爲治板本者所推重，然《監本考》引用長編中資料僅有五則，掛少漏多。張蔭麟撰《沈括編年事輯》，（見《張蔭麟先生文集》下冊，九思出版社，民國六十六年。）田光烈撰《度牒在宋代社會經濟中的地位》，（見張曼濤主編《現代佛教叢刊》第九冊，大乘文化出版社，民國六十六年。）引用長編均達數十次，不爲不多矣，然試以《長編人名索引》與張文核對，知所可徵引而未引仍不少。至於《長編》中涉及度牒而爲田文所失引者尤多。可見博雅如張、田兩氏，對長編中史料已有深切認識，且很費工夫查閱，祇以六百多萬字，以一人撰寫一文所投入之時間及精力，總是有限。（以一天翻閱十萬字計，需六十工作天。而一天看到十萬字古籍，又勢難仔細而不致疏漏。二氏所引據其他史料尚多，僅如此查閱史料，費時至少須在半年以上。）

〈長編〉既爲治北宋史，或作其他研究而涉及北宋時，所不可或缺之史料，而又繁多不易檢索。雖已有人名索引，所可助檢之範圍又很有限。（若干人數十見以至數百見，一一查核原書，頗費時日，而所得又或不盡有用。）友人王民信先生研究〈遼史〉，因曾將其中宋遼關係史料鈔輯成冊。然〈長編〉全書多達八百萬字，其中所含史料層面又繁多，已如上文所述。如一一加以分類鈔輯，若干部分勢須重複互見。（如輯宋與西夏關係，勢必涉及若干宋遼關係史料。而此類史料又每涉及典章制度，使臣往來，以及風土人情等。）則必遠超過一千萬字，以每頁容七百字計，約近兩萬頁。即使分別鈔輯成帙，恐亦難以印行供公衆利用。

續通鑑長編目錄

近二十年間，筆者致力於宋代圖書文獻之研討，有時明知長編中有極重要之史料，手頭亦有世界書局影印〈長編〉。一以多達十五冊，再則字小而印刷不甚清楚，殫於查閱。近年商務影印文淵閣本〈四庫全書〉，收有〈長編〉，字較大且行間疏朗。然圖書館不肯外借，全書不分售，私人又無從購置。漢學中心藏有大陸中華書局點校本，體例略仿點校〈通鑑、續通鑑〉，每月之中所記各事，編有號碼，所藏不很全。很便於閱讀，而托人在香港、日本訪購，然已無存書。

爲找尋其中關於圖書文獻資料，曾翻閱兩遍，所得約二十萬字，而仍頗有遺漏。因思如能仿司馬光編〈通鑑目錄〉，先按原書順序編一目錄，再就目錄編分類索引，則查閱其中各類資料，必甚方便，如日本所編〈長編語彙集成〉亦能問世，互相配合，益以已有之人名索引，則利用〈長編〉中大都分資料，均可既快且精確查得，不再視爲畏途。

今以英宗部份爲例，（卷一九八至二〇九，共十二卷，最少。且其中多錄司馬光、韓琦等勸太后與皇帝當慈孝和諧等奏議，連篇累牘。）試加編錄。以中華書局點校本爲據，每條不論長短，均立一目。其長篇奏議，撮其主旨，最易處理。而愈簡短反不易著筆，若干不足二十字之條目，幾無可刪削，惟有照錄原文。昔清嚴可均編〈全上古三代秦漢六朝文〉，每文亦各立標題，〈全上古文〉部分，每有擇自群經諸子，一則十餘字，標題字數反多於全文，是以其中甘苦，前人已深知。

又若干條目，如不諳宋代史事及典章制度，則難以著筆。如仁宗嘉祐八年正月第六則，以俞氏爲昭儀，另兩人爲貴儀，初擬作封俞氏等三人爲嬪妃，然昭儀位不高是否在嬪妃之列，是否需封，涉及宮廷儀制。固然不難查出，然需略費時力，因僅錄原文，加刪節號。嬪妃乃宮廷瑣事，然仁宗生男不育，晚年不免急切，反違寡慾多男之俗語。而正月末俞氏等三人晉昭儀、貴儀，二月初帝不豫，三月即暴崩。俞氏在英宗初晉位賢妃，或仁宗生前頗得寵幸。數事連續以觀，或不無關連。

今限於篇幅，僅以卷一九八之目錄附於後，以就正於方家，並企盼研究宋史者，如認爲尙有價值，能完成全書目錄之編撰，再編分類索引，且〈明、清實錄〉卷帙更多，如能有目錄及索引，應更切合需求。以個人經驗，一工作天可編兩卷長編之目錄，熟練後當可稍快，則以一人專任其事，窮一年之力，應可完成。據目錄再編索引，或需半年。

續資治通鑑長編目錄

卷一九八仁宗嘉祐八年（一〇六三）

正月　己酉　朔——己巳

1.范鎭知貢舉
2.詔夏國勿僭擬
3.苑鎭提舉校正醫書
4.韓贄兼判都水監
5.韓琦言防因市馬耗國用
6.以俞氏爲昭儀……

二月　癸未　朔——丙戌

1.帝不豫
2.減刑
3.田況卒其論甚偉然不盡行
4.上自奉儉約幄帛裀褥久不易

三月　甲辰　朔——辛未晦

1.孫兆單驤代宋安道診御脈
2.劾宋安道
3.進士減一舉
4.龐籍卒持法深峭而活民有惠愛
5.李昭亮卒吏治通敏善委僚佐
6.上夢三神人因號四眞君
7.令孫兆單驤校正醫書封扁鵲
8.御內東門幄殿
9.宰臣賀帝康復
10.上暴崩

四月壬申朔——戊戌

1.王珪草制韓琦宣制英宗即位
2.大赦優賞李璋王端言勿濫賞
3.王道恭任拱之告哀契丹夏國
4.出內藏庫錢絹助山陵及賞賚

5. 石全彬提舉造梓宮
6. 允李璋等赴臨
7. 責降醫官孫兆單驤等十二人
8. 表請聽政不從
9. 詔官名地名人名諱御名
10. 韓琦爲山陵使
11. 上裁決奏事當理忽得疾
12. 尊皇后爲皇太后
13. 上表請聽政
14. 許聽政以疾不果令仁宗大歛日止避不利太后
15. 上疾劇增韓琦請太后權同處分
16. 遣夏僖等告諸路先帝崩上嗣位
17. 司馬光言速告契丹嗣位實情
18. 周沆著契丹使授書問契丹主年
19. 太后垂簾聽政
20. 司馬光言勿循例厚賜留物不從
21. 韓琦曾公亮歐陽修胡宿等加官
22. 司馬光言恩威勿過勿暴加繩檢
23. 歐陽修篆受命寶
24. 發諸路卒近五萬修山陵
25. 夏國乞賜監本九經等從之
26. 封皇子仲鍼仲糾仲恪
27. 王珪乞太后還政不行
28. 輔臣禳於集英殿熒惑晨見東方
29. 王陶等請山陵從儉約韓琦不納
30. 鄭獬言山陵勿取乾興盛時爲準
31. 上親行禮捲簾坐受慰人心少安
32. 文彥博辭起復及宰相半俸
33. 群臣請聽政許之
34. 立高皇后曹氏太后親姊
35. 司馬光言爲人後者爲之子之義

五月癸卯——戊辰

1.進封公主爲長公主
2.以皇子位伴讀李受爲左司郎中
3.封公主
4.山陵用逾錢糧五十萬調役擾民
5.司馬光言愼教皇子
6.賜鄭州公使五百貫以靈駕所過
7.富弼除喪授樞密使同平章事
8.王珪議謚號之制
9.許知曹州張茂實改名孜
10.初御延和殿命輔臣祈福

六月癸酉——戊戌

1.上復以疾不出政事覆奏太后
2.盧士宗司馬光等議太廟禮制
3.蔡襄爲修太廟使廣廟室
4.呂誨請善調養韓琦親餵帝藥
5.呂夏卿請定九廟之制
6.舉人趙商等權罷便赴秘閣試
7.陳太素謂當據文直斷勿求曲當
8.范鎭等言勿葬受命寶等不從
9.司馬光韓琦勸太后勿受讒言
10.蔡襄總山陵事調度供億皆數倍
11.允甘昭吉充永昭陵使
12.王疇請早親政

（中央圖書館館刊新22卷2期，78年12月）

中文參考用書指引序

六十五年四月，張錦郎先生編撰〈中文參考用書講義〉，由文史哲出版社印行。計七一七頁，精裝一冊。同年六月間，我曾爲文詳介，刊載輔仁大學〈圖書館學刊〉第五期。指出其優點：一、材料豐富。二、繁簡分明。三、擇善而從。四、考訂精確。五、附錄實用。缺點有：一、商榷類目。二、資料取捨不盡恰當。三、間有失誤。四、索引欠完備。五、註腳起止欠明。而今看來上述優點並無溢美而缺點不免避重就輕。不過我也不敢對同學、同事又住在同鎮的老朋友耍滑頭，後來我曾就翻閱過的部分，凡認爲可以商榷的地方，盡情指出，可說極盡吹毛求疵，便把畫得亂七八糟的書，換了錦郎兄的一部新書，他不以爲忤，眞是不亦快哉。

這本講義，出來不到兩年，便告缺貨，各方需求甚殷，而雖然錦郎兄認爲必須加以修訂，曾有少量的重印本。六十七年夏，新稿陸續寫成，我曾讀過「傳記」部分，提些臆見。並曾攬下寫序的差事。如今全書和索引都排好了，序便不能再拖了，卻不知如何寫法。

我很喜歡寫序，尤其是有用的好書。而且寫過的幾篇序，無論是著書的或是讀書的，常謬許爲可讀性高。這是由於不肯光寫些應酬話來敷衍，所說都是所序的書有關的。可是那些寫法，錦郎兄和我所見略同，能寫的便不多。

另一種方法是對本書略加評介，而評介最好讀過全書三兩遍（至少重要的或自己有興趣的部分），且隨手鈎劃批註，易於成功。我的文債又多，特別是書評，能評而又值得評的書眞是可遇而不可求，也不能不留一手。勢必要另起爐灶。

無可奈何，姑且拋開本書，把圈子兜得大些。

參考工作是目前圖書館工作中做得最差而亟待加強的，要做好又必須先對參考書能有正確廣泛而又深入的認識。可是如果祇是一種書一種書的認識，而不能參互靈活運用，仍不足以發揮參考的功用。譬如要找蘇東坡的傳記資料，如果祇知道查人名辭典，當然已不算交白卷。進而知道查〈宋史〉，查哈佛燕京學社的〈四十七種傳記引得〉，查昌瑞卿先生等編的〈宋人傳記資料索引〉，所得自是多些了。還可以查大圖書館的收藏書目，編得比較好的出版目錄彙編等所收有關蘇氏傳記的專著。查期刊論文索引所收的單篇論著。這些祇是一般的資料。蘇氏有著多方面的成就，無論在學術、政治、文學以至書法、繪畫等方面都足以名家。文集裡的蘇氏傳記資料，固見於昌先生的索引，然多是全篇和蘇氏有關的。至於部分涉及的就更多了。宋人的筆記最多，其中涉及蘇氏的地方很多，近人丁傳靖〈宋人軼事彙編〉收錄了一些，可是還不完備。這又是一大批資料。歷代的詩話、詞話等文學批評的論著裡常有涉及蘇氏的。清倪濤的〈六藝之一錄〉摘鈔關於蘇氏的書法資料有幾十條，利用哈佛燕京學社編的引得，便可一索即得。蘇氏曾在很多地方做過官，而且都有良好的治績；遊歷過和旅途路過的地方那就更多了，這些地區的文獻和方志等，便總有些事蹟、遺文軼事之類的記載。如果專門研究蘇東坡的生平，上面這些資料，仍不算完備，不過用來答覆通常的參考諮詢，總算可以過得去了。而多數資料，一般人並不認爲是傳記資料，常不注意。必得我們平常多讀書，多留意。可是要找這些資料，必得在規模相當大的圖書館去搜集。而我們所可利用的大圖書館並不多，也許你手頭連一部人名辭典都沒有，〈辭源、辭海〉一類的普通辭典也不湊手，卻亟需一點蘇東坡的傳記資料。那麼你便得想到從中學國文課本裡，定能找到。

目前參考工作，還在起步階段，不需要鑽牛角尖的空心專家；而要既能開刀動手術，也能開幾味草藥，甚至弄個偏方，便能藥到病除的全才。否則光會喊圖書設備不夠，人手不足，非但於事無補，而且也影響了腳踏實地的參考工作者的情緒。至於明明資料擺在眼前，卻不知道找出來利用；或是祇會在人名辭典中找蘇東坡傳記的，那連做一個圖書館的讀者，常識都有點問題，更不要說做館員了。

所以要想做個稱職的圖書館員，或圖書館的讀者。非得多接觸圖書館資料不可。我總覺得在書目控制方面，圖書館所做到的，一般說來不如書店。據說在重慶南路的書店做店員，要記得兩萬種書，方能勝任。這話不免有些誇張。目前市面上行銷的書，一共也不過萬種，沒有那一家書店會全部經售的。而且規模較大的書店，都是分門別類，分別由店員管理，另有一兩位綜理其事的，才能有一全盤的瞭解。一般店員能知道三兩千種，多到五千種，想也夠了。可是圖書館員呢，恐怕多不能達到這一水準。所謂知道一種書，就是當顧客問起這書，便能知道店裡有沒有，如果有，在那一架那一格。賣完了，要從書庫裡什麼部位找來補充。要是沒有，那麼這書是那家書店出版的，是否已售完待重印。

最令我驚異的，便是有次受人之託，搜購有關〈水經注〉的資料，我撥個電話給三民書局，請他們代找。半個小時光景，便送到一堆書來，其中竟有〈胡適手稿〉。胡氏的手稿我是看過的，前六集都是關於〈水經注〉的，可是要立即開〈水經注〉書單，我便不能一下就想到這部書。不僅是我，恐怕很多圖書館員，那怕是專門負責參考諮詢或是採購的，也未必能夠。因爲手稿的後幾集則是關於哲學、文學等雜著，在圖書館應是收入總類裡的自著叢書，也許要收在普通論叢裡。總類是收此不屬其他各大類，或涉及兩大類以上的資料。其中書目、類書等，還有人光顧；叢書、普通論叢便幾乎等於束之高閣了。章學誠所倡的互著、別裁，祇是在課堂上、書本裡講講寫寫，少有能實際應用的。

書局的店員，恐怕很少有知道什麼互著、別裁的，可是他們卻會實際的應用。其中關鍵，我想是由於要做到這一步，才能適應顧客的需要，增加營業收益，這是老闆所追求的。學生祇求考試及格，拿到學分，上焉者看看教科書，寫點筆記；下焉者到考試前借本筆記影印一下，臨時抱佛腳，開個夜車，也就應付過去了。圖書館員呢？有些坐在辦公室拿薪水，工作愈少愈好，不必講求績效，知道點理論不肯實際應用。此其一。店員們一天到晚要接觸圖書，雖然他們沒有工夫，而且老闆也不允許店員在上班時看書，可是他們在工作上總是經常的翻來覆去的接觸到書，雖然祇是讀書皮子，卻是讀得多，讀得熟，而熟能生巧。況且有些店員很能在工餘讀書，行行出狀元，那自然可以做好書目控制了。此其二。

當然最好是兩者兼具，店員們也能講點〈四庫總目〉，〈四庫簡明目錄〉也好，翻翻〈書目答問〉之類，比從書堆中摸索更能確實的做好書目控制。學生在課堂上、書本裡，提到某一部書，便能在課後（最好是課前）去找出這本書翻一翻，先看目次序跋，知道個大概。有興趣的話，選幾段看看。看得有趣了，找個機會慢慢讀。這樣才能有點效果。當然自己不能有太多的書，那可以利用圖書館，如今好多學校圖書館採用開架式，找書非常方便。學校圖書館沒有，到中央圖書館公共圖書館等對公衆開放的圖書館去找。嫌到圖書館路遠不方便，逛街時順便到書店去翻一翻總可以了。老是翻而不買，不免遭到店員的白眼，那你可以多跑幾家。

如果光讀教科書、提要、書評而不翻讀原著，便祇能應付考試，考完了也就忘光了。翻過一下，便能記得久些。大致讀過一遍，當然不能過目不忘，可也很難完全忘記，過了幾年、十幾年以至幾十年，還會有些印象。

〈史記六國表序〉有段話：「學者牽於所聞見，秦在位日淺，不察其終始，因舉而笑之，此與以『耳食』無異。」什麼叫做「耳食」呢？就是說吃東西當然是用嘴，吃過了你自然知道所吃過的東西的滋味。如果沒有吃，祇聽吃過的人說過這東西的味道是甜的鹹的酸的苦的，當然不能體會到眞正的滋味，過些時候便也忘了，至少不能說得眞切。其實吃過的東西，也並不能把味道說得讓別人領會出來。試想祇讀提要，看書評，聽老師同學講，說是某書如何如何，不也正和「耳食」一樣嗎？讀過一本書，也是不能把書中的眞義，說得讓他人能和自己體會得同樣眞切的。

圈子繞得太大了，要轉回來。錦郎兄這部〈指引〉評介了上千種參考書，要比他三年前的〈講義〉精確得多，後面又附有重要的資料的書影，讀了這部書，對照書影，對參考書當然能有一些認識。如果再有機會聽他講課，得到益處便更大了。可是這對你來說，也都祇等於「耳食」之言，要想領會到眞滋味，還得去找這些書來看一看，至少翻一翻。當然不能爲了這一門課去翻這麼多的書，既不可能，也無必要。至少每一類介紹得很詳細的去讀讀翻翻。老實說〈指引〉裡所寫的，並不都很好，甚且不一定都對，難免有些錯誤。我想祇要把指引和講義比較一下，你便可以發現〈指引〉比〈講義〉要好得多，而且訂正了一些錯誤。我相信過幾年再版時，他一定會再有不少修訂的。

讀一部書，學一門功課，不要祇是做一個讀者或學生，也要能做一個作者。梁啓超在〈國學研讀法三種〉裡便認爲學生需「斐然有述作之意」，書方能讀得透徹。也許說我讀還讀不過來，又如何能做作者？告訴你一個法子。「不怕不識貨，祇怕貨比貨。」以辭典做例子，〈辭源、辭海〉，大同而小異。單看其中一書很難說出他的特點，優點或缺點。如果比較一下，就很容易看出來了。

怎樣比較呢？當然不能掌全書來一個個字去比，而要抽樣去比。選了幾個項目去比：

先比單字，挑出幾個部首，在這些部首裡，〈辭源、辭海〉都收了那些單字。先以〈辭源〉爲主，在〈辭海〉中有的，劃個記號，那麼未劃記號的便是〈辭海〉所未收的了。〈辭海〉有而〈辭源〉無的，另行記下來，兩者都有的，姑且不管，此有彼無，此無彼有的，便可做一分析。

再比單字的注音、解釋、例句。相同的擱在一邊。不同的也做一番分析比較，誰的好，那部書對那一方面較爲偏重。還可以再和〈康熙字典、中華大字典〉等比較，看那一部書是抄現成的資料多，還是自己搜集的資料多。取捨如何，有多少地方沿襲了前人的錯誤，對前人的錯誤改正了多少？詞的方面，可以先比條目，同一個字下面的詞，像單字那樣列出，比較此有彼無的部分，可以看出兩書的特點。同一條詞語，又可比較兩書的解釋、例證。這是最重要的部分，出入也最大。最可以看出那一部編得好，錯誤少，花的功夫深。譬如出處例句，能列出較早的資料，自是比後出的資料要好。出處僅有書名的，自然不如連篇卷也標出的好。當然一個字下面的詞的條目太多，不能拿整個部首的字來比，而要另行抽樣，譬如關於天文、地理、人物、草木、禮制、音律、圖書等比較多的字，各取三兩個字下的詞，分別比較，結果便較能具有概括性。

一部大書一個人去比較，不免太煩，便可多找幾個人合做。這樣對這兩部辭書才能有較眞切的認識，不至於人云亦云了。把他寫成一篇文字發表，定能受人注意。將來張錦郎先生再修訂〈指引〉，也得採用你的資料，因爲他無法做這麼多的瑣細工夫。你也許很少利用〈辭源、辭海〉，是文言文解釋的，看不懂或不願看。那不妨找些給中、小學生用的辭典來比較，還更有用些，因爲這種辭典太多了，卻少有人肯留意的。不比較辭典，比較其他的書也可以，找你喜歡的，譬如園藝、攝影、服裝設計、菜譜之類的。既讀又寫，可以增加讀書的興趣。一種書讀好了，觸類旁通，對讀其他書也有用。

讀書寫文章的方法多得很，比較祇是一種法子，不能在這裡多講。也不必遠求，祇要細細去體會

〈指引〉所用的方法儘夠了。讀書治學，雖不能聞一知十，至少也得舉一反三。不能光是死記書裡寫的，老師講的，去混學分。即使混畢業了，也沒有用。有位小兒科的醫生，他在學校裡幾年，都是考第一名，畢業後學校的實習醫院並不留他，自己開醫院，醫道很平常。有一次和他的同學談起來，爲何會這樣呢？他的同學說：這很簡單，學校裡讀的書，講的課，僅是範例而已，記得多便考得好，可是生病總不能祇照書上寫的生呀！參考工作的天地之大、花樣之多，不下於治病，這件事很值得我們警惕。

讀一部書，修一門功課，最主要的在學怎樣搜集、取捨、分析、判斷，組織資料，學到寫這本書的方法。「鴛鴦繡出從教看，莫把金針度與人。」我覺得〈指引〉這部書，既繡鴛鴦，也有不少度人金針的地方，要在讀者善爲體會，最重要的你也要用這些針法自己繡，這樣便會由讀者成爲作者。開頭不必苛求，誰都不是一下就能寫好的。

參考工作好比一座大建築，要群策群力才能完成，固然需要優異的工程師，也不可缺少流血流汗的小工。讀了〈指引〉，得益自是不淺。可是最好自己也卻能做工程師、或者做小工，使參考工作由起步到起飛。

〈中文參考用書指引〉六十九年增訂再版卷首

古籍工具書之編印在臺灣

一、前 言

臺灣地區在近四十多年來，印行的古籍，在數量上很是可觀。十多年前，可說世界各地研究漢學最主要的資料供應站。可是內銷市場有限，主要靠外銷，市場也不夠大。所以祇可說是印刷了大批的圖書文獻，能稍加整理，就很難得了。至於工具書，因必須投入大量的人力、財力，而回收則很不易，就更少有人肯做傻事了。可是仍然有些成就，且不是限定的幾千字所能交代得出的。幸虧合夥人張錦郎先生雖然另換專題，仍承他提供資料和高見。又承臺東師院的王國昭先生鼎力相助，才能勉力交差。而門類既欠周全，所記各書，多沒看過，甚至連編著者、叢刊的細目都從省。未能詳盡，也是限於字數，希望也日能加補救。

二、字、辭典

字典、辭典都談不上有什麼新的編著。新編字典有高樹藩的〈中正形音義綜合大字典〉。他也整理了〈康熙字典〉，每字提行，並加有注音符號等多種音標。〈辭源、辭海〉分別有增訂本，〈重編國語辭典〉收了些較通俗的，如戲曲小說的辭彙，但很有限。三民書局的〈大辭典〉、名揚出版社的〈名揚百科大辭典〉也都新意不多。文化大學的〈中文大辭典〉是較大的一部，大致以日本諸橋轍次的〈大漢和辭典〉作藍本，有些增刪改寫。楊家駱先生致力於編〈中華大辭典〉，印了樣本，〈釋且〉。據說楊先生生前每天就若干稿子，經校訂後給日本人排。我曾在楊先生家裡看過早年的草稿，每字一袋以至若干袋，積稿堆滿兩個房間，聽說還有些租了堆棧存放。楊先生已故，他的藏書和稿子都送給某學術機構，今日這些稿子情況如何？不得而知。

類似辭典的還有臺灣師大國文系編的〈詞林韻藻〉和〈曲海韻珠〉，這兩部書是仿照〈詩韻集成〉編成的。雖然不怎麼起眼，不過反映了中文系所對古典詩詞教學的重視，有一些成就，不但能讀，而且也能寫。像臺灣師大和政大的學生受汪經昌和盧元駿先生的教導，他們還都能唱以至於演。不過，慢慢的學生們沒興趣了，也漸漸的冷落了。

我曾聽姚夢谷先生說過：當今吟唱詩詞，推劉太希、王壯爲兩先生。我曾建議幾所大學中文系所，能請他們吟唱，加以錄音、錄影，人微言輕，徒呼負負。老成凋謝，漸成絕響。也有些錄音帶之類的商品，不曾聽過，無從置評。

三、書　目

最早重視書目的是中央圖書館的故館長蔣慰堂老師，先後請昌瑞卿先生編〈國立中央圖書館善本書目、宋本圖錄、金元本圖錄〉。明本太多，昌瑞卿先生曾經選了一些，後來善本書從臺中霧峰搬到臺北，事情太多，雖選了書目，未能完成。屈翼鵬老師當館長時，編了〈臺灣公藏善本書聯合目錄、臺灣公藏普通本線裝書聯合目錄〉，並各編了書名和撰者綜合索引。這兩種書目編印後，不論在臺灣或外國的學界，容易知道臺灣有那些書，方便他們利用這些資料，對漢學研究有很大的幫助。而且有附帶影響，美國和日本的漢學家在利用善本書目總還是不足，〈明人傳記資料索引〉就是在這種需要之下編成的。這兩套聯合目錄編出後，外國人也就據以大量申請攝製善本書微捲。

中央圖書館編印了〈中國歷代藝文總志〉，不但遍收各種史志、志補、補志之外，還參考若干重要的書目，遇有異同，並加考注。無論收書範圍和體例，都遠勝於鄭樵的〈通志藝文略〉。希望能再編人名索引，就更方便了。

昌先生又自撰〈說郛考〉，且對〈說郛〉的一千多個子目，都有考評。

叢書方面有莊芳榮編的〈叢書總目續編〉。以臺灣地區新編印的叢書爲主。

鄭良樹編有〈續僞書通考〉。以近幾十年的論著爲主，附有正續編對照索引。

其他値得稱道的也有幾部，今按經史子集來說：

㈠經部

漢學研究中心印的有吳政上編〈經義考索引〉。林慶彰編〈經學研究論著目錄〉及〈續編〉；而其所編之〈日本研究經學論著目錄〉，則由中央研究院文哲所籌備處印行。

㈡史部

臺灣銀行經濟研究室編印的〈臺灣文獻叢刊〉，先後出了三〇九種五九五冊。也寫些序跋，主要是周憲文和吳幅員先生寫的。這些序跋曾編印爲〈臺灣文獻叢刊序跋目錄〉單行本。這套〈臺灣文獻叢刊〉陸續刊行，對研究臺灣史，很是方便。這部叢刊裡，除了通行的單行本外，有些未曾刊行的抄本，以至稿本。還有些是從大部頭史書裡，如從〈明實錄、清實錄、耆獻類徵〉等抄輯出來的。周憲文先生很花了些心血，蒐尋彙集印出。

在族譜方面，聯合報國學文獻館從美國國會圖書館、日本京都大學圖書館以及美國鹽湖城摩門教等三個地方蒐藏的族譜。有些是微捲，有些據以做成影印本，還有近幾十年臺灣新編印的族譜。可以說是目前世上蒐藏中國族譜最多的地方，每年在中日韓三國輪流舉行研討會，並編印論文集。該館編有〈國學文獻館現藏族譜資料目錄〉。這些族譜，加上若干相關的圖書，該館有專人管理，常年提供各界人士閱覽，可惜大家多不太注意。

近年社會多元化，陸續成立了若干專門性的陳列館、圖書館，由私人經營，面對社會大衆開放。有些機構，也編有書目，以至圖錄。

㈢子部

最重要的是嚴靈峰先生的各種無求備齋子書集成。嚴先生致力於蒐集子書，有些寄存在國立中央圖書館（其中約兩萬冊已於八十五年贈送該館）。他編印多種書目，印成〈周秦漢魏諸子知見書目〉，又據這些書目編印成叢書，如：〈論語、孟子、老子、列子、莊子、墨子、韓非子〉等無求備齋子書集成，書目和資料整理、編印互相配合。

(四)佛藏目錄

蔡運辰先生主編了一部〈三十三種藏經目錄表初稿〉，後來去了幾種，成爲〈二十五種藏經目錄對照考釋〉，印成一大本，採列表對照方式。把書目表格化，是很成功的一種設計，查起來非常方便。萬種經律論，那一部書收在某些藏經，分別記明其千字文編號。前後並有說明，無異是古今中外大藏和藏經目錄的簡論。這部書目主要由輔仁大學圖書館系畢業的一位女生助編，功德無量，很是難得。

(五)集部

集部和子部比起來，可取的並不很多。王民信先生編的〈中國歷代詩文別集聯合目錄〉，除廣收古今中外重要書目的別集之外，還將若干總集別裁入目，黃彰健先生主持〈明實錄〉的校勘、編印。爲了便於參考，鈔了不少明代文集的篇目。很希望能有機會印出來，並編成分類索引。這樣，便可與嚴可均的〈全上古三代秦漢三國六朝文、全唐文〉的目錄，〈元人文集分類索引、清代文集篇目分類索引〉，大致聯成一系。最好篇目和分類索引能夠並行，以便利用的人各取所需。

四、索　引

索引編得並不多，鄭恒雄先生編有〈漢學索引總目〉，所收範圍稍寬。古籍索引，傳記最多。如前面所提的〈明人傳記資料索引〉，是以明人文集裡的傳記資料爲主，加上若干傳記書，比哈佛燕京學社的〈八十九種明代傳記綜合引得〉要多得多。昌瑞卿先生又和王德毅先生等編印〈宋人傳記資料索引〉，王先生又編印〈元人傳記資料索引〉，都兼採傳記與文集。王先生又另編〈明人傳記資料索引〉，更採及方志，因資料太多，至今還沒能印出來。周駿富先生編印了明清兩套傳記叢書，並爲每套叢書各編了索引三大冊，這些索引可從傳主姓名和字號來查，是很方便。楊家駱先生印了〈古今圖書集成〉，他本來要寫一大本總論，可惜一直沒有能寫出來，後來編了〈古今圖書集成〉裡邊的傳記索引。〈古今圖書集成〉多採史傳，但同一個人在不同一個部類出現，引用的資料也就不同。尤其明代，當時〈明史〉還沒修好，就用〈明外史〉，今〈明外史〉不傳，可是〈明外史〉裡的傳記在〈古今圖書集成〉裡很收了一些。利用〈古今圖書集成〉時，不是那麼方便，可是有這麼一部傳記索引，就方便得多。臺灣商務印書館影印文淵閣〈四庫全書〉，也編印〈四庫全書傳記資料索引〉出版。

在中國的傳記資料裡頭，最多的是方志。方志除了收本地方人外，還收一般在當地作過官或在此流寓，以至游歷的外地人的傳記也不少，要查起來也不是那麼容易方便。中央研究院史語所王寶先先生生前曾就該所傳斯年圖書館收藏的方志裡的人名抄錄成卡片，未完成而王先生就過世了。

陳鐵凡先生以家庭作業方式，編成〈宋元明清四朝學案人名索引〉，細到附見諸人，那怕只有一兩行文字，也都編入。

至於其他的索引，如聯經出版公司影印楊守敬的〈歷代輿地沿革圖〉，我在先父教導之下曾編了地名索引。該公司所印的，是從禹貢到清，均予收錄，綜合編排的。如果只要研究某一朝代的地理，查起來也不是那麼方便。在編排時，先是一個朝代一個朝代編的，對研究斷代的文史工作者，方便多了。可是該公司祇肯印行彙總成的通代索引。因個人財力有限，未能如願印行，希望有機會還是把他印出來。在這些斷代中，幾個大一統的朝代特別重要，如：漢、唐在文學方面的成就很高，把幾個重要的朝代先印出來，對研討史學文學，以至社會科學的人，都會有用。

成文出版社翻印〈哈佛燕京學社引得叢刊〉，以及中法漢學研究所的〈通檢叢刊〉之外，也編了幾種專書引得。楊家駱先生爲鼎文書局編印〈歷代詩史長編〉收書二十四種，編有人名索引。現在電腦排序方便，中研院利用電腦編了〈二十五史、十通、全宋詞〉等檢索系統。〈全唐詩〉也有民間機構編的索引。臺灣商務印書館則印了一些先秦兩漢古籍逐字索引，如〈韓詩外傳逐字索引、禮記逐字索引〉等數十種。

綜合性的論文索引，規模最大的是張錦郎先生編的〈中國近二十年文史哲論文分類索引〉，後來編〈中國文化研究論文目錄〉，下限到民國七十年。這些索引雖說是綜合性的，但古籍佔的比例很高。若干專科論文索引，多以其中一部分爲藍本，再加些增訂資料。中央圖書館編的〈中華民國期刊論文索引〉範圍較廣，且有月刊、季刊，每年有彙編本。今日拜科技之便，已全部錄製光碟，查檢方便。臺灣學生書局的〈書目季刊〉有一段時期刊有人文學科文史哲方面的學人著述目錄。

五、資料整理

索引、書目和資料整理的關係很密切。談到古籍資料蒐集整理的工作，大陸方面近年做得很多，如一部書、某一類、某一作家的資料彙編，像〈杜甫資料彙編、白居易資料彙編、紅樓夢資料彙編〉等。相對的，臺灣在這方面就做得較少，最早的可說是葉嘉瑩先生的〈杜甫秋興八首集說〉。那時中央圖書館的善本書存在臺中霧峰鄉下，利用起來很是不方便，當時大家多很窮，很少人會做這方面專門的研討。葉先生此書實是著作，也可作爲資料整理的典範。前些年她又利用大陸收的杜集加以增訂。

前面談到的〈臺灣文獻叢刊〉也是資料的整理彙編。大陸方面也有，如從〈明實錄〉中輯錄經濟史料、藏族史料等，固然做得很多，臺灣方面也做得很早，且有些成就和影響。在史料整理方面，中央研究院史語所有〈二十五史邊疆民族史料〉，是從正史裡抄出，本也要編索引，然未見到。這類工作韓國人也做過，他們從〈二十五史〉中抄出有關韓國的史料，有三大冊。臺灣地區編印明清以來史料，以文海出版社出的最多，可惜沒有完善的計劃，也沒有什麼範圍，老實說起來，是出版社爲迎合當時美國人和日本人的需要，他們特別重視明清和近代歷史的研討。趙鐵寒先生編有宋代的史料彙編，至於其他的朝代，相對的就比不上了。

臺灣印行的古籍，以史部最多，其中方志又佔了大宗，成文出版社最多，臺灣學生書局、華文書局、廣文書局等也有不少。其他的出版社，也印了一些。還有各地旅臺同鄉會，每編印了一些各該地的方志。有的把古今所修的方志彙成一編。綜合這些大批的和零星的方志，當超過千種。

在子部方面，前面談到的無求備齋子書集成的貢獻最大，所收多係嚴先生所藏，並補充了一些公私藏書。新文豐出版社則印行了中日韓刊行的多種〈大藏經〉，並編印了若干工具書。

集部裡特別要提的是〈百種詩話類編〉和〈詞話類編〉。前者是臺靜農先生主持，由臺灣大學中文所研究生編成的。〈百種詩話類編〉和一般的資料彙編不同，一般的資料彙編是就多種資料選粹彙編而成，而〈百種詩話類編〉是將一〇一種詩話，連序跋都抄出，將每條就其內容分門別類編成的。這種方式可說是採丁福保編〈說文解字詁林〉的方式編的類書，雖不能說是創新，但也可以說是開闢整理古籍資料的一個方向、一條路。王國昭先生仿〈百種詩話類編〉的條例，編了〈詞話類編〉，待印。採舊本〈詞話叢編〉而增益了〈蕙風詞話〉。

相對的經部好像就要弱一些，但也未必，編〈百種詩話類編〉的同時，屈翼鵬老師也主持編清代的筆記，將有關經學方面的資料抄出，依經文順序排出，編成後，屈先生不滿意，希望能有人整理，可惜沒能問世，而屈先生已謝世。

在小學方面，有李孝定先生的〈甲骨文字集釋〉和周法高先生的〈金文詁林〉，都是採用丁福保〈說文解字詁林〉的方式，也收了不少近年的單篇論文。

六、圖像

前面談到的〈歷代輿地沿革圖〉是其中之一，在這方面，大陸譚其驤先生主編的〈中國歷史地圖集〉固然新而精，比楊守敬編的〈歷代輿地沿革圖〉精確得多。楊氏採舊的測繪方式，有些繁華的地方，地名太多，擠不下，不知利用局部放大，另繪詳圖的方式。其〈大清一統圖〉，在三十六冊中，並不是利用同一組版，有些葉前後有些差異，當是先印的有誤，後來印的補正了，前面的就未改，先後印本便不一致。楊氏自己便發現了一些問題。楊氏圖集欠精而較詳，仍值得注意。圖集和索引，大多給日本人買去了，頗值深省。

臺灣在這一方面還有一些，如程旨雲老師有〈左傳地名圖考〉並附索引。王恢先生本在香港新亞書院，後到文化大學教授歷史地理，也有些沿革地理的著作，不過說不上是工具書。

在地圖方面，多是中學生用的，稱得上工具書的不多，民國四十四年文化大學程光裕、徐聖謨兩先生編〈中國歷史地圖集〉，由中華文化出版事業出版，民國六十九年出版〈中國歷史地圖〉古今二色印本，並附古今地名索引，文化大學出版。在〈臺灣史料叢刊〉中，收有〈臺灣府輿圖纂要、臺灣地輿全圖、臺郡建築圖說〉等，還有一些其他方面的圖像，如建築圖、人像圖等都是很有價值。

國學文獻館的族譜裡也有些圖像及族規，族規已選印若干，如能將圖像選編出，可印成圖像集子，遠比〈三才圖繪〉等有價值。從前人繪圖像，很多是後人憑空想像畫出，不眞，可是族譜裡的人像，總較有根據，應是較可靠。〈國立中央圖書館善本書目〉對這方面特別留意，除了圖以外，如有像也都加標明。

七、結　語

臺灣在古籍整理或古籍工具書編製方面，可提出幾個方向來檢討。

㈠缺乏長遠的計畫

在古籍整理方面，張曉峯先生是最注重的，也有心願做，可是他想做的事太多，而且當時政府和社會都窮，所以成果也就有限。每當一個計劃做好之後，便缺少了後續的工作。像〈臺灣公藏善本書聯合目錄〉編成後，屈先生計劃把民國三十八年以前出版的古籍舊書，也能編成一個聯合目錄，可惜沒能開始，這些事都缺少後續工作。最主要的原因是沒有一個較大力量的支持。政府方面，更沒有這方面的認識，像張先生不當教育部長，人去政息。周憲文先生主編〈臺灣史料叢刊〉，就被議會罵爲不務正業。不像大陸對整理古籍，列爲連續的五年計劃，由國務院的副總理主持，有很大的力量在推動主持古籍的整理工作，在人力、財力、物力方面的調度要方便多了，而且有持續的計劃，能夠作較大的工作。在臺灣方面，除了張曉峯、蔣慰堂、屈翼鵬、昌瑞卿諸位先生因在公家機構，在財力、物力、人力上還有能力支應，較有成績。在私人方面，楊家駱、嚴靈峰、王德毅諸先生都有一些成績。

㈡輕忽工具書

編工具書不能當做著作，故不能做學位論文，不能當升等論文，即使申請獎助金也受到限制。如國科會有年度限制，主持人負的責任大，如編不好不打緊，要是參與的人拿了錢不編或交不出稿，或是敷衍了事，主持人就沒辦法交待，所以申請者也就不多。交的稿子，有些太亂太爛，不堪收拾，也只是浪費民脂民膏。

不過有些事情會因有市場導向，而可以做此事情。像明清史料的編印，就主要是市場的導向。民國四、五十年間，〈中央圖書館善本書目〉等陸續編印問世，臺灣成了國際找漢學資料的中心，很多書都可能有銷路，像〈杜詩叢刊、書目叢編〉等，這些都是比較窄門，也比較冷門。並不是每種書美國、日本都有興趣。當市場打開了，民間有這種需要，慢慢的也就有人編印，大學或研究所也需要這些書。固然這些工具書不能當作學術著作，可是像莊芳榮的〈叢書總目續編〉在前面有總論，倒也可以。另外有些做古書的引書考，就等於像是一部古籍引用書錄一樣。像〈周禮、禮記正義引書考〉、〈太平廣記引書考〉等。其中規模最大的要算劉兆祐先生的〈宋史藝文志史部佚籍考〉本是博士論文，光是史部佚籍便有千餘多種，要考好實在不容易，可是劉先生一再的下功夫，甚至到四考、五考，其成績也不下於姚振宗的各史藝文志考證。大陸上陳樂素先生也做〈宋史藝文志考證〉，不知結果如何？

以上所談的是限制，除此之外，也產生一些收穫。

(一)培養人才

古籍整理可以培養人才。在整理時，需要很多人手，開頭總要一兩人領導新手、研究生。事實上從事古籍整理或編工具書，可說是爲人作嫁，而這些工作比那些只看幾本書便寫篇論文就獲得學位，要得到更嚴格且深入的訓練。

㈡配合教學

有良好的工具書可和教育互相配合。〈明代傳記資料索引〉的編成，是受當時美國研究明史的影響。研究宋代的風氣，可說是臺灣自己開發出來。是方杰人、姚從吾諸先生研究宋、遼、金、元各史的結果。他們把研究宋史的風氣打開，編了些宋代的史料，在大學裡培育了一些研究宋史的研究生，他們畢業後，仍朝這方面繼續研究。文化大學的宋旭軒先生等主持的宋史座談會，沒有任何外援，延續了三十多年，編有〈宋史研究論文集〉，已出了近三十本。宋先生自己則編印了〈宋史研究資料目錄〉，而且影響所及，漢代、唐代、明代，都有人編印類似的目錄。我想後來編〈宋人傳記資料索引〉跟這種風氣有些關係。宋代資料有限，也能有這般成就，就是跟教學有關。後來明清資料也才能打開市場。但有些也不一定是如此。如在人文學科方面，中文系所要比歷史系所多得多，師生自然較多，可是在文學方面的工具書和歷史方面比起來就少得不成比例，可見這當中也就並不一定有必然的關係。

㈢拓展出版事業

編出來的書要出版，和量方面的擴大範圍。在提高出版業的地位、形象也有幫助。

（兩岸古籍左籍研討會單篇論文　八十五年四月）

四月間，大陸的全國高校整理古籍研究及工作委員會秘書處邀約前年的原班人馬，再開第二次研討會。我因先慈和胞妹，先後為暴政殺害，不願引起傷感。而且相去僅兩年，再開會的誘因也不強，所以沒有去。這次與會的人，都得到江蘇古籍出版社一部彙編的論文集，我不去就沒有了。論文集我翻了一下，發現我的這一篇已有些改動，頗感到啼笑皆非。因藉編印〈自選集〉的機緣收入，略加訂正，表出本尊的真面目。

八十七年七月十四日子夜看世界盃足球賽重播

書評漫談

一、前言

五、六年前，一家大衆傳播機構要開一爿書店，籌辦人下問於筆者，說老闆願以鉅額資金，不求營利，祇希望對發展學術、宏揚文化能有些貢獻。希望我能提出一點構想。

當時我笑笑說：這種高調聽得多了。俗語說得好，殺頭的生意有人做，賠本生意沒人做。對學術文化的投資，數額之鉅，不是某老闆所想三兩千萬就能濟事的，因爲政府和若干財團法人，每年投資都以億計，然成果還是有限。而這種投資，對國家社會固有深遠的利益，對個人則很不易收回成本。就是求名，也往往要到十年八年以後才可望見效。做生意就是將本求利，賺得多了，再以盈利去發展社會福利事業，根基才能深厚。近世從事出版業而對學術文化貢獻最大，影響最深遠的，當推商務印書館。可是當初他們創業，不像後來好以「文化」等高調，而老實以商務爲名。先求營業發達，有了相當盈利，再設立編譯所，培植出的人才，比若干學術研究機構還多。設立涵芬樓和東方圖書館，把收藏的古今圖書公開於民衆。所以凡是讀中文書的人，想研究或祇是涉及中國學術文化的人，未有不曾讀過商務出版的書的。

我當時覺得眞想對學術文化能有些貢獻，倒是有一條捷徑，既能立竿見影，而且所費不多，有幾十萬元新台幣也就可以見效了。——便是利用傳播工具刊載書評，不過一定要是眞正的書評。當時很博得對方的贊同，且有立即付之施行的表示。可是後來這家書店生意做得是財源滾滾，卻看不出比別家書店的學術文化氣息會多到那裡去。書評的事至今沒有下文，這一結果雖在筆者意料之中，祇是仍覺悵然。

筆者也曾提筆寫寫書評，可是另有正業，祇能興之所至，偶爾客串一下。而寫眞正的書評需要相當的專業化，寫著玩是寫不好的。目前想把書評專業化，自是奢談，但玩票的多了，多少也還能發生些作用。因把十多年來個人對書評的淺見，批露於此，以就正於方家。倘能拋磚引玉，更所企盼。

二、目前的書評

好像有人說過，我們沒有眞正的書評，這話不免說得過火，然而也是有感而發的。好的書評不能說而沒有，然太少了，和不實的書評不成比例，則是眞的。〈書評書目〉每期都有批評索引，總在百篇左右，而且還不能算是完備。可是看看這些書評，不是肉麻當有趣，捧得上了三十三天；便是批評得一無是處，好像該把作者打入十八層地獄。這種說法也許太極端，比較有點書評味道的，也祇像是蜻蜓點水似的，沾上一點而已。眞正的書評不能說沒有，而是太難得一見，譬如梁容若先生便寫了不少篇很有分量的書評，只是和出版品的數量作一比較，實在太不成比例了。

三、缺少書評的原因

缺少書評，最主要的是值得寫書評的著作太少了。大約二十年前，一位外國學者，說臺灣是文化沙漠，這話有些人聽了很不舒服，可是也無法提出有力的反駁。因爲當時臺灣地區學術性的著作很是貧乏，夠得上國際水準的幾乎找不出來。所以國際性的學術刊物，看不到就臺灣地區出版的論著寫的書評。當時我們自認學術的著作，固然得不到好的評價，就連壞的，也壞不到值得一評的程度。近二十年經過學術文化界辛勤的耕耘，不斷的努力，已有了顯著的成效。不過對學術文化的投資，是長期的，到目前爲止，夠水準的著述已有了一些，但值得寫書評的，還是不可多見。

再則臺灣地狹人稠，同行的多是常見面的朋友；即使素不相識，也很容易碰到面。而能做到聞善言則拜的人太少，聞過則怒的卻比比皆是。爲了不得罪人，於是儘可能避免寫書評，逼不得已，也祇是浮光掠影的寫幾句照例捧場的話。這樣相習成風之後，即使有人想得到一些眞正的批評，也沒有人肯寫了。至於彼此有點過意不去的，又往往惡言相向，如果對方答辯了，則形成一場筆墨官司，愈寫愈刻薄，終於祇有人身攻擊，把本來要評的書拋到九霄雲外去了。而這兩種不良的書評，都千方百計想辦法刊布出來，而且又很好寫。形成「劣幣驅逐良幣」，眞正的書評便愈不得而一見了。

第三個因素是寫篇好的書評，很不容易。先得對所要評的論著內容有深刻且普遍的瞭解，否則讀都讀不懂，或是讀來都很吃力，又如何能評得好。再要對所評的書有興趣，否則瞭解是瞭解了，無奈沒有興趣，連讀起來都感到勉強，又如何肯細細咀嚼再加以批評呢？三則要有些閒工夫，把書評寫得好，最要緊的是費心血，如今忙的人多，不管忙的甚麼，那怕是搓麻將。閒著沒事的人少，自然產生不出好的書評。

第四個因素則是稿酬太低：目前的稿酬，對一般稿件來說，已嫌偏低，書評難寫，卻並不能得到另眼看待。所以本來想寫好書評的人，衡量一下，不如改寫其他的稿件，或是寫些無關痛養的書評算了。

四、如何能產生好的書評

上節是就目前評書的環境做一檢討，要想建立良好的書評制度，自應針對缺失，加以改進。筆者認爲應在文化復興委員會、圖書館學會、著作權人協會，或是某些財團法人，大規模的出版事業機構，成立一書評委員會，運用集體的力量，去寫好書評。若干大部頭的專門著述，不是一兩個人所能批評得了的，對於這些出版品，外國都是合衆人之力去寫書評的。即使一個人所寫的書評，爲了不願開罪原作者，也不妨由委員會審查通過，不必具名，而由委員會負責發表。其實要得人不知，除非己莫爲。稍過若干時日，大家也會知道是誰評誰的。不過有這段緩衝時間，可以避免雙方一時衝動所引起的不必要的誤會，而且是非自有公論，也可以化解一些歧見。等好書評寫得多了，大家有了接受批評的雅量，也就不以爲怪了，甚至還希望有人能寫眞正的書評。

第二要提高書評的報酬。筆者的淺見，眞肯下工夫寫書評的人，除對原著要讀上三數遍外，有時還要參考若干資料，徵詢同道的意見，寫出來也許祇有幾千字。所以應就他所費的工夫，以至他必須用的助手，從優計酬。重酬之下，必有人響應。這樣對整個社會來說，投資報酬率會是很高的。如今很多財團法人很有興趣從事公益事業，不妨試一試。

政府的文教學術機構，或有關的民衆團體，不妨設一些獎勵辦法，以鼓吹寫好的書評，精神的和物質的兼具，也是值得一試的。有較高而合理的報酬，才能得到夠水準的書評。

五、怎樣寫好書評

寫書評應具的條件已如上節所述。最好是就日常所下過工夫細讀的書，加以評騭。如果爲了寫書評才去讀的話，我覺得至少應讀三遍。第一遍看全書主旨是否正確，結構是否嚴謹，取材是否齊備。各篇章間照應是否周密。第二遍則應就重要篇章細加品評。第三遍則注意前兩次所疏略的，一些細微末節的地方，以至文字是否流暢，引用文字是否忠於原文等。這祇是做一概略說明，實際上當然不必如此分法。

把可評的地方搜集齊備，需要查閱的有關的資料，也找書參照。再排比整理，然後可以動筆去寫。寫成初稿，自己應多次推敲潤色，最好放置一段時期，取出再看。也可分請他人，加以指正。因爲既是批評他人，最好少留些給對方或第三者反批評的破綻。所評的書，如有瑕疵，固不必加以隱諱，可是語氣要力求委婉，能傷害或刺激原著者的語句，更要儘量避免。至於原著的優點，不要忘記加以表揚，對著者是鼓勵，對讀者也是啓示。隱惡揚善，溫柔敦厚，是先哲訓勉我們立身處世的原則，用來寫書評，也在避免不必要的糾紛，而加強其效果。

至於撰寫書評的技術方面，事涉瑣細，筆者打算另寫一篇文字去討論。

六、評那些書

當然是要有價值的。所謂有無價值，有主觀的和客觀的分別，最好是就客觀的立場決定取捨，可是做到這一點很困難，事實上極難避免主觀的成見。那麼可以參考這部書的影響爲何？影響所及的人數、程度、時間或地域等。今就近年文史方面的論述，值得寫書評的，舉出一些例子，筆者自認爲很客觀，仍免不了主觀的成見。也就是說，下面所列的，也許未必都值得評，至於值得評而未列舉的，自然更多了。用意在於舉例說明筆者看法。

㈠著作

錢穆（恕略敬稱）：〈朱子新學案〉。

薩孟武：〈中國社會政治史〉。

王恢：〈中國歷史地理〉中。（學生書局印行的上下二冊。至於世界書局所印的雖在先，然僅是論文集，書名則相同。）

黎東方：〈細說明朝、細說三國〉（黎氏細述各朝還多，似以這兩朝最見工夫。）

黃慶萱：〈修辭學〉。

黃永武：〈中國詩學〉。

上列各書，都是費過一番工夫搜集材料，不是採用「編著」、譯述或是剪輯成書的。且有自己的見解，姑不論這些見解是否正確或成熟。

㈡**編纂**

臺灣大學：〈百種詩話類編〉。

昌彼得等：〈宋人傳記資料索引〉。

嚴靈峯：〈先秦漢魏諸子知見傳本書目〉。

又〈無求備齋周易、論語、老子、墨子等集成〉（昔年商務印書館輯印〈四部叢刊〉，中日學者輒加評論。嚴先生所輯經子叢書，訪書條件，似不如當年的涵芬樓。而今能有這一成就，已屬不易。不妨撇開客觀的環境，主觀的加以批評。至於〈書目類編〉，聽說也出於嚴先生之手。似多未見坊間重印者，自另當別論。）

㈢**校注**

黃福鑾：〈四史索引〉（不同於〈哈佛燕京學社引得叢刊〉所編的，爲編索引導入一新境界。）

新校斷句的〈廿五史、通鑑〉等。（筆者認爲〈通鑑〉最精，友人王民信兄認爲〈遼史〉不盡據底本，而改易處也未明何所據。）

楊　勇：〈世說新語，陶淵明集，孟子〉等箋校。（功力不減清儒，而所用的材料方面則是近代的，精密得多。）

㈣期刊

〈傳記文學、綜合月刊，婦女雜誌〉等。（未必編得好，影響則不小。）

七、為什麼要寫書評

這一理由本不待辭費。筆者覺得此時此地更有特別的需要。

我們對學術文化的投資，比起經濟、交通等建設，並不算多，可是就整個社會的負擔來說，已不算少了。可是成就總覺有限。若干居於領導地位的學術機構，望重士林的學術泰斗，且不必看他發表的論著的內容，僅從題目看，便像是大學生的習作。有些題目很像回事了，拜讀一過，或感似曾相識，細加索校，竟是「無一字無來歷」，要清除這些混在珍珠中的魚目，行政力量是有限的，最有效的辦法便是建立公正不阿的書評制度，樹立一個客觀而可信的衡量標準。這樣學術才有進步，文化才能復興。

如今才開始去建立公正的書評制度，實在已爲時稍晚，然凡事總要有個起步。現在做，一兩年內便可見效。蹉跎不做，徒然增加來日的悔恨。

八、結語

拉雜寫來，實在太瑣細，可是寫過書評的作者，亟盼一讀眞正書評的讀者，以至想從書評中得到批評的原著者，當可鑑諒筆者的這番苦心。

〈出版與研究〉在一年前創刊，筆者立即贊助訂閱兩年，當時訂閱單還未印好。可是一年來，卻不能算是忠實的讀者，每期收到後，略加翻閱，就束之高閣。原因是對出版與研究，淺略的介紹多，有深度的批評少。今値創刊週年，革新版面，希望在內容上也能煥然一新，因找出有關撰寫書評的淺見，作爲對〈出版與研究〉的獻禮。至於寫好書評，還待群策群力，發揮團隊精神，才能收到此效果。

（〈出版與研究〉第二九期，六十八年九月、八十七年四月廿六日校訂）

附錄：

這次六位同道來臺訪問座談，在圖書資訊界，實有其歷史意義。也許是第一次，我覺得做主人的未能妥爲安排。譬如若干資料性，概況性的介紹、報告，應先加整理，提供書面資料。那麼這幾天寶貴的時間，便可用於較深入的討論問題，廣泛的交換意見。又如各位不僅是專家，也是通人。可是主人並未能找到些對口的人，我感到各位有些有力無處使。接待單位很多，而事先未能協調，俾能對各項問題，能分別做全面性的研討，而避免有些瑣細或不著邊際的問題，見小遺大，甚至重覆提出。其實這也是兩岸，以致對外國交流的通象，以後恐怕也難免如此。

而我因個性、見解，不爲流俗所認同，所以不曾參加圖書館學會之類的社團，所以成爲沒有單位的「個體戶」，對這些地方，有心無力。像我這樣的人也還有一些。不過會省些做秀（Show）的工夫，潛心典籍，神交古人。

我很希望能在臺灣推動寫些眞正的書評，這篇舊作所述，十多年來，情況已略有改變，不過多少可提供此間書評的情形，敬請　不吝賜教，最近打算再寫續談，發表後再行寄上。

喬衍琯　癸酉春分時寓新店

八十一年四月間，北京大學圖書館長莊守經教授、圖書信息系主任周文駿教授、中國科學院圖書館長史鑑教授、華東師範大學陳譽教授、武漢大學情報信息學院斐秉章教授、南開大學圖書分館王振鳴教授六位來臺訪問。在事前我毫無所悉，他們訪問政大時，才偶然知道，在座談會中提出培育板本鑑定人才之急迫性，頗引起共鳴，此後幾天多次找機會晤談，意氣相投。所以事後有這封信，因附於此。

八十七年七月十四日

辭海、名揚大辭典的比較

前言

在下一生與書爲伍，讀書、教書、編書、寫書，以至管理書、出版書、經營書。不論那一階段，都缺少不了字典、辭典。用得多了，對各種字典和辭典的特色，編得好壞，總知道一些。不過字典和辭典太多了，而辭典又多具有字典的功用，所以便略去字典。辭典仍不少，專科的辭典，用途偏於某一專門領域，也且不論。而普通辭典中，最常用的，計有〈辭源、辭海、中文大辭典、國語辭典〉等，卻也不易用不太長的篇幅便能品其高下。

最近〈名揚百科大辭典〉問世，廣告打出「我們尊重〈辭海〉，卻不得不超越它！」編印〈辭海〉的中華書局，則認爲名揚涉嫌抄襲〈辭海〉，因而推出〈辭海續編〉，並且把正編的售價，由每部一千六百元降爲一千五百元，還附贈續編。又打算對名揚提出侵害著作權的訴訟。一時報章紛紛報導，成爲很罕見的以圖書爲主題的熱門新聞。

對於解決糾紛，不外情理法三途。論法是當事人、律師和法院的事。法律的條文是死的，運用起來卻很玄。同樣的案子，同一個律師，受理原告或被告的委託，都可以爲他（也許是酬勞）找出道理。最後當然由法官判決，可是初審到三審，青天大老爺的判法未必完全一致，卻都是依法判定的。法律是非常專門的玩意，一般人僅可對〈六法全書〉的字都認識，卻未必明白，明白了又未必會運用。不然大學法律系，以至研究所畢業的學生，卻不一定有幾人能考上司法官或律師，考上了還得受訓，再熬年資，慢慢爬升。所以說到法，在下不能贊一詞。

再說情，也許因年事已高的關係，而目前社會，再青年才俊的天才，除了故宮博物院的古董外，沾上老字，便完了，久已有「他生未卜此生休」的感受，不過一息尚存，卻也不能不混下去，因而對用了幾十年〈辭海〉，總有一股老朋友的感情。至於「超越」〈辭海〉，不但可能，而且是應該的。因爲〈辭海〉問世已近五十年，最新增訂本，也有四年了，以〈辭海〉，再加上〈辭源、中文大辭典〉爲基礎，編得好些豈不是應該的，如果編得連〈辭海〉還不如，那這部辭典實在可以不必編印了。長江後浪推前浪，被人推下，自然不好受。可是如果老而不長進，也祇好認了。不過即使眞的超越了，也大可不必急於自己向臉上貼金，稍稍謙虛些，留待別人講出，豈不更好。萬一沒有好管閒事的人，也不妨用個假名、別名寫出，也多少保存一點古老的美德。當然這話，不易進到青年才俊的耳朵中去。

超越〈辭海〉，固然應該，卻也不容易。因爲〈辭海〉的編成，在北伐成功到抗戰前這一時期，正是民國成立後的黃金時期，所投入的人力、物力、財力，至今都不易超越。而和〈辭海〉的內容很相近的〈辭源〉，雖然成書比〈辭海〉早了二十多年，後來又不時增訂，卻始終未能超越也屢經修訂的〈辭海〉。便因爲〈辭海〉的根基打得好，可以風光五十年。其間想超越〈辭海〉的辭書不是沒有，而是百足之蟲，死而不僵，何況〈辭海〉還沒有死。以今天的條件，譬如銷路有限，便不可能投資太大，想趕上〈辭海〉，已不容易，何況是超越。要是沒有能超越，而光說是超越，未免不合理。

而名揚的辭典，篇首序文明說：「這部辭典每一名詞均由專人撰寫，不是剪貼，不是『抄襲』，所以在編輯過程中具有近於創作之意味。」結果卻有百分之一強（六百條以上）採自〈辭海〉，實在無以自圓其說。其實抄〈辭海〉的辭書，不從名揚開始。〈名揚辭典〉的編序之一說：「現有之中文辭典，以〈辭源〉及〈辭海〉最爲完備，坊間之種種辭典，多爲其節本或簡本。」固是實情，就連日人諸橋轍次所編的〈大漢和辭典〉，也有不少條目的注釋，逕引〈辭海〉如何解釋。日本對版權的保護，比我國周密，打起官司也方便得多。可是未見中華書局興訟。我想原因有三：一、諸橋明說引用。二、大漢和辭典至少在規模上超越〈辭海〉三、四倍，卻從不強調超越〈辭海〉。三、最重要的是，引用有節制，構不成抄襲。抄襲〈辭海〉，而說要超越〈辭海〉，縱使不是理虧，至少理不直。

對於名揚和〈辭海〉間的是非曲直，不是本文重心所在，祇說到這裏，不想多湊熱鬧。而想就這兩部辭書做例子，來討論辭書的異同得失。

一、怎樣算抄襲

〈名揚辭典〉在總審定的序文中既自許爲「近於創作」，卻也承認：「凡是辭典，可以說都是屬於述而不作的性質。但是述也不易，取舍之間要有選擇。編辭典不能不取法前修，參考舊製，但是何者宜舍，何者宜留，其間須有斟酌。」筆者認爲「編」辭典固不易，「抄」辭典，也可以看出程度高下。

名揚的「七十二烈士」條，全抄〈辭海〉。然〈辭海〉所述，也僅是把這一盡人皆知的史實，用簡要的文字寫出，既沒有什麼特有材料，也未另加考訂。任何人編同樣規模的辭典，都祇好這樣寫。如果爲了避免雷同，也祇有改變幾個字，卻說不上是格調如何。

是否抄襲，從內容正確的條目，很難確定，因爲誰都祇能這麼寫。比較可靠的方法，是就內容有錯誤的條目去比較。〈名揚大辭典〉現僅印出上冊，且還未查用過，僅就〈辭海〉中舉一條爲例。最新增訂本第五二三頁「八千卷樓」條：「洪楊之役，室家遭毀，僅存〈周易本義〉一書。時文瀾閣書橫棄道側，丙乃收而藏之，詒閣依類編排，其有亡缺者，廣求遠索，歷三十年，得書萬種，乃刊〈武林往哲遺著〉等書。」

〈四庫全書〉連著錄帶存目兩部分，共計一萬零兩百種。自不妨作萬餘種，可是存目部分的六千八百種，僅有提要，並未鈔寫，自無所謂「橫棄道側」，更無從「收而藏之，依類編排」了。著錄部分，也就是文瀾閣所有的，僅三千四百餘種，還包括沒有散佚的，散佚而丁氏未能找到的，如何能「得書萬種」，對〈四庫全書〉稍有認識的，都知道是不可能的事。卻也不是萬字有誤，應作千字。這一錯誤，可從〈辭海〉本身找到內證。第二十二頁「丁申」條：「洪楊之役，目擊文瀾閣書遭摧裂，因收拾殘餘，得萬餘冊，依類編目，從事抄補，文瀾四庫因得稍復舊觀。」八千卷樓條作「得書萬種」錯了；丁申條作「得萬餘冊」，合於實情。其實這一條也不能說是編〈辭海〉的人「編」錯了的，而是「抄」錯了。當然抄的時候是改動了幾個字，不構成「抄襲」，然照錯的抄而改動幾個不相干的字，比照對的一字不改的抄，其間是非輕重，留待讀者明斷。

這一類的例子還有一些，我不願多寫。也許有一天我太無聊，寫本小書，申請「著作權」，誰要抄我的得經我同意。至於八千卷樓條的錯誤，經我指出的，我特聲明放棄「著作權」，而旨在說明對於如何算是「抄襲」的淺見。

二、辭海的缺失

〈辭海〉印行既早，傳布遂廣，利用的人多，批評討論的人也多。用力最深的，當推曲守約〈辭海補正〉，曾陸續刊布多次。後來曲氏致力於中古（六朝）的詞語的考釋，似乎未再對〈辭海〉有所訂正。王伊同先生有〈辭海勘誤〉，（載〈清華學報〉二卷一期，民國四十九年五月）。就體例上論〈辭海〉之失有五：

一、**出處不明**：〈辭海〉一書，比〈辭源〉等早期辭書，出處方面，加詳多多。然而若干處，多輾轉抄襲而來，未嘗細核原書，推求究竟，遂不明其所據。此等錯誤，實在不少。共舉「風雲、饒舌、金仙、金骨」等四例，不但最新增訂本一仍舊本，既未細查確實出處，也未刪除或加注說明。連〈大漢和辭典、中文大辭典〉，陳陳相因。這也都可歸於「抄襲」。

二、同書誤引：與第一類相似的錯誤，便是引用某一句，某一事，本錄自某書甲處的，望文生義，卻歸之同書乙處。有「門戶、護短……鐵石心腸，颼颼」等十七條，經核對首尾四條，最新增訂本〈辭海〉仍未改。而〈中文大辭典〉僅於鐵石心腸條，改舊本皮日休〈宋璟集序〉，作〈皮日休文集〉，而不用王伊同所查出的皮日休桃花賦的篇名。

三、誤題他書：某條原出某書，〈辭海〉誤繫他書；或某句原出某文集，而誤題同時代其他某人的文集。舉「隔、顧影……託交、鬥百草」等十三條。〈辭海〉最新增訂本仍未改。〈中文大辭典〉鬥百草條已同王校改正，顧影條則刪去〈辭海〉誤引文字，而改引韓愈詩。可說得失參半。

四、引亡佚書，不注明所自出：古書已佚且無輯本，後人轉引自經史注釋或類書。〈辭海〉往往仍用原書名，一若該書仍在。又不經見的書，不詳作者，很難查考。內典書名，常失之冗長，〈辭海〉硬加剪裁，每致混淆。又有不同佛經，書名大部分相同，所差僅一二字，隨意剪裁，無從知爲何書。舉「金牛、長年三老……金剛山、鑽水求酥」等十二條。〈辭海〉未改，〈中文大辭典〉金牛條仍引〈武昌記〉。而〈辭海〉所引〈湘中記〉，王校云出〈大清一統志〉，〈中文大辭典〉改據〈方輿勝覽〉所引〈湘中記〉，比〈大清一統志〉爲早。其他三條同〈辭海〉舊本而未改。

五、韻腳和年月錯誤，凡三例。〈辭海〉陳字韻目和見龍條西元未改。馬內條增訂本作馬奈，生年已改正。而〈中文大辭典〉陳字已改正，見龍條未注西元，馬內之生年與〈辭海〉舊本同樣錯誤。

六、**誤字**：錯字太多，是編者筆誤，抑排版誤植，不易分辨。舉「鉤、靶……鵬圖、饒」等二十四例。〈辭海〉改了靶字一條。〈中文大辭典〉改了鉤字一條。又鵬圖〈辭海〉舊本引杜甫贈蕭十二詩，王校謂十二當作二十，而〈中文大辭典〉則作二十一。

以上就王氏所校，抽出二十三條，核對結果，〈辭海〉僅有兩條改正了，〈中文大辭典〉改正六條又半，還有一條和〈辭海〉舊本、王氏校改都不同。整個說來，頗令人失望，讓人有王伊同先生的心血白費了的感覺。王先生又有六項利用〈辭海〉的原則：

一、最略於注明出處的是唐宋詩，可利用〈杜詩引得〉，〈日本漢詩大觀〉所附引得等。按：唐代詩集如李白、李賀等，今均有引得。按：近年大陸於唐代詩集，陸續編印索引。

二、〈國策〉等有通檢，案：諸子、筆記等，今有引得的很多，詳目可參考鄭恒雄的〈漢學索引總目〉。按：近十多年編印索引更多。

三、〈四史〉有燕京大學引得。按：香港新亞書院黃福鑾所編〈四史索引〉，更精細。

四、凡稀見的書籍或辭章，其存佚頗有問題的，關於六朝或六朝以前的詩賦，多半鈔自〈古文苑、玉臺新詠〉。音樂方面本之〈樂府詩集〉。地理轉錄自〈大清一統志〉。普通俗語採自翟灝的〈通俗編〉，普通稱呼，抄自梁章鉅的〈稱謂錄〉。

五、佛學名詞跟書籍，可查小野玄妙的〈佛書解說大辭典〉、望月信亨的〈佛教大辭典〉，丁福保的〈佛學大辭典〉、和燕京大學的〈佛藏引得〉。琯按：近年國人和日本人編引有關佛學的書目和索引多種，不備錄。

六、至於〈全唐文、全唐詩、宋詩鈔、元詩選〉的價值，自更不待言。瑄按：新近編印的〈百種詩話類編、全宋詞、全元曲〉，也很有用。

這六項原則，不僅可供利用〈辭海〉的人參考，以補〈辭海〉的缺失。另一方面，也給增訂〈辭海〉，或另編辭書的人，對於古籍中的辭目，提供了一些重要的資料。也許有人認爲這些都是人所共知的工具書和總集。然而〈辭海〉以後編辭典的人，並未能留意到這些資料。即使想到了，可是也懶得，或在時間上、人力上不容許去查閱。那麼儘管〈辭海〉增訂了多少次。或是把規模擴大，如〈大漢和辭典、中文大辭典〉。或是標榜新編，如〈名揚大辭典〉。不能在陳陳相因之外，費些工夫去把古代編的類書，今人編的辭典，所引用的資料，多（不敢希望一一）核對原書。那怕能把王伊同先生等所費的心血結晶，改正錯誤。那麼王氏的六原則，對查辭書、編辭書的，仍很有用。

〈辭海〉補正和勘誤之外，蘇文峯有〈辭海和辭源〉一文，刊〈時報書引〉第三期，六十八年十二月二日。比較兩種辭書的高下，認爲〈辭海〉略新於〈辭源〉，然兩書的編法，均嫌陳舊，惜未能舉例說明。

民國六十八、九年，〈辭源〉和〈辭海〉的新增訂本問世，一時又有些評論〈辭海〉的文字。如：

一、〈讀新辭海所發現的一些問題〉　蘇尙耀〈中央日報〉　六十九年五月二十二、二十三日

二、〈新辭海的小缺憾〉　呂金駮　〈中央日報〉六十九年五月十三日

三、〈新辭海辨誤舉隅〉——「鉛粉」與「冷麵白」探討　周冠華　〈中華日報〉　六十九年十月十五、十六日

四、〈新辭海有關地理資料方面的疏失〉　王潔宇　〈中華日報〉　六十九年九月四日

五、〈新辭海切韻方面的瑕疵〉　野渡　〈中華日報〉　六十九年九月十一日

這些文字，都集中在新增訂〈辭海〉問世半年光景，所以都是各舉數例，不能像王伊同那樣，因要把〈辭海〉譯成英文，而作較全面性的檢討。

實在說王伊同也並未能全面檢討〈辭海〉，因他所增訂部分，祇是戊亥兩集，也就是最後的六分之一。而僅就這六分之一，已舉出有待訂正的例子，便達七十三例，遠非他人可比。

很不巧的，〈名揚大辭典〉如今僅出了上冊，是前三分之一，無從知道他們是否已利用了王伊同的訂正資料。現在就其本身的體例，略加評介。

三、名揚大辭典的體例

名揚大辭典收單字一萬多，和〈辭源、辭海〉略相當，當也有些出入，關係不大。而辭語僅約六萬條，不到新增訂的〈辭源、辭海〉的一半，而全書計一千萬言左右，又不少於〈辭源、辭海〉。可知平均每條的解說文字，幾乎倍於〈辭源、辭海〉。而對條目的去取，必較〈辭源、辭海〉爲嚴。然而並未能切實把握到這一點。試舉幾個例子：

一、德字下既有「德昌」，又有「德昌縣」，這兩條內容全同，僅文字上略有出入。這不但表現了編輯時的疏忽。在體例上，縣名下是否都加「縣」字，也未能事先協調。又七字下「七步」和「七步詩」也不應重出。

二、歷代年號，或收或不收，沒有一定標準。其中「德祐」是宋恭帝年號，僅用了一兩年，通常極少提到，大可不必收。

三、丁女、丁年、丁男、丁役、丁壯等，都是丁字的第二義壯健之義，大可在第二義後，列舉這一類詞語，而不必另立條目。

四、人物中，丁字下比辭海少了漢代的丁固、丁原、丁恭、丁寛、丁鴻。三國的丁奉。宋代丁度、丁野、丁雲、明代丁元薦。清人丁丙、丁申、丁杰、丁煒、丁謙、丁取忠、丁喜慶、丁壽昌。近人丁懷瑾。外國人丁狄等。而保留了丁敬、丁儀、丁謂、丁文江、丁日昌、丁尼生、丁令威、丁汝昌、丁惟汾、丁雲鵬、丁福保、丁韙長、丁寶禎、丁多列托（辭海作丁都來多）等。而增加了丁儀之弟丁廙、清丁耀亢、近人丁西林。其中丁廙、丁耀亢，實在不必增入。

五、「七律」和「七絕」，均注「七言律詩（或絕句）」的簡稱。而並無此二條，惟有「七言詩」一條，參見方面處理得前後未能照應。

六、〈七略〉條說「爲我國書目之祖」，然〈七略〉實出於〈別錄〉。又〈別錄〉條有馬國翰、洪頤煊、姚振宗三家輯本，〈七略〉則未說明姚振宗輯本。又這兩種書目又都有嚴可均輯的〈全漢文〉本。

七、「丁卯集」條，列了四種版本，沒有必要，且和其他有關書籍各條，體例不一。

八、丁倒、上官、上謁、上變、上下狀、上甲微、上官體等，或較冷僻罕用，或淺近易知，都不必收入。

以上都說的是〈名揚大辭典〉的缺失，事實上還多，可以寫一篇文字來討論。而在體例上也有可取的地方，好過已有的辭典。

一、排列次序雖依〈康熙字典〉（實是明人的〈字彙〉），然同部首又同筆畫的字，再依起筆點、橫、直、撇、屈的順序，詞彙的第二個字也是如此，每個字和詞的位置固定，易於找尋。其實同樣多筆畫的部首，也可依這一順序排列。

二、每一詞目中，於破音字或罕見字，注其讀音。〈辭源、辭海〉忽略了這一點，很是不方便。〈國語辭典〉，每一詞逐字皆注，又嫌過度。名揚這一方式，很是可取。

三、人物儘可能注明了生卒年。

四、地名多有面積、人口、長度、海拔等數字。

五、資料出處，詳及篇名，比〈辭源、辭海〉要詳明得多。

六、人物的介紹，著重其思想、功績、影響、著作等，比〈辭源、辭海〉僅介紹生平要好。

七、比〈辭源、辭海〉多出的詞彙固然不多，然皆新而有用，選擇上很費工夫。

八、若干詞彙的解說，比〈辭源、辭海〉要詳明、簡易、資料新而實用。

優點也舉出八項。此下就〈名揚大辭典、辭海〉做一粗略的比較。

四、異同中見高下

上文有不少地方，已就〈名揚大辭典、辭源、辭海〉做一比較，下文再舉此例子。

一、〈辭海〉中的地名、人名、古書中較罕見的冷僻詞彙、外國的貨幣單位等，〈名揚大辭典〉或全不收、或刪去不少。

二、引書和〈辭海〉不同，如：

1.「丁女」條，〈辭海〉引〈史記主父偃傳〉，〈名揚〉引〈漢書嚴安傳〉。

2.「丁東」條，〈辭海〉引馬臻詩，〈名揚〉引韋莊詩。

3.「丁年」條，〈辭海〉引李陵答蘇武書，〈名揚〉引溫庭筠詩。

4.「丁役」條，〈辭海〉引唐律，〈名揚〉引張籍詩。

這條例子，不勝枚舉，而各有得失。

三、〈名揚〉有些詞目，為〈辭海〉所無的，如德字下：一、德安，法國藝術家。二、德治，儒家思想。三、德島，日本地名，四、德化窯。五、德克碑，法國軍官。六、德拉哥，古雅典立法者。七、德倫西，羅馬劇作家。八、德川慶喜，日本將軍。九、德石鐵路。十、德布勒森，匈牙利地名。

十一、德弗亞克。十二、德拉瓦河，美國河流。十三、德拜定律。十四、德國麻疹。十五、德斯比奧，法國雕塑家。十六、德基水庫。十七、德爾卡西，法國政治家。十八、德摩斯基，波蘭政治家。十九、德古斯加巴，宏都拉斯首都。二十、德拉克洛瓦，法國畫家。二十一、德雷福事件，法國近代史。二十二、德斯摩衣納斯，美國愛荷華州首府。

這些詞目，多係翻譯自西文，若干外國地名，〈辭海〉也許用不同譯音。而如德拉瓦河，似可敍入德拉瓦州。美國各州的首府，實不必收。不過如「德治」，「德基水庫」、「德國麻疹」等較常見到的，則不可少。

在德字條也發現了〈辭海〉有不應重出的條目，其一七四三頁「德來登」和「德萊敦」，實為一人，僅譯音稍異而重出，這比〈名揚〉的德化和德化縣兩見，更為疏忽。

四、〈名揚〉「德」字第四義是「事物的屬性」。「德色」條引清敦誠詩。「德音」第二義「詔書之一」都為〈辭海〉所無。五、〈名揚〉的德里、德育、德日進、德布西、德萊敦、德萊塞、德川家康、德勒斯登等條，解說遠比〈辭海〉為詳明。大致有〈環華百科全書〉做底子，對外國近代的資料，尤其是文藝方面各條，多較詳細。

五、「德波各利波」條，〈名揚〉解說重在學說，〈辭海〉重在其人的生平。

六、丁文江條，〈辭海〉記其撰有〈徐霞客年譜〉。〈名揚〉則詳其調查地質的成就，而不及其〈徐譜〉。

七、丁福保條，〈名揚〉詳其治學遊歷，編著的書籍也較多。而都略去了〈古錢大辭典、佛學大辭典〉，以及晚年所編的〈四部總錄．天文編、藝術編〉等。

八、丁韙良條，〈辭海〉詳其譯著〈萬國公法、格物入門、星軺指掌〉等書，從而可知其貢獻。〈名揚〉則僅有〈花甲憶記〉一書。然記其八國聯軍時主張瓜分中國。

以上姑且也舉出八項。實在說來，這兩種辭典，甚至已有的辭典，都有不能令人滿意的地方。

五、辭典的不可信

辭書輾轉相鈔，肯眞下工夫編的地方不多，今舉幾個例子於後：

一、「一統志」條，〈名揚〉的解說：記載全國輿地之書，元「一統志」岳璘撰，今佚。明「一統志」李賢等奉敕撰。〈四庫提要〉謂其體例悉依元「一統志」之舊，故書名亦沿用之。清「一統志」係清高宗乾隆二十九年（一七六四）和珅等奉敕撰。嘉慶時又經重修。首京師，其下以省分，省下又分府，諸縣隸之；次爲蒙古、西域；殿以諸藩及朝貢諸國，凡三百四十二卷。

和〈辭海〉相同，〈辭海〉也有所本，實在都不好。〈辭源〉能敍出〈明一統志〉的卷數。〈文史辭源〉能查出〈元一統志〉還有殘本。並記明〈清一統志〉乾隆、嘉慶兩本的卷數，並說收入〈四部叢刊三編〉。然〈元一統志〉收入中央圖書館影印的〈玄覽堂叢書〉。〈明一統志〉坊間也有影印本。而一統志是總志的一種，大可不立此條，而敍入「總志」。

二、德行條，〈辭海、名揚〉引〈周禮〉，〈文史辭源〉引〈周易〉。而都不引較通行，時代也未必晚的〈論語〉。

三、最不可解的是「丁」字或「丁丁」條。〈辭源、辭海、中文大辭典、文史辭源〉，以至很新的〈國語辭典〉，都注ㄓㄥ音。這一讀音出自朱熹的〈詩集傳〉，說是伐木聲的「古音」。朱子的學問，多方面都很了不起，可是古音方面，受時代所限，實在遠不如後人。清錢大昕歸納出古無舌上這一定律，就是今天國語中ㄓ、ㄔ、ㄕ這一系，古音都讀ㄉ、ㄊ，他舉了很多例證，鐵案如山，後人並無異說，用閩南話、客家話、韓國話都可證明。不要說丁字今讀如ㄉㄧㄥ，古音也應是ㄉㄧㄥ。即使今天讀ㄓㄥ，古音也還是ㄉㄧㄥ。這一點成了古音學的常識，中文系的學生，程度再差，也會知道。可是這些辭書的編審者，不乏聲韻專家，以至大師，何以連這點很基本的常識也忽略了，寧非怪事。這也充分說明了辭典的不可靠。

國文天地創刊賀辭

國文天地創刊了，值得慶賀。同類刊物，如早年的〈國文月刊〉，現仍刊行的〈國語日報〉，都在國文天地中有其貢獻和影響。然國文天地太大了，多份刊物，便可多開發些新天地來。

國文程度低落，是近百餘年的世界潮流，而二次大戰以來尤甚。這因素很多，譬如知識普及，大衆傳播，都力求普遍化，於是語文以淺易通俗為尚。且不加細表。然而語文是表達人類知、情、意，並相互交流的主要工具。進而欣賞前人所傳下的著述。程度高下，不僅影響個人的生活和成就，也關係到國家民族的文化建設。是不容忽視的。

至於國語文，是所謂母語，重要性更大。可是近幾十年來有些怪現象，坊間字典、辭典的銷路，英文的超過中文的，大、中學生，人人可以有多本英文辭典，一個家庭卻未必能有一本中文的，有了也不一定有人查用。甚至學校、政府機構、民間團體的獎品，也多用英文辭典。清晨打開收音機，多是英語教學節目，想找用國語播音的，頗為不易，真令人不知置身何處。

想要提高國文程度牽涉的問題很廣。而學校教學，影響未必比得過大衆傳播。電視播音員口口聲聲「民衆們」，大報的外電譯稿，甚至一般新聞，一方寸裡總可以找出幾個十足洋味的「將、被」等字眼。在這種情形下，辦〈國文天地〉不免傻瓜。然傻瓜才能擴大國文天地。

文史哲雜誌二卷一期　七十四年七月

培育板本鑑定人才

中央圖書館建館六十周年祝辭

八十二年四月二十一日是中央圖書館（下文省稱「中圖」）建館六十周年，我想與其隨俗說些諛詞，不如說點建議，也許不無一得之愚，對中圖的發展，能稍有助益。國家圖書館的任務，是多方面的，不可能面面顧到，必須分別緩急輕重。如何取捨，主其事者自有權衡。鄙見所及，當務之急莫過於培植鑑識板本的專業人才。

一、中圖的特色

中圖藏有十二萬多冊善本書，這是千餘年來祖先的智慧結晶。就以歸於中圖的過程來說，多是收購而得。蔣故館長慰堂師，在抗戰期間，潛往上海，在敵僞環伺之下，冒險從事，且得到多方面協助，才能搜購到手，老實說這些書有的祇是刊寫的時間較早，內容並沒有什麼價值。可是有些書，是前代讀書人多方搜求，終生不得一見，甚至不知道還存有這部書，而我們卻很容易讀到。大陸的北京圖書館累積四十年，從多種管道搜集而得。其善本書目也於前幾年問世，拿中圖的善本書目與之相比，可說各有千秋。顯示藏有最豐富的善本書首推中圖和北圖。

二、善本書的整理

藏有善本書是一回事，而書是要給人利用的。一是研讀其內容，以弘揚學術。二是研討其板本，以探究書的本身。這兩方面兩館都做過一些工作，如都編印了頗詳明的善本書目。宋金元本，編有圖錄。選編了若干叢書，影印流通。撰寫善本書志，以評介各書的特色。大多數善本都攝成微捲，公開發行，想利用善本的人，可說夠方便的了。

不過以圖書館經營的觀念來說還有很多須要做的。中圖的圖錄成書於三十多年前，當時參考資料有限，較重要的書目斤年才有通行印本；一些藏書錄的稿本也陸續整理問世。可以補充其未備。而當時印刷條件遠不如今，所以書影的效果不佳。明刊本祇選了書目而未能撰寫，都有待重做、繼續做。

至於善本書志最為重要，如果與全部藏書相比，已寫的固然太少。質的方面也有待加強。要使得讀者能透過書志得知原書的內容、價值，從而得知可以如何利用。最好有如〈四庫總目〉和清代中葉以降的各種書志。

中圖的善本，遷臺以來，先是封置箱中堆積起來，後來將箱打開側立堆起，取放已較方便，唯空間仍很狹小。遷入新館後，全部放進書櫃，找書就容易多了，早年人手有限，還可編印書目、圖錄、選印、撰寫書志等，已屬難能。近年人手日多，且約聘若干位專人，先後輯印了題跋眞跡，再點校排印。又輯出藏書印章，考釋印文，分人排列。對鑑定板本，考索遞藏情形，以及研討藏印本身都很有用。如能選編刊布是很有意義的事。又將各書序跋加以點校排印，雖未能加以選汰致珠沙雜陳。就資料而言也不妨如此。這一工作完成之後，則編撰書志。

三、專業人才的重要性

說到編圖錄、寫書志和迫切性，就得一些具有相當人文學科素養。還不止於此。有些專門性的文獻，如天文算法、音律、藝術、佛道，以至於術數等。這些素養，有賴於學校培育和個人潛修。而目錄板本是專門之學，尤其是關於板本的鑑定，一定得多接觸善本，朝夕投入，積久才能有功。而大專院校，偶有善本，用以學板本鑑定是遠不夠用的。所以慰堂師深深覺察到這一點。四十五六年間便與臺灣師範大學國文研究所合作，招收目錄學組一班六人，課程方面國文所與目錄學各半，這實是最早設立的圖書館學研究所。這六人畢業後，除一人亡故，餘都在圖書館任職，或從事這方面的教學。六十一年，中圖又與政治大學中文所合作，略依前例而取消了實習，共招兩屆十一人。畢業後都在中文系所任教，在治學方面有的能利用目錄學的訓練。

慰堂師七十七年曾在中圖講授板本學，可惜我也有課不能來受教。據聽過的同道說，受益很多。因高年體衰祇講了幾個月。為何不與圖書館所合作，慰堂師說，治目錄板本要有較好文史方面的底子。證以圖書館所的研究生，也不乏以目錄板本為專業的，而多是出身中文系的。

四、培育人才的急迫性

說到板本，找些書面材料寫幾篇文章，祇是紙上談兵，這種人可以用一般調教研究生的方式即可，最多利用些影印的善本做資料。目前所謂弄板本的「專家」，多是這一類型的。而最需要的實是能鑑定板本，那就有賴於利用善本原書，中圖義不容辭有這個責任。試想典藏十多萬冊善本，二十多年來沒有以版本爲專業的人來掌理，還能不急加補救嗎？

事態的嚴重性還不止於此，月前大陸有北大等校館六位圖書資訊界學人來臺訪問，我曾向他們請教大陸對古籍板本專業人才培訓情形。答覆是很少研究生肯以此爲專業。而畢業後紛紛出國，到國外爲了就業方便便改習自動化，同樣是人才嚴重斷層。

蔣經國先生在推行十項建設時，有句名言：「有些事今天不做，明天便會後悔。」這件事早些年沒有做如今後悔已晚，從現在開始最快也得十年後才派上用場。而且新人還是可遇而不可求。當今之計深望中圖能援往例，找個研究所合作。我要退休了，而是基於對這批文化遺產的愛護。而這是祇有中圖能做，我認爲是刻不容緩要做的事。賢達之士，以爲如何？

〈新生報〉第五版　八十二年四月十六日

政治大學設圖書館系芻議

本校爲配合教育方針，以長期發展爲目標，訂有「五年發展計畫」。並將其中關於各院、所、系部分草案，於三月廿四日通函徵求意見，俾能集思廣益，以期完備。今僅就八十一～八十四年，擬在文學院增設圖書館系一事，提供芻見，以供參考。

一、爲適應圖書館教育之現況及發展，在傳播學院增設圖書館學研究所，而不必設系，以培養適用之人才。

二、在中文研究所增設目錄學組，以培育古籍目錄、板本方面之人才，俾適應國內外各圖書館之需求，庶不致形成此方面人才斷層。

一、圖書館研究所

一、圖書館研究所之教學，在圖書及圖書館學之外，兼及資訊與傳播。並在圖書館等相關單位實習，酌給學分及報酬，以求理論實務並重。

二、所招收之研究生，不限所從出之科系，且得視需要，仿照臺灣大學圖書館所，分別院系，酌定名額，以適應各不同學科之需求。

三、凡在大專院校圖書館、教育等系科畢業，而未修習輔系者，在本所肄業期間，應在大學部補修輔系。俾能在圖書館學術之外，有一項專長，觸類旁通，對其他學科，則不難學得處理資料之能力。以免望文主義，將〈國語〉視爲語言，〈石頭記〉視爲礦物，〈方言〉誤認爲不是書名。

四、可仿企業管理所之招生辦法，招收在職人員。

二、中文所目錄學組

一、目錄學組之教學，中文所必修科目，應全行修習，而選修科目則限定就目錄、板本方面，不得少於若干學分。（如十八學分，以不少於全部學分之半數爲宜。）在此範圍之外，仍可選習中文所其他課程。

二、如此則僅需在中文所每學年開二至三門此類專業課程，由一、二年級合選，兩年之內，即可選足。至中文所其他研究生，亦可選習這些課程。

三、在修業期間，可洽請中央圖書館、中央研究院傅斯年圖書館、故宮博物院等富於古籍典藏之機構，提供研究生實習之機會。並依實習時間，按比例發給助教之報酬。其指導人員，本校得安排在所授課，或酌給酬勞。或在所中開設實習科目，由本校聘請專人或兼任人員指導。以求理論與書本相配合，或兩種方式兼用。不論何種方式，此項實習，均酌給學分，且必須經考核及格。

四、本組學生之碩士論文，限定撰寫與目錄、板本等相關之題目。

五、本組學生不限定在大學所習科系，惟必須對古籍具有相當之閱讀能力，倘使能力不足，如若干外籍生，則必須責令其加強，以便能適應在學及畢業後之需求。

六、本組得接受國內外各學術機構、圖書文獻院館之委託，代為培育所需之人才，其他畢業生，學校亦應儘可能推介並鼓勵其從事整理古籍之工作。

三、設圖書館所之理由

一、若干所謂先進國家，如美、日等國，久已少在大學開設圖書館系，而均設研究所。蓋基層館員，所重在技術，由專科學校培育已足。至於較高級之館員，則漸要求其高度專業化。既須對圖書館、資訊方面之理論與實務，能有充分之認識。亦須對較專門之圖書資料，有相當程度之瞭解。若干高度專業化之學科，如醫藥、音樂等，固不易為一般人所易處理。即處理人文、社會等學科之圖書資料，以高中畢業生僅在大學受圖書館學教育，亦難以勝任。圖書館教育不宜在大學設系，而設研究所之理由在此。

臺灣地區之大專院校設有圖書館科系者計有：

臺灣大學，文學院有圖書館系。

輔仁大學，同臺大，而有夜間部。

淡江大學，文學院有資訊教育科學系，招雙班。

臺灣師範大學，教育學院社會教育系有圖書館組。

世界新專有圖書資料科，並有夜間部。

以上五校每年畢業生近四百人，多年累計已近萬人（世界新專有時招雙組，且曾有五年制）。即使大專科系，足以培育圖書館員，當亦不虞匱乏。至於各圖書館不進用科班出身，則當別論。或正反映專業及基本學識不足適應社會需求。

而國內之圖書館學研究所，僅有臺灣大學於七十一年間開設，每年招生不足十人。另文化大學史學研究所有圖書博物館組，每年僅招收三至五人。即以大學圖書館學科系在國內進修之機會而論，亦極為貧乏。

且本校如增圖書館系，自籌劃至有畢業生，（男生須受軍訓）約為十年，為求計劃具有「前瞻性」，更不宜在大學設系，以免旋設旋廢。是以期期以為不宜設系，而應設研究所。

二、如設圖書館學研究所，拙見不採原計畫屬文學院，而屬傳播學院。則以美日等國，多在圖書館研究所開設資訊，以及傳播課程，以適應需要。實則圖書館之教育功能已漸退居次要，而資訊及傳播，比重則日見增加。祇以圖書館之歷史悠久，資訊及傳播則係近數十年始興起或與圖書館相結合。如美國紐澤西州立羅格斯大學，其學校概況固依歷史淵源，列有「圖書館、傳播、資訊研究所」，而校內則已稱爲「資訊、傳播、圖書館研究所」。該所現在美國排名第四，在三十年前，爲美國第一所授予圖書館學Ph.D而非L.S.D之學位，尙且如此，可知圖書館學之發展趨勢。

上述臺大等大學，因無傳播學院，故循舊例或從權設於文學院。一如本校之新聞系所，廣告系在未成立傳播學院前亦設於文學院。

良以圖書館所搜集、處理、提供之圖書館資料，涵攝所有學科，甚至不再以人文學科爲主。而其功用則往提供資訊，傳播信息方向發展。

且臺大等校設於文學院，並非基於歷史淵源，而另有理由。則本校亦不必援例。以地理系爲例，或屬文學院，或屬理學院。家政系且分屬三所不同學院。圖書館系所已有三所入學隸屬文學院：以發揮人文學科屬性。本校既有傳播學院，則何不屬於該院，以發展其傳播功能。彼此互相配合，使圖書館學教育作多樣性之發展，以培育適應不同需求之人才。

三圖書館系畢業生升入圖書館研究所，似爲理所當然，一如其他各系所間之關係。近年我國大學教育之發展趨勢，各所已逐漸不對研究生限定本科系畢業始得報考，且寬至不予任何限制。圖書館研究所尤需如此，是以臺灣大學圖書館研究所對考生資格，分文、法商、理工、農醫及圖書館五組，本系畢業生反受限制，其目的即在培育處理各不同學科資料之人才，實亦反映在大學設圖書館系之不合時宜。祇以設系在先，遽難廢除。

本校既原無圖書館系，即無此一歷史負擔。而應以招收任一科系畢業生爲主。然而爲給予近千之圖書館系畢業生進修之機會，不妨給予名額，而嚴加限制。

四目前在各圖書、文獻機構服務人員，多非科班出身。中國圖書館學會，臺灣省政府訓練團等單位，曾多次辦理講習班，以增進其專業知識及能力。然時間短暫，功效不彰。在圖書館服務既久，自可從工作中增進其學識及能力，然亦不乏有志進修而苦無機會者。

本校如設圖書館研究所，則可仿企管所招收在職人員之方式，給予現任圖書館員進修機會，亦可分修習學位與不修學位兩組。甚至視需要及人數，仿照教育人員進修方式，設班招生，以提高各級圖書館員之素質。

四、中文所增設目錄學組理由

一、民國四十六年春，時教育部長張曉峯先生，有鑒於圖書、博物館人才缺乏。因在臺灣省立師範大學國文研究所增設圖書館等組，除修習學科外，並在中央圖書館實習，僅辦一期，招生六人。

六十一、二年，當時臺大、世新等校雖已設圖書館系科，而高級館員端賴留學生歸國服務。然留學生歸國之意願不高，而國內設圖書館研究所之條件尚未成熟。因援前例，在本校中文所增設目錄學組，惟不再實習，兩年共招生約十人，後亦停辦，未再繼續。

後來文化學院史學研究所增設圖書博物館組，實乃創辦人張曉峯先生秉持其提高圖書館員素質之初衷。近二十年經濟起飛，各項建設隨之發達，對圖書館員之需求，人員固可充分供應，素質則有待提高。且師資設備亦持續提高，是以臺大增設圖書館所，二年前且增設博士班。本校如亦能增設圖書館所，自是相得益彰。

然圖書館所主要在培育一般之圖書館人員。臺灣地區，僅中央圖書館、中央研究院、故宮博物院，所藏古籍約六十萬冊，檔案百餘萬件，其他金石拓片等數萬種。其他大學及學術機構、政府機關，亦頗有收藏。其典藏、維護、整理、利用，均須專業人員，始易發揮功效，而此項人才，幾屈指可數，且多近老境，形成人才斷層，如不亟加重視，不數年即悔之已晚。

而危機且不僅於此。

二、大陸幅員遼濶，收藏古籍之所謂重點圖書館不下百所，原有人才已不敷分配，十年浩刧，遭殺害及折磨致死者頗多。而高等教育幾近停頓，人才斷層，亦極嚴重，近十餘年稍見新人。然校理古籍，既須基礎紮實，又賴時日磨鍊。而我在寒假期間，赴美國探親，得晤見北京大學圖書館研究所古文獻專業碩士，據稱同學八人，已有七人至美，另一人亦申請中。至美後，工作、生活迫人，極難就所學所好，持續發展。

吾人立國之目的，曰光復大陸，曰統一中國。其事固不易，然亦有六年可成之說，屆時如何使此近百所較大圖書館，及千萬所中、小型圖書館，能不受損害，從而發揮其功效，不能不早爲之備。

此乃就中國而言，漢學已成世界性之學術，漢籍亦爲世界各國所重視。僅以美國而論，收藏漢籍逾十萬冊之圖書館，即有數十所。多與日、韓文等圖書資料，合設東亞圖書館，而實以漢籍爲主，因而其主管亦多爲華人。近來老成凋謝，或屆齡退休。華人在美國習圖書館並在圖書館工作者雖多，然能通曉古籍者則鮮，因而頗有由日人，以致韓人主其事，其對中文資料，自不如對本國圖書資料重視。長此以往，對中西文化交流，以至華人在美就學、就業，均有影響。

是以培育校理古籍之人才，實爲影響深遠而刻不容緩之要務。因藉此次研討本校「五年發展計畫」之機會，略抒拙見如上。

民國四十六年，我考入臺灣師範大學國文研究所目錄學組肄業，同時在中央圖書館實習，初任中文編目，旋即襄助善本古籍考訂、編目等事宜，四十九年畢業後留館服務，至六十一年，因人事滄桑，而適本校中文所增設目錄學組，即來校在中文系所任教。

然二、三十年來，客觀情勢改變，如臺大及文化既有圖書館所，本校如爲培育圖書館人才，宜設研究所。然爲培養校理古籍人才、使不致斷層，亟宜在中文所設目錄學組，不再開圖書館學課程，而在中文所基本課程之外，專習目錄板本課程，以求專精。

本校中文所由教育部核定之課程表中，已有：目錄學、校讎學、板本學、輯佚學、辨僞學、文獻學、四庫學等，俱爲二至四學分，選修。除辨僞學外，近三年間，均曾輪開，（惟均爲二學分）下學年所中已預定聘請故宮博物院圖書文獻處研究員吳哲夫先生（亦爲本校中文所校友），開四庫學。如上文所言，每學年僅需加開二至三門，即可供增設目錄學組之需，實屬惠而不費。

五、結語

回溯我因機緣得入覽中秘，年未三十，今則已逾六十，行將屆齡退休。二十餘年間，摩娑古籍，或編目，或校理、或據以撰稿，或用以教學。不時交接良師益友，中外人士，賞奇析疑，怡情養性。深感古籍爲文化之結晶，先賢心血所鑄。然典守稍有不愼，不免於蟲蛀鼠嚙，火焚水浸。或落入私有，名爲雅賊。編目不善，則無以即目求書，因書究學，從而辨章學術，考鏡源流。不加校理，則一書之內容無以彰顯，板本之源流難以明瞭。

而數十萬，以至千百萬冊之琳瑯秘笈，必賴衆多有志之士，專精之學，無以闡發古籍之蘊藏，文化之內容。爲天地立心，爲生民立命，繼往聖之絕學，開萬世之太平，端在於是。

因藉此次本校訂立前瞻性之五年計劃，不辭固陋，就平生感受，獻此芻議，倘荷採擇，付諸施行，當在退休之年，竭其棉薄，以稍回饋浸淫於古籍中所得於心者。

本文之撰寫，曾就教於友人盧荷生、鄭恒雄兩兄。荷生兄任輔仁大學圖書館系主任，兼總圖書館館長，恒雄兄任中央圖書館漢學中心組長，特致謝忱。

（政大中文系中華學苑四十期，七十九年八月）

臺北市立圖書館新廈啓用獻詞

民國七十五年秋，位於中山南路的國立中央圖書館新廈啓用，很轟動一時。相隔四年，臺北市立圖書館位於建國南路二段一二五號的總館新廈，也於近日啓用。傳播界的鏡頭，卻報導得不夠多。這倒不一定對國立、市立有大小眼，而新聞界一向追求新鮮。當年石門水庫落成，也是轟動一時。曾文、達見等水庫，無論容量、工程，都超過石門水庫，新聞報導便冷落了許多。如今施工中的水庫，如南化等，工程更形艱鉅，都少有人注意。

臺北市圖書館，近十多年來，有長足的進展，如廣設分館、民衆閱覽室。增加藏書，在品質的方面也不斷提升。在管理方面，也曾排除困難，採用開架式。推廣方面，則多角化經營，如普設兒童閱覽室，經常性舉辦各種活動，鼓勵市民閱讀圖書，充分利用圖書館。設備方面，更購置各種新的視聽器材。各方面都不斷的呈現新面貌。如今有了新的館舍，更可大展鴻圖。該館也訂有多年發展館務計劃，我們衷心期望能日新月異，推大服務市民的功能。

其實成功的公共圖書館，正不必突顯於社會。希望能有一天，在房地產買賣的廣告上，能以房屋鄰近公共圖書館做號召，一如習見的近學校、市場。日本的一些公共圖書館，外面看起來，只像是普通住宅，使小市民有親切感，不致看做衙門，這豈不是名副其實屬於「公共」的圖書館。

文史哲雜誌七卷二、三期　七十七年七月

柳翼謀先生傳略

今年春夏間筆者編〈柳翼謀先生文錄〉時，對柳先生傳記資料的貧乏，頗感意外。因發心寫這篇傳略，今成初稿。傳略所依據的，有文字資料：一、先生自撰的詩文。文章多是學術性的，涉及生平事跡的極少，且筆者所見到的也不完備。二、他人所發表對先生的回憶錄。筆者所讀過的有三篇：1.宿遷邵靜仁先生鏡人〈憶史學家柳詒徵先生〉，（載〈傳記文學〉一卷三期，五十一年八月臺北市出版。徵引時省稱〈邵文〉）。2.鄞縣張曉峯先生其昀〈吾師柳翼謀先生〉，（載〈中央日報副刊〉、〈傳記文學〉十二卷二期和〈中國一周〉九二八期，都約於五十七年二月間在臺北市出版，內容大致相同。〈中國一周〉所載經作者最後校定，附有柳先生遺像和遺墨，爲〈傳略〉徵引時所依據，省稱〈張文〉）。3.南昌羅佩秋先生時實〈柳翼謀先生及其學衡諸友〉（南雍憶舊錄之二），（載〈中外雜誌〉七卷六期，五十九年六月臺北市出版，省稱〈羅文〉）。三、其他如先生師友的詩文集、會議記錄、年鑑、同時人的傳記等，曾多方蒐求；惟涉及先生事跡的，甚爲零星，所獲不豐。有口頭資料。筆者曾訪問了幾十位師長，他們或曾從先生受業，或曾與先生共事，或有過交往，有聞必錄。以至和先生素昧生平，也請他們談談對先生的認識，如所說的不一致，則多方探索其究竟。不能折衷一是的，則並存待考。稿成，不及一一送請覆閱，所記如有錯誤，由筆者負責。先生的遺聞逸事，也不失為認識先生的資料。其不適於寫入傳略的，打算就筆者所知，另行錄出。筆者晚生末學，既不曾接聞於先生，所得到的資料也不充實。只因景仰先生的道德、學問和事功，並承蒙師長們不吝指示和多方鼓勵，得草成傳略，在此謹申謝忱。至於疏失舛誤的地方，定然不少，衷心懇求海內外方家糾謬補闕，以備他日訂正。倘因這篇初稿不能令人滿意，而能引出一篇翔實的傳記，那更為筆者所感幸不已。

民國五十九年十一月識於臺北市南海路國立中央圖書館。

柳先生名詒徵，字翼謀，號劬堂，又號希卝。

先生的墨跡和所撰序跋或詩文，都自署鎮江柳詒徵。學術性刊物所載先生的論著，每署柳翼謀，當出於編者所題。先生有〈劬堂讀書錄〉，載〈文瀾學報〉，先生翰墨每鈐有「劬堂萬年」朱文方印。鎮江趙吉士先生鴻謙書示：〈三願堂遺墨跋〉鈐有「希卝」朱文小方印。

江蘇鎮江人。

〈江蘇省臨時參議會參議員簡歷表〉記先生的通信處為：「南京龍蟠里。鎮江盛家巷柳宅或大西路道生錢莊。」

趙吉士先生書示：柳老師世居鎮江。民國九年任教國立南京高等師範學校，移居南京大石橋。南高離職後，約在十一二年，遷返鎮江薛家巷。十七年後寓西門大街六十二號。二十六年移居興化。三十五年寓南京龍蟠里。三十八年遷上海，時屺生師弟任職上海交通銀行。柳老師鎮江寓所，賃屋而居，一再遷移。盛家巷爲柳老師從兄所居，道生錢莊爲姪某服務之地，僅爲通信轉遞而已。二十三年曾於鎮江南門尙友新村購地二畝，擬自建住宅，未果。

民國紀元前三十三年生。

民國三十二年先生手書〈寄祝受于先生七十壽〉，有「五年長兄事」句。逆推翼謀先生於清光緒五年己卯。

趙吉士先生說：柳老師生日在陰曆十二月；民國三十七年冬，打算爲老師慶祝七旬大壽，因時局不安作罷。琯案：光緒五年十二月朔爲西元一八八○年一月十二日，是先生之生，已在西元一八八○年一二月間。

民國三十七年〈江蘇省參議員簡歷表〉載先生年七十。

先生所撰〈國學圖書館最近職員錄〉載先生四十九歲。按〈小史〉印行於民國十七年，表中資料止於十七年八月。趙吉士先生說：表中年齡，是以民國十六年到職時爲據。

少孤，家貧力學。

先生〈祭姊文〉：「嗚呼吾母，永憾孤孀，奈何吾姊，復稱未亡。」又：「自弟之生，依姊以長，廿有九年，如指附掌。癸巳（清光緒十九年西元一八九三年）之病，姊痛祈痊，乙未入學，姊歡不眠。佐母授徒，爲弟倍書，錄文同賞，賦詩共愉。醬皿齏缸，寒燈暑扇，斗室奇貧，光騰敝硯。庚秋遘疾，乃值曹邱，起死之生，壼譽彌休。」

〈張文〉：「先生曾說：少時候談不到營養，餐時經常只有一塊紅醬豆腐，母親姊弟三人賴此下飯。」又：「柳師的慈母，也是他的嚴師，他是有學問的女性，從床上教他識字起，一直到讀完古代重要經典，讀得爛熟，背誦如流。」

趙吉士先生書示：「柳老師幼孤，母鮑太夫人寄居完節堂。柳老師及姊（適徐）侍母而居。其後捐獻完節堂經費甚多，以報幼時食宿之用。」

無錫施先生之勉書示：「先生自言十四五歲時，因讀書而失眠。」

幼負盛譽，為秀才時，已嶄然露頭角。

〈邵文〉又謂：「當代詩人范伯子先生有〈次韻柳翼謀秀才〉七律一首，結句有云：『君看一代稱韓柳，奚以謙言籍湜遊。』即此已足見范先生對他的器重。許多人都說他是『孝廉』，我嘗以此問他，笑而不答。」

〈祭姊文〉：「乙未入學，姊歡不眠。」按：乙未（清光緒二十一年，西元一八九五年），先生年十七。

己酉科優貢。

據〈江蘇省參議員簡歷表〉。按：己酉（清宣統元年，西元一九〇九年），先生三十一歲。

常熟宗海若先生子洪說：翼謀先生和先君受于公（諱嘉祿，以字行）意氣相投，不樂仕進。尤不屑於在滿清政府做官。先君便是舉人，不再去考進士。考舉人、進士，對他們並不是什麼難事，而是無志於此。

泰縣姚夢谷先生谷良說：先生家貧，秀才、貢生都是謀生的資格。

在南京鍾山書院、江陰南菁書院，從繆荃孫等受業，與吳敬恆、鈕永建輩交誼甚深。

〈張文〉：「至於他的學術淵源，與清季兩大書院有關。一是南京鍾山書院，柳師在此從繆荃孫先生受業。一是江陰南菁書院，即長沙王先謙、定海黃以周、江陰繆荃孫同時講學處。這三位先生，都是碩學名儒，精博絕倫，而又志同道合。對柳師青年時代，影響甚大。……黃以周字玄同，在南京書院講學十五年，培植高材生甚衆。吳敬恆、鈕永建都出其門下。柳師與吳、鈕二氏交誼甚深。」

羅佩秋先生說：柳老師所塡學歷，曾肄業南菁書院。

寄祝受于先生七十壽：「張黃兩龍頭，咸詫吾儕好。」

按：溧水王伯沆先生瀣也曾在南菁書院受業，後來和先生共事甚久，相知亦深。又按：張之洞督兩江時，聘繆荃孫主江寧鍾山書院。自丙申至辛丑（清光緒二十二年至二十七年，西元一八九六至一九〇一），主講凡六年。時先生年十八至二十三歲。

卒業於三江師範學堂。

姚先生又說：三江師範學堂是兩江師範的前身，對三江子弟免收費用。

江寧楊家駱先生說：先生對三江師範校長清道人李瑞清稱弟子。

羅佩秋先生說：柳老師所塡學歷，有師範學堂，當即三江師範。

奉新熊翰叔師公哲說：當時的師範學堂，便相當於現今的師範大學。要是秀才，始有入學資格。

幾次東渡日本。

〈張文〉：「柳師受繆先生的器重與資助，東遊日本。以後他的著作裏，可以看出以日文書刊爲媒介，而接觸到世界思潮。因之他的學問，非乾嘉學派所能範圍。他最可稱道的，便是把董仲舒的『正其誼不謀其利，明其道不計其功』二語，改爲『正其誼而謀其利，明其道而計其功』。雖然是源本於尚書洪範與周禮的古訓，但顯然與西方思潮有了聯繫。」

〈羅文〉：「柳老師在治學方法上顯然受到西方影響。很可能在清末坐書院或進師範學堂時，就和日本治漢學的有過接觸。」

姚夢谷先生說：柳先生初次旅日，當是三江師範的畢業旅行。那時到日本很方便，買張船票就好了，用不著辦護照簽證這些手續。

宗海若先生說：先生初次赴日，或是供職編譯局期間的事。

按：〈學衡〉所載先生詩中，紀遊日本有下列四首。一、寄從之（趙吉士先生說：姓張，揚州人，忘其名。）：「君躧錫山屐，我駕溟渤浪，觀櫻願斯酬，策鰲氣仍壯。八日之申江，拂曉別里衖，我始短後裝，見者笑相向。……夜宿八幡丸，艙榻分下上。……九日鼓輪行，崇明倏迴望。……我起語諸生，茲遊幸毋忘。……歸日教兒童，拘墟撥疇曩。……寧知小學師，不勝毛奇將，諸生韙我言，笑躍泯惘悵。」二、門司口號：「十七星霜萬事新，蓬萊清淺幾揚塵。門司山色渾如昨，憶否觀河皺面人。」（以上見第六期，十一年六月）三、游奈良公園七律一首。四、長崎作五絕一首。（以上見十六期，十二年四月）

趙吉士先生說：民國八年曾隨柳老師到日本，所乘就是八幡丸。仍不要辦護照和簽證，停留時日不多，祇有幾個星期。此後柳老師便沒有再去過日本。

至於在這以前去過多少次，便不知道。柳老師不會講日本話，日文書可以看得懂，程度也說不上怎麼好。所授日本史和東亞各國史，教材便有採自日文著作的。

按：據門司口號「十七星霜萬事新」句，知先生曾在民國前六年到過日本，時先生二十七歲，當就是先生初次赴日。

曾遊江楚編譯局。

寄祝受于先生七十壽：「憶昔譯局遊，新知共研討。章園集衆思，小學興最早。當時意氣豪，偉論互傾倒。抵掌藐瀛寰，氛垢不足掃。兩校復成橋，經營雄八表。商戰翊國權，群材羅楚寶。海陸可控摶，專史創新橋。張黃兩龍頭，咸詫吾儕好。𥨊尋及鼎革，萬事胡草草。君興皖水工，我走燕山道。取次返南都，茗坐忘昏曉。一隅雖苟安，四海恫雲擾。時懷杞人憂，金甌不易保。君才不盡攄，我舌亦常撟。」

按：庚子辛丑間（光緒二十七、八年），清廷銳意變法，張之洞招繆荃孫領江楚編譯局。改鍾山書院爲高等學堂，充監督。親赴日本考察學務。尋專辦江南圖書館事，宣統元年，充京師圖書館正監督。先生詩中「譯局」，當即江楚編譯局。

初，先生因家貧，嘗為童子師。

〈張文〉：「他因爲非常清寒，所以很早就出來教書。到了中年，成爲大學的名教授。」

〈羅文〉：「從他爲胞姊所作行述和祭文，知道他是貧士出身。從作童子師而至大學教授，受時代潮流影響，勤求新知，找到一個新的研究方向。」

創辦思益小學堂。

趙吉士先生書示：柳老師與同鄉陳宜甫先生等創辦思益小學堂於南京復成橋，校譽爲時人所推許。寄祝受于先生七十壽：「小學興最早。」即思益小學堂。吉士先生並告：後來柳老師還常常告訴學生們要多注重小學教育。

宗海若先生說：學堂疑名「思毅」。校址後來改爲河海工程學堂，再改爲安徽中學。小學初創時，實開風氣之先，先君也是創辦人之一。湘人胡子靖在校中教了一年光景的書，便到湖南創辦了明德學校，有中學和小學兩部，是爲湖南有新制學校之始，作育了一些人材。

先後任教於江南高等商業學堂。

趙吉士先生書示：校址在復成橋。寄祝受于先生七十壽：「兩校復成橋，經營雄八表。」即詠此事。

日本〈京都大學東方文化研究所漢籍分類目錄〉有先生所撰〈中國商業史〉不分卷，民國□年江南中等商業學堂油印本。按：先生任教商業學堂在辛亥革命之前，或目錄誤記元號，或民國成立後商業學堂仍沿用先生所編講義。

宗海若先生說：校名似是兩級商業學堂，分高、中兩級。當時辦職業學堂，也是開風氣之先。學生多成爲後來的商業、金融、財經方面的重要人物。錢新之便曾在該校任教。校址後改爲工業學校，再併入東南大學。

寄祝受于先生七十壽：「商戰翊國權。」又：「專史創新稿。」或亦係詠此時事。

江南高等實業學堂、寧屬師範學堂、兩江師範學堂、北京明德大學。

姚夢谷先生說：先生在任教兩江師範之前，曾在寧屬師範任教。

行唐梁子美先生容若函示：「橋川時雄編〈中國文化界名人總鑑〉所言『明德大學』，恐係『中學』之誤，因北京似並無明德大學也。」

羅佩秋先生說：未聽說先生曾任教明德大學。

清末民初，任鎮江府中學堂校長。

趙吉士先生書示：「清末民初，柳老師任鎮江府中學堂校長，校風不良，嚴加整飭，而學潮迭起，憤而去職，誓不再入校門。」

民國五年，任南京高等師範國文歷史部教授。

無錫施先生之勉書示：「南京高等師範首任校長江易園先生，於民國五年秋，聘柳翼謀先生擔任『雜文』一門，先生三十八歲也。課雜文，先群經：〈尚書、儀禮、周禮、禮記、左氏傳、公羊傳、穀梁傳〉，選授七經中重要各篇。（不選〈詩經〉、〈易經〉，以伯沆先生講授此二經也。〈易經〉，王先生在哲學研究會講。）次諸子：〈老子、莊子、墨子、管子、荀子、韓非子〉。又次三史：〈史記、漢書、後漢書〉。亦如經書，選授重要各篇文字。先生於經、子、史專講大義。在文學研究會，講韓愈文，則詳起承轉折，抑揚頓挫文章之法。後數年，開講『中國文化史』，每堂攜帶不少參考資料，如〈流沙墜簡，大秦景教流行碑〉之類，供諸生閱覽。又開『東亞各國史』，附日本、高麗、安南等國王室世系表極詳。雖稱東亞各國史，亦講五印度也。」

〈張文〉：「柳師對青年學子愛護備至。（民國八年）我投考南京高師，結果體格不及格，致遭淘汰。柳師說：該生各科考試成績都很優異，就這樣犧牲掉太可惜。並說他自己少年時身體瘦弱，中年以後才飽滿起來。提請復議，無異議通過。柳師上課很是認眞的。每兩星期作文一篇，在講堂上作，時間兩小時，他親自批改發還。寒假前，我們一年級的新生，舉行學期考試，國文科時間排在最後。青年們歸心似箭，大家要求免考，以平時成績代替，柳師不准。一部分學生回家去了，另一部分人也不去考試。柳師在講堂上端坐著兩小時才離去。這樣子大家都慌了，親往認罪，自請處分，並懇求有一次補考機會。柳師說：國文我不願再教了，今後祇教你們歷史好了。我們總算保存了學籍。」（節錄）

民國九年，南京高師改為東南大學，任歷史系教授。

〈羅文〉：「我是民國十年進入東南大學的。柳師翼謀是歷史系教授，講中國文化史與中國史。除理工科學生外，文法科學生很少不選中國文化史的。選不上的也來旁聽，因此講堂總是坐滿。」（節錄）

〈邵文〉：「民國十二年暑假，東南大學開辦全國暑期講習會。有一天輪到章太炎先生講治史學的方法，章先生滿口餘杭土調，簡直聽不明白。當時有好事之徒，大聲疾呼曰：請柳先生翻譯！柳先生翻譯時，好像西洋人講學，中國人翻譯一樣。但他聲如洪鐘，有條不紊，娓娓動聽。這是我對他第一次最深刻的印象，永遠不忘記，永遠佩服的。」（節錄）

高郵高仲華師明說：柳師談吐幽默，我在東南大學一年級時，曾修過柳師中國文化史。聽來不覺枯燥。

十四年，東南大學發生學潮，先生北走冀遼。

〈羅文〉：「民國十四年十月，我和柳老師同乘一船，自上海去天津時，談到（劉）伯明先生。他先長嘆一聲，繼說伯明先生不死，不會有這次的學潮。他眞可說是南雍祭酒，死後若干年內，怕不容易找到像他這樣對中西學問都有本源，能爲大家翕服之人。」

曾講學清華大學，後有延聘先生任研究所導師之議，未成事實。

羅佩秋先生說：柳老師在清華大學演講，是梁任公先生安排的。時由蘇州某先生和我陪侍。　按：曾見先生講稿由趙萬里等筆記，刊在某學報，惜未能查到。

梁子美先生函示：「昨晤藍文徵先生言：『王靜庵去世（按：十六年六月二日）後，出身南高之研究生王庸建議請柳先生接任，未成事實。』」

任教北京女子大學、東北大學。

羅佩秋先生說：民國十四、五年間，柳老師任教女子大學，校長是胡敦復先生。十五年到東北大學。按：〈史學與地學〉創刊號（十五年二月），載有中國史地學會啓事：「本會總幹事爲柳詒徵先生，海內外人士，如於本會會務有所問詢者，可逕函北京女子大學柳先生處。」又：〈清華學報〉二卷二期（十四年十二月），刊有〈學衡〉廣告，所載總幹事柳詒徵的通訊處是奉天東北大學。就兩學報所載先生通訊處，與先生任教時序恰相反，疑各學報所載出版年月與實際出版年月未必相符。

後返京再任中央大學教授。

〈國學圖書館小史最近職員錄〉於十七年八月以後出版，於陳漢章等履歷都是中央大學教授，而先生則是歷任各大學教授。先生執教中央大學，似在民國十八年之後。抗戰期間，寓居中央大學柏溪分校，講授中國文化史等。勝利還都後，仍任中央大學教授。

晚年曾在上海復旦大學授課。

婺源潘石禪師重規說：好像聽人說過有這回事。

蓋畢生從事於教學，而致力大學教育凡四十年。

楊家駱先生書示：「柳先生任教次序：江南高等商業學堂、江南高等實業學堂、兩江師範學堂、北京明德大學，（以上皆稱教員）鎮江中學（校長），東南大學、北京女子大學、東北大學、中央大學。（以上皆稱教授）」並說：抗戰前編印〈民國名人圖鑑〉，所載柳先生小傳，曾送請先生過目，手頭無圖鑑，就日記中錄出。〈中國文化界人物總鑑〉裏先生的小傳，即採自〈名人圖鑑〉。

張曉峯先生王冬飲先生遺稿序：「溧水王氏與丹徒柳氏，有南雍雙杜之譽。其所以勗吾儕者，曰篤實和厚，曰屏浮華而保天眞。」

蜚聲庠序、裁成極衆。遏邪說橫流、繫東南之物望。

錢堃新冬飲先生行述：「南京既建都，一時名儒輻輳。其齊聲講席者，則有若鎮江柳翼謀、吳縣吳瞿安、蘄春黃季剛、象山陳伯弢。……相與砥礪名節、商略藝文。遏邪說橫流，繫東南之物望。」〈張文〉：「民國八年後，新文化運動風靡一時，而以南京高等師範爲中心的學者們，卻能毅然以繼承中國學統，發揚中國文化爲己任。他們的代表刊物是〈學衡〉，該刊的發刊詞出於柳師手筆，可見他所居的地位。世人對北大、南高，有南北對峙的看法，柳師所以能挺身而出，可說是南菁書院求是學風的發揚光大。」

時有派先生講學域外之議，使東西聖哲之說炳煥無既，而事不果行。

施之勉先生書示：「三十七年六月二十二日午後，余謁見先生於南京龍蟠里國學圖書館。先生與我談兩小時。所談者爲〈朱子語類〉一書，先生正在看此書也。先生送我至門外，并約翌晨在新街口雅敘園喫點心。又談兩小時。先生云：『有一次在教育部開會，張君勱提議我國當派學者到國外講學，柳某可去，惜不會說英語。余即說羅素、杜威來我國講學，他二人是英美人，故用英語。我到外國去講學，我是中國人，自應說中國話，何以要說英語。張先生錯矣。』」

先生送吳雨僧之奉天序：「苟昌其學，何間乎遠邇。二子者（按吳雨僧、梅迪生）各以一身肩吾國文教之責，使東西聖哲之學說，炳煥無既。」　按：先生如講學域外，當以此重責自負。

先生早年曾從事國民革命，及北伐之後，功成不居，令人欽敬。

姚夢谷先生說：柳老和趙伯先（聲）同里，意氣相投，曾獻身革命工作。先生趙伯先傳：「未幾，（伯先）應兩江師範教員之聘，內結同校教員學生，外結黨徒。癸卯（清光緒二十九年，西元一九〇三年）秋，假借俄事爲會於北極閣，演說革命，南京學生咸集。」　按：先生或同時任兩江師範教員。

羅佩秋先生說：柳老師在清末民初，曾獻身革命工作。清末是否曾加入什麼革命團體，不得而知。民國建立後，則不曾加入過任何黨派。在革命工作艱困時，柳老師致力革命。北伐之後，奠都南京，可以有官做的時候，則功成不居，轉置身局外。這一點最令人欽敬。柳老師和南社中人多有交往，然不是南社一分子。　宗海若先生所說略同。

教學之外，民國十六年，任江蘇省立第一圖書館館長（後改名國學圖書館），**歷時二十餘年。**

按：清末端方奏辦江南圖書館，後改名江南圖書局、江蘇省立圖書館、江蘇省立第一圖書館。民國十六年底，改名國立第四中山大學國學圖書館，後大學改名江蘇大學、中央大學，館名也隨之而改。十八年更名爲江蘇省立國學圖書館，此後沿用不改。　先生論著中所稱國學一詞，多指國子監，所以先生實以典守太學秘籍自任。如以先生在學術上的造詣，說是當時的國子祭酒，也不爲過譽。

〈張文〉：「南京建都以後，柳師膺聘爲南京龍蟠里江蘇國學圖書館館長，一直到三十八年淪陷，垂二十年之久。龍蟠里圖書館即是他的老師繆荃孫所創辦的江南圖書館，薪火相傳，有道義上之責任。二十年來，這所圖書館，因有一代大師坐鎭，蔚爲首都文獻淵叢。」

接任伊始，即禮聘俊秀。

趙吉士先生書示：「十六年北伐前，由教育廳長江恆源兼任館長，設主任一人，執行館務。柳老師於十六年接任時，係聘任，由支主任偉成移交。」

〈國學圖書館小史最近職員錄〉載先生於民國十六年七月到任。時象山陳伯弢漢章、江寧王伯沆瀣、黃梅湯錫予用彤、江寧李小緣任參議。丹徒趙吉士鴻謙任主任。新建程夢徵學怡、淮陰范耒研希曾、丹徒張祖言逢辰、漵浦向覺明達、富陽繆贊虞鳳林等，分任各部主幹，多係先生到任後延攬，極一時之選。

趙吉士先生說：當時圖書館的待遇低、工作重，大家都不肯到圖書館做事。然柳老師的學養既足號召，至誠更爲感人。接任前有一天到舍間時，傾盆大雨中聽到敲門聲，女傭從門縫中看到是穿黃衣服的。當時軍閥雖已潰敗，散兵遊勇，仍不時出沒騷擾，就不敢開門。而敲門聲斷續了半個多鐘頭，不像是存心滋事的。先君心知有異，遂令開門。見是柳老師，穿了黃色雨衣，致生誤會。坐定後，說明來意是要我去做主任。我在南高畢業後，柳老師曾要我留校任助教，因已應天津交通部第一扶輪中學之聘，未能應命。這次當即表示，衹要老師覺得我才堪勝任，一切願聽從老師的囑咐。北伐前多任館長都由教育廳長兼任。省政府爲了崇敬柳老師，發表館長用聘書而不用派令，接收後又不好用平行公文報廳，因此由我和前主任支偉成辦理交接，用主任名義呈報。

整理藏書。

〈國學圖書館小史〉：「館中藏書，種別繁複。十六年秋季檢查，善本書都一萬八千五百四十九冊，續提善本書三萬一千七百二十六冊，普通閱覽書九萬六千六百八十五冊，教科書二萬七千零四十九冊，時文試帖雜書九百九十九冊，雜志二千一百四十六冊，名賢手札七十二冊，包世臣文稿四冊，大凡十七萬七千二百三十四冊（十七年續增書尚不在內）。而地圖標本檔案之別具寫目者不與焉。初館務懈弛，物議滋多，經大學行政院遴員偕館員清查，得目存而書亡者如干種。時移物換，無可追索。又得書存而無目者二種，亦不知其自何而來。至包世臣文稿，與剔除雜手稿三百九十七葉，共貯一處。細檢之，包文第一冊標題十七葉，惟存十三葉，實失去包氏手書文稿一篇云。」

按〈國學圖書館年刊〉詳記每年修補和重裝破損圖書數字，最多時年逾萬冊。

釐訂規章。

〈國學圖書館小史〉規制載有：藏書編目歸架章程、第一圖書館章程、善本保管規則。以上係舊有規章，頗爲簡略。先生蒞任後，釐訂現行章程，總則八條、保管部規程十四條、編輯部規程二十二條、閱覽部規程十七條、傳鈔部規程十六條、訪購部規程十一條、印行部規程十條、參觀規程六條、住館讀書規程七條、附則二條。詳明周密，凡事咸有依據。

開放閱覽，謂館員宜儘量為閱覽者服務，督責極嚴。

趙吉士先生書示：「先是，館書塵封深扃，開放閱覽，自十六年始。闢閱覽室二：一善本、一普通。社教機關例於星期一放假，每星期二上午八時，柳老師召集主任主幹舉行館務會報，督飭極嚴，事無不舉。嘗語館友，服務圖書館者，如同服務銀行。銀行錢鈔，行員不得取用，圖書館員不得自由取書入宿舍閱覽。」又謂：「圖書館非清閒之地，館員宜儘量爲閱覽者服務，如某書無重份，已有人借閱，後至者可介紹某叢書有刊本，或告以某書性質相同，可以參閱，以便利閱讀者之需求。所有館務，均於每週館務會報提示要點，館員人人勤奮者以此。」

按：〈國學圖書館年刊〉有每年閱讀人數統計，年有增加，最多時年逾十萬人，後更增闢期刊閱覽室等。一再減免善本閱覽券規費，闢有專室，並給予食宿便利，供各界人士住館讀書。其遠道不能到館讀書的，訂有辦法，代爲傳鈔，最多時年達五百萬字。

主持館政，計日程功，館員人人勤奮，雖人員無多，經費不裕，而事無不舉。

據〈國學圖書館最近職員錄〉，不計參議，合傳鈔員、修書工共二十一人。又該館〈民國二十年概況〉云：經常費自十六年十二月，依據三萬元預算，七五折支領。十七年仍之。十八年經教育委員會議決補發追加費二千五百元。十九年度照案增加七千五百元。二十年度決算收入僅二八、一○五元，支出二四、七○九元。原定二十年度預算概數爲六五、○四○元，建築費在外，實收支相去遠甚。

至七七抗日軍興，十年間，成就最著者，大端有四：

一、**藏書激增，善爲典守。**

十六年秋檢查結果，藏書十七萬七千餘冊。後汰除教科書及時文試帖雜書二萬八千餘冊。到二十四年底達二十二萬四千冊，平均每年約增一萬冊。以一所省立圖書館的經費來說，這一增加率是很可觀的。圖書的來源，有購置、贈予、交換和傳鈔等。傳鈔的以鈔自北平圖書館和吳興劉氏嘉業堂的爲最多，都是珍本祕笈。所增圖書，也不乏善本。如趙吉士先生說：柳老師曾收購一部王筠的〈說文句讀〉手稿本，比刊本多出不少，柳老師撰有長跋。

潘石禪師說：我有一年在舊書攤上買到一部武昌范氏舊藏的善本，不知怎麼給先生知道了，亟請收歸館有，因木樨香館的書已多歸國學圖書館。先生愛惜書，那眞比對自己的子女還要周到。

趙吉士先生書示：「國學圖書館藏書近二十萬冊，初無館藏印章。柳老師備石章二，督書工一人，每日自朝至暮，善本加鈐『江蘇省立國學圖書館之印』，普本加鈐『盋山書藏』印，盡三年乃畢事。抗戰期間，館書爲僞組織移徙他所，分置各處。柳老師於勝利返都時，一一收回，由於館書咸有藏印，得以辨認，他方不得強爲己有。」

二、**編印藏目，體例完善。**

館藏的圖書、檔案、名人手札、拓本影片和書畫，全都編印了完善的目錄。既便讀者，又可徵信。各種目錄，無不著錄詳明，分類允當。（說見下文先生撰著部分）近百年來我國公藏圖書文物的目錄，編印的完善，還沒有比得上國學圖書館的。

三、**傳鈔印行，廣爲流通**。

傳鈔情形，已見上述。重印的館藏善本，由圖書館、中社、其他團體或個人印行的，從十七年到二十五年，共得五十多種，都由先生撰爲跋文，載在〈國學圖書館年刊〉，並或轉載其他學報。商務印書館原曾向該館借印若干善本，惟既無辦法管理，又無專人負責。十六年秋後，由圖書館和商務訂定合約，依約履行。先後共計四十一種：內〈四部叢刊〉初編所印三十六種，續編、三編和〈續古逸叢書〉各一種。百衲本〈二十四史〉二種。

十八年二月出版的〈中國圖書館協會會報〉四卷四期的圖書館界消息：「中央大學圖書館近與國學圖書館合組一善本印行機關，名曰『中社』，影印姚際恆〈好古堂書目〉、陳沂〈金陵古今圖考〉、洪武金陵圖志〉、戴鹿牀手寫〈宋元四家詩〉、嚴修能精寫〈東萊書說〉五種，均經出版發售。拾墜之功，至有足稱者。」並在新書簡介中分別介紹。

趙吉士先生說：當時印書，因館中經費不裕，由中央大學和圖書館各出一半錢，印出來的書也各分一半，各自處理，互不過問。所謂「中社」，祇有我和中大派出的一位先生，印書時接個頭，如此而已。二十二年，我離開國學圖書館到鎭江去後，中社就連名義也不存在了。

四、**研究學術，刊布論著**。

晚近若干圖書館，以學術圖書館相標榜，然循名責實，不見有何成就。國學圖書館除以藏書供各界人士研究之用外，館友著述，也斐然可觀。僅揭於年刊的，每年約百萬字。印成專書或在其他刊物發表的，又不知凡幾。年刊自十七年至二十五年，凡編印九巨冊。除刊載先生和館友們論著之外，並有善本題跋，各種目錄，統計表格、重要函牘等。報導館務，甚為詳盡。內容充實、體例完善。在圖書館刊物中，至今仍是首屈一指。

抗戰軍興，分別將藏書貯地庫，錮密室，存舊館，運興化。既奏勝利，附船遄歸，分別檢尋，蒐集叢殘，合三十五年後增益，於是統計圖書，視舊管達四分之三，編為現存書目二十卷。

先生〈國學圖書館現存目序〉：「抗戰軍興，盋山善本寄存故宮博物院地庫。遴其次者，錮密室。挈叢書方志近三萬冊，舟運興化。餘書悉存龍蟠里舊館，不克徙善地也。廿九年日軍入興化，而館書藏觀音閣近七千冊為所燬。卅二年，偽師長某刼中圩羅漢寺藏書萬四千餘冊。留守職員先事潛寄數千冊於盛莊民家，迄今訪求未得。詒徵之罪，無可逭也。漂泊陪都，屢聞京書故在，惝怳不敢必。既奏勝利，附船遄歸，乃知京館所儲，故宮地庫所貯，悉徙他所，約存十七八。惟檔案及印行書，為偽館不肖者計斤鬻之紙坊，可為浩歎。舊館為偽師範學校等假用，曩之扁額器具蕩然，匪獨圖書也。痛悼之餘，姑先收旁屋入居，百端草創。次第分別檢尋。館書故有圖記，不難剖辨。而普通書凌雜狼籍，驟難董理。館友少而念同，冒雨雪，犯風日，晨往暮歸，無遠邇惟步。長日埋首蹲踞塵坋中，釐剔府部院會學校及私人藏書，迺克分館書，繩束架閣。賃街車裝載，往返監運，疲曳喘汗。抵館門，輿人倉卒投百千束於門廊，亟返載。在館員役，肩手雜舉，先庋之地上。地隘不容，又由甲地遷於乙於丙。

俟畢，迺獲分別部居。及秋，矢死收回陶風樓，扶病督員工，移平屋中書轆轤歸樓。復循舊目，按部次比。各方摯友助訪館書，還者、贈者、交換者，亦時有增益。於是統計現存圖書，視舊管達四之三。書畫手札古物木版，歷刼尚存者，悉事簿錄。綜計在寧之書，宋本胥存，元本得百之九二，明本得百之九三，普通書損失綦鉅。運至興化之書，歸者千三百九十三冊，其大宗清刊，旦夕訪偵，存亡莫必。三十六年十二月。」（節錄）

海寧蔣慰堂師復璁〈珍帚集〉：「國學圖書館在抗戰時有書數萬冊送存興化縣佛寺，全部損失。留在南京的，敵僞放在僞圖書館委員會。本人在勝利後，教育部派任京滬區特派員，組織委員會查點該僞會的書。於是國學圖書館的宋版書並未缺少，僅元版書、明版書及普通書稍有損失。」慰堂師說：陳群的澤存書庫，奉令由中央圖書館接收，柳先生曾要會同清點。因這批書是由陳逆私人收購所得，且同時還有其他單位也想染指，未允所請，以免紛擾。後來在這批書中，凡發現有國學圖書館藏章的書，仍都送還了該館。

淮陰祁重光師述祖說：先生把書運到興化，是因爲當時江蘇其他縣分都淪於敵僞，省政府遷興化。先生離開興化後，不多天也就淪陷了。

主張圖籍被敵僞焚燬者，並向敵索償。

〈中華圖書館協會會報〉十九卷四至六期合刊會員消息：「柳詒徵於九月杪由渝搭輪赴京，負責調查東南各地圖籍損失，並向敵索賠償工作。柳氏在渝曾致函教育當局，論接收圖書文物事宜。主張澈底追查，各歸原主。其被敵僞焚燬者，並向敵人索償，申論甚詳云。」按會報二十卷四至六期合刊，有先生國學圖書館損失概況一文。

先生因館務諸多不遂心處，有倦勤之意。擺脫館務，在三十八年。二十年來，與館書共存亡。

按〈江蘇省參議會會刊〉：教育廳曾削減全省社教機構經費，而三十七年編列國學圖書館疏散經費甚少，頗爲先生和其他參議員不滿。

趙吉士先生書示：「三十六年秋，柳老師『敬酬鵷雛先生貺長篇』古風一首，吉士藏有手跡影片。前半敘說主持國學圖書館，自十六年至三十六年事，可補〈國學圖書館小史〉所未及。三十七年冬，國學圖書館增設副館長一人，由金崇如學兄宗華擔任。柳老師擬將善本書隨政府南遷，教育部撥款補助，書已裝箱，款未及發，乃作罷。柳老師於三十八年春赴滬，館務由副館長在京處理。不久上海淪陷，柳老師擺脫館務，在三十八年。二十年來，與館書共存亡」。

抗戰前曾經營「焦山書藏」，預修〈江蘇通志〉。

遜清時阮元建焦山書藏。先生曾在抗戰前設委員會董理，編印藏書目錄。

常州莊蘊寬（曾任肅政使）任通志館長。先生有〈江蘇書院、社會、錢幣三志〉初稿，共約三十萬字，分載〈國學圖書館年刊〉第四本和第六本。

二十二年秋，講學河南大學。

趙吉士先生書示：應校長許星武先生之邀。於某次講演後忽患腦充血，未及一週霍然而愈。（詳

下文）

抗戰期間，先生經江西、湖南、貴州入川。經江西時，曾講學第三戰區及浙江大學。三十三、四年，膺中央訓練團高級班講座。

〈張文〉：「抗戰期間，國學圖書館遷蘇北興化，保存無恙。他自己從浙贛路、湘桂路經貴州至重慶，寓居中央大學柏溪分校。過江西泰和曾在浙大小住，演講時忽中風，賴中醫針灸而愈。至抗戰勝利，他年近七十，身體還是很好。」

趙吉士先生書示：「三十年秋，江蘇省政府間道自興化護送柳老師經贛入川，於上饒小作勾留，仍手不釋卷，圈點小字本〈漢書〉。時吉士奉教育部令，視察皖南學校，道經上饒謁師旅邸，曾親見之。」

連雲王世伯公璵說：先生經江西時，顧墨三將軍任第三戰區司令長官，曾給先生一名義，並在居留期間，請先生對將校級軍官講學。

羅佩秋先生說：民國三十三、四年間，中央訓練團曾請先生任高級班講座，歷一至三期。團址在重慶復興關（也叫浮圖關），受訓學員後來很多都做了部長。

先生曾參加中國圖書館協會、史學會等，任江蘇省文化運動委員會主任委員。

中國圖書館協會成立於十四年六月，〈協會會報〉於先生就任圖書館長事，未加報導，三卷四期（十七年二月）於江蘇兩省立圖書館改名的消息中，始提到先生。十七年底，受聘爲首屆年會籌備委員。十八年一月二十八日晚六時南京圖書館協會假金陵大學東樓，設宴歡迎全體會員，先生發言以圖書館員之責任，妙譬書僮。次日任行政組副主席。先生在年會中曾提：「本會調查登記國內外公私所藏善本書籍，編製目錄，以便籌備影印。」「由本會呈請國府，通令全國各機關，凡新舊印刷公佈之出版品（統計、公報、書籍、案牘、圖表、文件），按照現入本會之圖書館，一律贈送一份，俾衆公閱。」「請本會編製全國地志目錄」等三案。十八年三月八日，協會組織參加國際圖書館會議委員會，聘先生等十六人爲委員。四月二十八日，在北平舉辦國際圖書展覽會，會中展出〈國學圖書館年刊〉和〈小史〉，爲同類展品中翹楚。同年先生任協會監察委員。並任編纂、版本調查兩委員會委員，善本書調查委員會主席。委員會工作，其後並未展開，監察委員則連任到抗戰勝利以後。

楊家駱先生說：抗戰期間，柳先生在陪都發起籌組中國史學會，成立後，先生被選任首任會長。

姚夢谷先生說：三十五年，鎮江成立江蘇省文化運動委員會，柳先生是主任委員，我做秘書。

三十五年，膺選江蘇省臨時參議會參議員，歷次會議中發言、提案，多是關於徵糧、財政、文教、褒忠等事項。

三十五年三月二十三日，國民政府明令公布江蘇省臨時參議會參議員名單，計冷遹、張九如和先生等五十人。參議會於同年六月六日在鎮江開幕，第一次大會於同月十八日閉會，舉行會議十六次，先生均出席，任文化組審查委員召集人。歷次會議中，據會議記錄，先生凡提質詢和議案四十多次。閉會後，任第一區駐會委員。第二次大會會期爲三十六年二月一日至十二日，共舉行十五次會議，先生均出席，任第三組審查委員和大會宣言起草人。所提質詢和議案共二十多次。第三次大會會期爲三十六年九月二十二日至二十八日，第四次大會爲三十七年五月十二日至十九日，先生都請假。參考同時國史館會議記錄，似因生病。第四次大會閉會期間，先生再任駐會委員，曾主持會議和發言多次。先生所提議案和質詢，以關於徵糧、財經、文教、褒忠等事項爲多。（據大會會刊和第四屆駐會委員會記錄，蒙沈陽夏任遠師豊雋借閱。）

三十六年初，國史館成立，先生任纂修，有〈清史藝文志稿〉，列傳等。主編館刊，館中條例規章，多出先生之手。修史意見，亦多經採用。

熊師翰叔說：纂修工作分志傳、編年和紀事本末三組，先生全都參加。每次開會，我都和先生同車。

先生有趙伯先、柯紹忞兩傳，載〈國史館館刊〉。主纂典籍志，有重修〈清史藝文志稿〉（見後）。任館刊總編輯，每季一期，三十八年初刊行至二卷一期。歷次會議中，先生發言和所提議案、纂修意見，據會議記錄，共約三十次。多係關於國史體例，史料徵集等事項，多經會議採用。筆者曾加彙輯，收在〈柳翼謀先生文錄〉。又國史館條例規章，每由先生擬訂。

姚夢谷先生說：先生因須專心於國學圖書館，初膺國史館之聘時，不擬就任。按：國史館不僅負責纂修民國史，對明史和清史，也要糾謬補闕，重新修纂。圖書館藏書既可供修史之材料，先生對國史的纂修主張，也可有機會實現，當爲先生肯參預修史工作的原因。

三十七年，膺選中央研究院第一屆院士。

三十七年三月二十五日，中央研究院第二屆評議會，選出第一屆院士八十一人。歷史組爲先生和陳垣、陳寅恪、傅斯年、顧頡剛等五人。（三十七年〈中華年鑑〉）

初先生屢典京闈，三十八年，任考試院考試委員。

先生有癸酉（二十二年）京闈和（張）默君先生攬揆之作即呈（邵）翼如同年五律一首。

榮昌謝健〈謝鑄陳回億錄〉：「民國二十二年，國民政府簡派柳詒徵等十五人爲第二屆高等考試典試委員。本屆考試分南京、北平兩地。十月二十日，兩處考試同時開始。第一次爲甄錄試。第二次爲正試，北平試卷均解京集中評閱榜示。第三試面試，所有正試及格人員，亦均集中南京舉行。十一月二十五日放榜，計錄取一百零一人。十二月二日考試院舉行發給證書典禮。」（節錄）

施之勉先生書示：「二十二年首屆高考歷史試題，係柳老師所出。」

楊家駱先生說：柳先生曾屢任典試委員。

〈考試院施政編年錄〉：三十八年三月三十日總統令：提任柳詒徵等九人爲考試院考試委員。（承青島王恆文兄檢示。並告：這是第二次提任的。）

〈張文〉：「民國三十八年，柳師與我都是新任考試委員。我從上海飛抵廣州，就用考試委員的名義。在廣州接到柳師的電報，說正設法南來，終因交通阻隔，未克成行。」

先生畢生盡瘁於教育事業，學不厭，誨人不倦，而一介不苟取，自奉儉約。

泗陽吳子敦世伯春科說：勝利後先生所任職務雖多，薪水祇支國學圖書館的一份，生活並不寬裕。我在三十七年離京前，曾去看過先生，那時鈔票已不作用，手頭又缺乏黃金、銀圓，最後祇好把膝下的幾擔米送給他。

楊家駱先生說：三十八年在滬，辭別先生，次日先生題贈「楊柳依依」四字。雖先生平素自奉儉約，那時生活並不寬裕。

暮年息居滬上。

趙吉士先生說：柳老師滯留上海，原因很多。我們年輕一輩行動方便的都先走了。抗戰時期，柳師母始終留在淪陷區，這次要七十多歲老人攜眷遠行，實不容易。再加上國學圖書館的書無法運出。路費也許並不湊手，種種原因，使柳老師未能出來。

壽臻耄耋。

〈邵文〉：「有不幸的傳說，謂先生已於去年（按：民國五十年，先生八十三歲）去世，我很希望這種傳言失實。」

〈張文〉：「今年（按：民國五十七年）正是柳師九十大壽，傳說已不在人世。」

高仲華師說：四十九年到五十三年，我在香港時，聽說柳師過世了，但不能確定在那一年。

趙吉士先生書示：「抗戰期間，謠傳柳老師在興化病故，長沙〈李星廬詩鈔〉，有輓柳翼謀先生詩：『柳侯卅載相知舊，國史胸羅萬士無。照眼虬髯身英偉，驚人秀句落江湖。韓非顯學稱三墨，魯國諸生此一儒。世亂未平斯老逝，誰評正論折狂夫。』四十五年，蘇瑩輝君函告吉士，三十年客居滇省大理，嘗讀詩鈔錄寄。」並說：前些年傳出柳老師過世的消息，大家還希望像抗戰時的謠傳失實一樣，不過這次恐怕是眞的了。

梁子美先生函示：「橋川書謂卒一九三六，不知其致誤之由。」 按：橋川時雄〈人物總鑑〉謂生於一八七九年，係就清光緒五年換算，也有一年之差，已見前。

有一子一女，子屺生，攻數學，任職銀行。女定生，承家學治歷史，曾執教中央大學。孫男五人。

趙吉士先生書示並說：屺生師弟中央大學數學系畢業，在進大學前曾圈點過〈十三經〉。娶劉氏，常州人，生子五。柳老師兩代單傳，於兒孫繞膝時，狀至愉悅。三十八年居上海時，屺生師弟任職上海交通銀行。秉性剛強，後來聽說對新貴們的作風看不順眼，憤而辭職。柳老師寓重慶柏溪時，定生師妹于歸。定生師妹攻歷史，能傳家學，時任中央大學副教授，更受柳老師寵愛。

先生祭姊文：「搴帷倚杖，孰呼老三。」 趙吉士先生說：柳老師無弟兄，有一胞姊。大排行第三，里人稱柳三太爺。

姊適徐，早寡，有甥女一人，婚後遭遺棄，先生至為痛心。

祭姊文：「奈何吾姊，復稱未亡。……母也有男，姊兮惟女。」先生有示徐氏甥女七古一首，與祭姊文讀來都為其骨肉至情所感動。 趙吉士先生書示：姊適徐氏早寡，有一女，柳老師迎養，終其身。二十二年秋，柳老師講學河南大學，時值九一八事變及甥女遭遺棄，國讎家難，交縈於胸，某次演講後忽患腦充血。先生倪君遠甫傳：「君與予姊夫徐粹甫有連，粹甫數數稱道君，予已聞而韙之。粹甫客死廣東。……」

先生為賓叔公族裔，家學淵源。

趙吉士先生書示：「賓叔公名興恩，清史儒林有傳。〈三願堂遺墨跋〉：『吾家賓叔公治〈毛詩、穀梁、翼梁〉，翼南公治〈尚書〉及〈說文〉，爲漢魏文字。』又：『憶詒徵年二十許，識森甫世丈，丈輒縷述賓叔、翼南兩公佚事。』」

按：先生〈穀梁大義補闕跋、重校刊古經解鈎沈跋〉，略敘族祖賓叔、翼南兩公學術。〈國史要義〉引賓叔公學說稱叔祖。

工書法。

宗海若先生說：柳先生的隸書近清道人，而每一筆節節回鋒，是其特點。先生的詩文和書法，都足以名家，而爲史學所掩。

〈學衡〉二十八期起，刊有先生鬻書例：「楹聯四尺四元，每加一尺遞加一元。堂幅四尺四元，每加一尺遞加二元。屏條橫披折半。市招匾額每尺二元，扇冊每件二元，壽屏每條十元。碑誌題跋另議，磨墨費視潤金什一。」

〈邵文〉：「一次省議會開會時，我和先生劫後重逢，不禁破涕爲歡。我問他一向在上海情況如何？他豎起三個指頭說：實行三賣：賣文、賣字、賣批八字；亂世文章不値錢，字則偶有顧客，算命生意卻很興隆。言下不勝感嘆之至。」

文不加點，往往振筆疾書，作詩如雲移水流，妙手天成。詩文書法，俱足名家，而為史學所掩。

施之勉先生書示：「錢基博先生作〈現代文學史長編〉，余問何以不入柳先生。曰先生史學。」

高仲華師說：就文論文，柳師似不如伯杭師，然柳師為文，思慮周密，條理井然，可說是一時無兩。柳師文字質樸古雅，不做駢體文，不寫辭賦。

按：南高、東大以至中大，固多能文之士。而如若干學報發刊詞，中社所印古籍序跋，以至重要文牘，每出先生之手。　又按：先生所作〈趙伯先、柯紹忞兩傳〉，用阮元擬儒林傳例，采掇舊文，悉注所出。可見先生善於剪裁，且強於記誦，故能採用這一方法。　又按：定生先生贈柳老手書自撰詞一闋影本。

博聞彊識。

〈張文〉：「他曾說：我對若干文史要籍，是爛熟於胸中的。」豐潤梁子涵先生說：先生著述時，先將所需資料，擺滿了一張大檯子，需用時隨手翻檢。

按：先生的著述，無不繁徵博引，考證賅博，鎔鑄百家，層次分明，眞是讀破萬卷。

治學受到世界思潮影響，非乾嘉學派所能範圍。

〈羅文〉：「他治學的幅度比王伯沆先生廣，研究的對象，在那時的讀書人中是自闢蹊徑，開創自己的天地。我幾次看到他和楊杏佛、梅迪生吃館子，也幾次聽他讚美楊、梅和湯錫予先生的國學造詣。甚至有一次說到要怎樣宏揚白璧德的學說，對西方人文主義津津樂道。他從劉伯明、梅迪生、楊杏佛、秉農山、湯錫予、胡步曾、吳雨僧幾位留學生中，發現他們對舊學都已摸到門徑，喜歡和他們往來，從他們得到一些西方知識。」

講求經世致用。

先生〈中國文化史・弁言〉：「學者必先大其心量以治吾史，進而求聖哲立人極、參天地者何在，是爲認識中國文化之正軌。」同書緒論：「治歷史者，職在綜合人類過去時代複雜之事實，推求其因果，而爲之解析，以詔示來茲。舍此無所謂史學也。」先生早歲獻身革命，有憂國憂民之志，見外侮日亟，致力於邊疆史，亞洲史之研究，而關於歷代倭患尤爲注意。所以先生治學重心，實是治國平天下之學。先生從不空言爲學問而學問。

抉隱闡幽，每具隻眼。

施之勉先生書示：「柳老師說：竺可楨說我國學者著書，向來不注重統計數字。余對竺說：何不去查閱〈漢書地理志〉，郡國一百三，戶口均有詳細底記載。開頭京兆尹，戶四萬三千四百七十，口二十三萬五千八百二十五。訖長沙國戶口。又如長安雒陽等十縣，亦記載其戶或口。何可胡言亂道，不注意統計數字也。」按：先生所著如〈中國文化史、國學圖書館小史〉等，又如〈國學圖書館年刊〉，常詳列各種統計數字。

先生有〈族譜研究舉例〉，長六萬字，又有〈讀趙氏宗譜〉，長萬言。〈國學圖書館館刊〉屢次刊有徵求族譜啓事。近年研究族譜，漸成顯學，或謂受外國人影響，而不知先生在四十年前，已加注意，且其研究所得，迄今還少有人比得上。〈中國文化史〉對歷代圖譜，記述甚詳。〈國學圖書館總目〉將圖與經史子集叢方志並列。施之勉先生書示：「先生繪製〈禹貢圖〉一大幅。」我國圖譜之學式微已久，先生極力興廢繼絕，發揚光大。

於學無所不究，精於子平，亦重實證而不空談。

趙吉士先生書示：「柳老師於學無所不究，精於子平，而不爲人推算，但於親友訃啓，排比其年月日時，推其病沒之數，藉以徵驗，而喻其他。重實證而不空談，其事雖細，爲學之方，可以推見。」

撰述等身，約五百萬言。

楊家駱先生說：先生曾說他著書用綱目體，是仿宋錢文子的〈兵志〉。同門友合肥王靜之兄說：先生著述，略去引證文字，大綱自成一篇。非胸儲萬卷，組織力特強，不能有此。近人惟先生和黃岡熊十力最爲擅長。

有〈中國歷史教科書〉、

施之勉先生說：先生早年所著，有刊本，今希見。

〈中國文化史〉、

〈張文〉：「原是我們級上的講義，那時柳師隨編隨印，每週發給毛邊紙的講義，其忙碌可知。」後連載於〈學衡〉第四十六至七十六期。先生有識語云：修訂至十五年。然書中徵引資料，截至十一年，實成於先生四十多歲時。二十二年，南京鍾山書局因中華紙版（〈學衡〉由中華書局印行）印布千部，蜀中又有線裝本，轉相流布。三十六年由正中書局印行，現印到臺九版。據〈學衡〉啓事，當時已有盜印本。同門友新寧阮訥堂兄說：中山大學曾節錄油印做講義。

〈國史要義〉、

〈張文〉：「柳師對史學主張沿流討源，援古證今。……當年（民國八年至十二年）柳師講歷史方法，初發其凡，是書到他晚年才完成，可以說是一部空前的名著，其價值較劉知幾〈史通〉與章實齋〈文史通義〉，有過之無不及。」按：中華書局印行，現印至臺三版。

〈國立中央大學國學圖書館小史〉、

未著撰人名氏，〈國學圖書館圖書總目〉題先生撰，民國十七年戊辰印行。中央研究院、中國文化學院、臺灣師範大學都有藏本。

〈藝林通考〉，

〈張文〉：「有一次曾談起他正在寫〈藝林通考〉一書，以古今學術源流爲主幹，穿插了師生傳授的故事和美談。」

其他論著，散見各學術刊物。

〈張文〉：他的著作，散見於〈學衡、史地學報、史學與地學、史學雜誌、國風、方志、學原〉及〈江蘇省立國學圖書館館刊〉等雜誌，正在設法收集彙編，擬印爲全集，以詒國人。按：〈中國一周〉九二八期所載〈張文〉後，有中國文化學院徵求先生著作啓事。筆者曾集先生序跋六十二篇、論著十六篇、傳記二篇、雜著七篇、詩五十一首，共二十多萬字，編爲〈柳翼謀先生文錄〉，五十九年六月由臺北市廣文書局印行。期刊中所載先生論著，每有抽印本單行，著錄於〈國學圖書館總目〉中。康虹麗小姐撰有〈梁任公的新史學與柳翼謀的國史論〉，擬爲先生編著作年表，以材料不全，尚未定稿。知見所及，先生著述，合專書和論文，不下五百萬言，而未刊行的講義和稿本，還無從估計。

所編及主持編輯之書，則有〈重修清史藝文志〉，尚未定稿，

孝感昌瑞卿先生彼得說：所積卡片充廚盈室，尚未定稿。

〈江蘇省立國學圖書館圖書總目、補編、現存目，盋山書影〉、

總目四十四卷，所收以二十三年底爲斷，補編十二卷，以二十四年底爲斷，共二十二萬三千八百四十八冊，葉幅未計。體例之善，約有數端：㈠合善本與普通本、單行本與叢書本爲一目。㈡善本注明來源和重要藏印。㈢著者都冠以朝代和籍貫。㈣類例精善。現存目二十卷，三十六年十二月先生序而行世。抗戰勝利後蒐集叢殘，益以新增，視舊管達四分之三。書影精選宋元本一百二十六種，民國十七年印行宋本一輯，嗣印元本二輯。

〈陶風樓藏清季江寧局署檔案目、名人手札目、拓本影片目、書畫目〉等。所重印善本書數十種，亦一善本叢書。

國學圖書館原爲端方陶齋、繆荃孫藝風所創，館中有陶風樓以爲紀念。檔案目等分載年刊，約民國二十四年前後單行。筆者爲廣文書局輯〈書目四編〉，備收〈總目、書影〉等四種，已於五十九年六月印行，檔案目等嗣出。國學圖書館所印善本多由先生選定，並各撰跋文。當時在數量上，超過北平故宮博物院和國立北平圖書館所影印的。

〈學衡、國風、史地學報、史學與地學、國學圖書館年刊〉等刊物，先生亦費心擘劃經營。

〈學衡〉創刊於十一年一月，先生任總幹事。杭縣方杰人先生豪民國以來的歷史學，列爲有關史學創刊最早的刊物。〈年刊〉始自十七年，與〈北平圖書館月刊〉略同時，時先生甫任館長。〈國風〉創刊於二十一年九月，先生任社長。其他刊物，率由先生發起，撰稿交付刊布，未必過問編政。

先生美儀容，長髯及胸，聲音宏亮，莊嚴瀟灑。無時不是悠然自得，望之若神仙中人。

〈邵文〉：「他經常穿著長衫馬褂，一尺長的旱煙袋，繫著黑布煙包，終天不離手中。清癯面孔，配上疏落長鬚，無時不是悠然自得，望之若神仙中人。」

梁容若先生函示：「二十一年暑中，杭州第一屆全國社會教育會三日開會中，得接風儀，聽一致詞。方面美鬚髯，風度近北方之高閬仙步瀛，高亦相侔，惟差瘦耳。」

羅佩秋先生說：柳老師面孔豐腴，短下巴，所以中年便蓄鬚。平常坐在那裏，不開口說話，也總是帶著微笑。

謙德虛懷，風義篤厚。

梁子涵先生說：柳先生身材中等，高約一百七十公分，莊嚴中露出和藹。

〈羅文〉：「柳老師是一位謙謙君子，……從未聽他說過他自己在學問上有若何成就。」

〈邵文〉：「他從無老氣橫秋的派頭。簡易天眞的行徑，往往超過我們少壯派。某日先生由鄉間進城，受窘於衛兵，先生認爲士兵執行命令認眞，足見平時訓練有方，抗戰前途，一定勝利的。我起草〈朱愛周傳〉，繕請柳先生修正，一再固請，約略改動二三十個字，凡改的地方，不在原稿上塗抹，另加簽條，分別注明。此種謙虛的態度，格外使人感愧。我續絃時，請定先生爲證婚人，不意他臨時生病，改請他人。病愈後，特來訪我，並親書賀詩兩首。內人蜜月中所繪十二幅冊葉，先生對每幅均有題詞。這雖是他的興趣，但實爲彌補未與婚禮的缺憾，老輩風義篤厚，於此可見。」（節錄）

從公餘暇，流連山水，飲酒賦詩。

〈學衡〉所載先生紀遊之作最多，計有：登泰山作、圓明園遺石歌、城西紀遊八十韻、日觀峯觀初日、後石塢、滁縣雜詠、遊焦山作、遊牛首山、滁遊偶成、張文襄祠、湖口晚眺、遊烟霞洞作、遊嶽麓山、晚泛湘江、田家鎭口號、武昌渡江、觀湘軍轟城處作、赴湘舟中作、湖樓曉起、海行雜詩、遊小河、遊中央公園等。先生故舊詩文集中，每有與先生唱和詩篇。計先生講學、避難，行踪達十餘省，屢遊日本，何止行萬里路。

先生少時身體瘦弱，中年後始漸飽滿。已復多病，然善攝生，因能享高齡。

先生曾患失眠，屢次中風，已見前述。趙吉士先生書示：「二十二年秋，柳老師在河南大學某次講演後，忽患腦充血。蓋以九一八事變及甥女遭遺棄，國讎家難，交縈於胸。又以講演過勞，病乃突發。時師母居鎮江、師弟師妹均肄業中大，吉士得電後，未敢通知，恐驚動不安，即時趕往開封，迎返國學圖書館。柳老師精神至爲疲憊，音啞不能言。家人館友，環侍於側，咸爲焦慮。乃未及一週，霍然而愈。柳老師告吉士，平日運氣，病時氣不流轉，靜養二三日，氣復流轉，繼續呼吸，故能速愈。」

按先生詩中，屢有「六年瀕九死」一語，當以秉性謙和，善於頤養，因能致高齡。

先生之道德、事功、文章，識與不識，莫不尊崇。

之原作的。施之勉先生說：大綱全文是一篇淺近的文言文，的字可改之字。今遵改。

〈國語日報・書和人〉一五二、一五三期　六十年一月九日、二十三日

〈傳略〉主要依據是開場白中邵靜仁、張曉峯、羅佩三位先生的文章，並曾訪問過羅先生。施之勉、趙吉士兩先生除接受訪問，並提供書面資料外，且曾多次審訂稿子。其他接受訪問，或提供資料的，依本文中的順序為姚谷良、熊翰叔、梁子美、高仲華、潘石禪、蔣慰堂、祁重光、王公璵、夏任遠、王恆文、吳子敦、梁子涵、阮訥堂、昌瑞卿、方杰人諸位先生，除王恆文、梁子涵、阮訥堂三位是同輩友人外，其他十多位都是師長。約有三分之二業已辭世，憶及十多年前請益的情景，不勝懷念。瀏陽黃彰健先生曾說：以當時的環境、條件，寫成這篇〈傳略〉，很不容易，而最適當的寫傳人，當推繆贊虞，惜已先謝世。本文發表後，陸續也有些柳老的小傳問世，大致多節自本文。曾收到周邦道先生在某刊物發表的柳傳，著重在教育方面，周先生是春提學長的尊翁，世伯的行輩，即以頗採本文而賜增新傳。〈傳記文學〉有一篇約萬言的柳傳，增益的資料也有限。

從二十年前大陸改革開放後，漸有柳老的傳記刊布，起初是些官樣文章的小傳，只有幾千字而已。「解放」初期柳老在上海某文獻機構擔任一項職務，和幾個中學程度的青年處理些圖書業務，還得從很基本的地步調教起。毛共把智識分子看成臭老九，不識字的工農分子劃為紅五類，對大師級多是如此折磨。柳老幸在五十一年去世，免去紅衛兵的横加羞辱。

其實因本文而很得一些師長的教誨、勉勵。本來是有聞必錄，柳老譽滿天下，不免也有些誹議。有無錫錢賓四先生便對我說：柳先生可說是不合時宜的學者，你說他好，別人不當回事。只要略有微詞，有人便據以渲染。其實寫傳記重在揚善。寫不到的地方，讀者自然體會出這些方面大致是無足稱道。從這番話，我悟到錢先生一生很少同人打筆墨官司。

瀋陽鄭因百老師提到中央研究院首屆院士人文組內定的名單都是以北大為中心的學者，引起輿論譁然。才加上張菊生和柳老，眾人翕服。其實張和蔡子民是同榜進士。清末以來學術上雖分南北派，北派的領袖其實都是南方人。並告誡我這話不可以到外面講，所以沒有寫在〈傳略〉中。如今因百師已謝世多年，趁這機會補記於此，可以看出柳老在學術上的成就和聲望。

柳老未刊布的遺稿有幾十冊，尤其是日記、筆記很有價值，希望能早日整理印行。至於傳記，則有柳老的女公子定生和文孫曾符兩先生所撰的年譜，定然比〈傳略〉詳確得多，其過渡性的功能已完成。祇是年譜還未見到，所以借這機緣再印一次。

八十七年七月十二日

論語臆解度人金針

〈論語臆解〉，爲海鹽陳百年先生所撰，〈論語〉所載孔子言論，因文字簡潔，引起後世注家異解，甚至不同到相反程度。先生旁徵博引，定於一是，多確然不可移的定論。所釋雖僅一百零五則，然每解一字，釋一詞，分析某一句法，說明某一事理，無不就全書中所用該字詞、句法，相關事理，做一通盤解析、闡明。〈論語〉全書約五百章節，幾已全都涉及。然本書的主要貢獻，還不在這些字句的解析，和義理的闡發。而在其所用以解析、闡明的方法。

這些方法，融會了兩千多年來的注釋法則，而這些法則，前人固曾用過，然而常常不一致，也就是某些地方嚴格採用某一法則，某些地方又違背這些法則。所以一部一萬多字〈論語〉的注釋，常常前後矛盾，自相抵觸。而注釋〈論語〉，從何晏〈集解〉所引漢人注釋，以至現代，何止千百家，僅擇其重要的，也有數十家，彼此之間解說異同，更是頭緒紛繁。〈臆解〉就是在這一團亂絲中，清理出頭緒，爬羅剔抉，條分縷析，歸納成若干不同的解釋。然後就全書其他章節中曾出現過的這些字句，可以有那幾種用法，予以參互比較，把那些不符順、未中理、欠照應、穿鑿、不可、欠適切、相去較遠、文氣失貫、難滿意、曲折、於理難通、推測過甚、欠一致、過分不明顯、武斷、不合原文、斷章取義、想入非非、義遜、語氣太重、迂曲、拘執、有瑕疵、基本有誤、掛一漏餘、誤會、兩歧、需增字改字，甚至增字以解說的部分，一一排除。而採用那些同語同義、字順義洽、互相呼應、得其精義、較可從、可以類推、通例、可代入原文、較勝、合於常理、義長、義深、於文較順、合於文例、適切、同一語法的解說。所以本書所釋各章句字詞的結論，便能折衷至當，確切不移。

其實這些解釋，多是自漢以來的注釋中曾出現過的，可是夾在很多異解中，如最古的何晏〈集解〉，號稱最精審的〈朱熹集註〉，便會對同一字詞，作幾種不同的解釋。本書則在這些不同的解釋中，選取一個最正確、最好的。也偶有古今〈論語〉注本中，都沒有能當意的，那麼便旁採字書，或其他古籍的訓釋，以示其確然有據，而非憑空立說。

至於所用的方法，對於字詞，先找出該字或詞在本書中共出現過多少次，再就這些字和詞在各章句中的訓釋，共有幾種。如僅有一種，則可證在本書所釋章句中，自應也作這一訓釋。倘若訓釋不祇一種，那麼以在較多章句中作同一訓釋的爲通例，偶然作某一訓釋的爲特例。如把某一字詞作特例解釋，需有較堅強的其他佐證，方可採信。其實這一原則，朱熹〈集註〉便已注意到，而他有時也自亂其例。劉寶楠的〈正義〉對這一原則守得較嚴，不過也並未能如本書澈底。今人楊伯峻的〈論語注釋〉，後附詞彙索引，每字均注明在〈論語〉中出現若干次，各有那些不同解釋。可是本書則進一步說明那些字詞爲何應作某種訓釋，使讀者在知其然之外，更能知道所以然。如果能善爲體認這些方法，並廣爲運用，那麼對其他古籍中一些注釋紛歧的異義，也可運用本書所告訴我們的這些方式，去試爲理出頭緒，分爲幾組，求得一最爲順適的訓釋。

前人注釋古籍，解說字詞外，便闡釋章旨或篇旨，而不知分析句型。從西方的「文法」輸入我國後，有了〈馬氏文通〉一類的專著，成爲一門學問，而研究群經諸子的，仍然很少有能運用文法，去分析句型結構的。先師許詩英先生，撰有〈論語二十篇句法研究〉，於民國五十九到六十二年間，在刊物連載，然後由開明書店彙印爲單行本。把〈論語〉的全文逐章逐句逐字，都從詞性、結構、句型上加以分析，至爲精密。可是許師採用呂叔湘氏的文法，所用的詞性、結構等術語，不很通行。而於所謂補詞，分得太細，有時令人無所適從。可算是專家之學，一般人非得先瞭解呂氏文法，才能進而利用許著。許師又曾就若干古籍中的某一虛字，剖析其用法，寫成如〈論語中其字（也字、之字等）的用法探究〉，其方式也略如〈句法研究〉的分析字詞。並曾指導各大學一些研究生做同類的論文，一時成爲風氣。祇是都採用呂氏的文法，不易爲一般人所接受。

本書也常運用文法、句型的分析，去在衆多的異義中，找出最順適的解釋。所用的術語採習用的九品詞，易爲一般人所接受。句與句間，又每利用理則學去說明其關係。先生雖精研理則學，然所採用的術語和觀念，則力求其明白易曉。甚至運用其法則而不著痕跡，眞是深入而淺出。其例見後。

訓釋字詞，分析句型，屬於訓詁。本書又有就詞章方面如語氣、文氣等分析異義，雖然不多見，然每爲前人所未及。朱熹在〈四書精義、或問〉中，偶然也有討論〈論語〉的詞章，甚至討論〈集注〉的文字。清人注釋中，間或也有些。大抵〈論語〉每章字數不多，而後代多是長篇大論，因而不易以詞章去研析〈論語〉，可說大材不易小用。

考據在求眞，詞章在求美，而〈論語〉是說理的書，在指示人如何能止於至善。歷代以義理解說的，也衆義紛歧，所影響更大。本書也能截斷衆流，定於一是，不致郢書燕說。而考據字詞，分析詞章，也無非在求得在義理上探得孔子的本意，不致有所扭曲。

本文即在對本書求眞、求美、求善的一些方式，試爲解析。

本書序文說：

〈論語〉所載孔子言論，雖有說得很明白，一讀即可瞭然，無所用其推敲，遂亦不會引起異解。但多數則因古代文字簡潔，用字少而涵義富，說得不夠明確，可以作如此解，亦可作如彼解。於是後世的注釋家各逞己見，作了許多不同的解釋，甚至有不同到相反程度的。孔子立言，一定表示著確定的意見，不會可此可彼的。所以後世所作不同的解釋，不可能同是對的。只可能其一對而其餘不對，或亦可能沒有一種是對的。所以這些不同的解釋，不能並存，有予以鄭重取捨的必要。又有些孔子言論，後世各家的解釋，雖大體相同，沒有甚大的差異，但未必切合孔子立言的本意，亦有改釋的必要。

本書的結構，分簡釋與詳解兩部分。簡釋舉研究所得的結論，類似白話翻譯。詳解首先引述從前各家的主要詮釋。再把這些不同的意見歸納成若干類，並略加評論。然後旁徵博引，詳論各說之得失，從而找出最恰當的詮釋。最後做一總結，闡述孔子學說的眞諦。

所謂主要各家詮釋，徵引最多的是〈何晏集解、皇侃義疏、邢昺義疏、朱熹集註、劉寶楠正義〉五家。這五家又都是彙集了很多人的解說寫成的。

詳解部分其他引證的資料，凡七十多種，計有：

小學訓詁之屬　〈說文（含段玉裁注）、集韻、增韻、爾雅、經傳釋詞、古書疑義舉例〉等。

群經　〈周易、毛詩、儀禮（含孔穎達正義）、禮記（含陳澔注）、左傳、孟子（含趙岐注）、焦循孟子正義、戴震孟子字義疏證、大戴禮〉。

論語及四書注釋　〈焦循論語補疏、簡朝亮論語集注補正述疏、凌廷堪論語禮後說、日本竹添光鴻論語會箋、劉逢祿論語述何、畢沅論語補疏、閻若璩四書釋地、毛奇齡論語稽求篇、又四書改錯、又四書賸言、翟灝四書考異、方觀旭論語偶記、錢穆論語新解〉。

群經總義　〈王引之經義述聞、武億經讀考異、吳英句說、孔廣森經學卮言、臧琳經義雜記、朱彬經傳考證、俞樾群經平義、白虎通〉。

史傳　〈漢書、後漢書（含李賢注）、元和詔、幽州刺史朱幽碑〉。

諸子　〈荀子（含楊倞注）、墨子、呂氏春秋、淮南子、說苑、法言、論衡〉。

文集　〈朱子文集、段玉裁經韻樓集、阮元研經室集、臧鏞拜經堂文集〉。

筆記　〈孫奕示兒篇、王應麟困學紀聞、俞琰書齋夜話、莊述祖別記、陳啓捫蝨新話、包愼言溫故錄、汪中釋三九、李匡資暇錄、何焯義門讀書記、錢大昕十駕齋養新錄、顧炎武日知錄〉等。

其他　後儒、近人、全祖望等的意見。

所採資料，並不算多。而且僅引用一次的，約佔半數，其他也多僅引用三、五次，最多的如簡朝亮述疏、竹添光鴻會箋，也不過十多次。即使前述最常徵引中的邢疏，也不足五十次。

所以就徵引資料而言，本書並不以多爲勝，甚且以朱注系列而言，〈集注〉之外，〈精義、或問、朱子語類〉等〈論語〉部分，以及趙順孫〈纂疏〉等，俱未見徵引，則以〈會箋〉及〈補注述疏〉，甄錄已多。實則由〈集解〉至〈正義〉，莫不薈萃數十家之說而成，精華已具，賸義可取者無多，正不必以博爲能。而著者之功力，實在從衆說紛紜中，理出頭緒，進而愼加取捨，折中至當。例如：

一、公冶長篇老者安之章，就〈皇疏、邢疏、朱注〉諸種解釋，列爲三類五說。第一爲安我、信我、懷我類。此類又可分爲二說：其一以「老者」爲自己，其二以「老者」爲他人。第二類爲安人、信人、懷人類，此類祇有一說，「老者」等指他人。第三類爲人我互安、互信、互懷類，亦分二說：其一以我施於人者爲在先，以人施於我者爲在後，其二則先後次第恰與相反。

自本章的義理及此三語的結構看來，上述五類三說中，唯第二類可以信從，其餘均不足採取。

二、雍也篇女爲君子儒章：綜上所述，君子儒與小人儒的解釋，細爲分別，可得六釋，捨其異而存其同，則可併爲三釋。馬注的「明其道……矜其名」與程說的「爲己……爲人」、可合爲一釋。謝說的「君子小人之分，義與利之間而已」與簡疏的「有忠信之行……無忠信之行」，亦可合爲一釋。焦疏與劉寶楠正義所說，又可合爲一釋。此三釋之中，以第三釋爲近是。

三、先進篇賜不受命章：綜上所引，諸種解釋的不同，可約爲二事：一爲命字所括，二爲「不受命」、「貨殖」與「億則屢中」三者的關涉。

先說命字的所括。「命」字有釋爲教命者，如集解的第一釋。有釋爲天命者，如集解的第二釋，皇疏的第一釋及朱注。有釋爲君命者，如皇疏的第二釋。有釋爲爵命者，如皇疏所引王弼說。有釋爲祿命者，如〈論語補疏、論語正義〉。有釋爲官命者，如〈群經平義〉。〈論語補疏、論語正義〉雖同用祿命二字，其義實不相同。補疏所云祿命，同於王弼所說的爵命。正義所云祿命，則同於皇疏第一釋的天命，故可分別納入爵命與天命。皇疏第二釋的不受君命，正如正義所釋，是「辭祿」之意，故亦可與爵命合爲一類。如此歸併的結果，命字共得四釋：一爲教命，二爲天命，三爲爵命，四爲官命。上述四釋之中，教命一釋，最爲可取，其他三釋各有瑕疵。

四、顏淵篇克己復禮章：綜上所引，「克」字有約也、責也、勝也諸種解釋。己字有身也、身之私欲也、自也等不盡相同的解釋。「克己」二字連起來，馬注釋爲約身，皇疏釋爲約儉己身，范寧釋爲責己，邢疏釋爲勝去嗜慾，朱注釋爲勝私慾，與邢疏大體相同，〈論語稽求篇〉釋爲深自貶抑，正義釋爲修身。若把邢疏與朱注合爲一類，則「克己」的解釋可得六種。其所涉及的言行範圍，頗有廣狹的不同。皇疏邢疏朱注及稽求篇所釋，其所涉及範圍較狹。馬註等三釋，其所涉及的範圍較廣。

涉及範圍較狹的諸釋，均未足以盡「克己」的全般功用。涉及範圍較廣的諸釋，沒有掛此漏彼的毛病，較可從信。惟范寧所說，不如馬注之可取，馬注又不如正義之明顯確當。……可謂得其正解。故「克己」二字，應採取馬注而輔以正義，釋爲約束己身。

〈論語〉各注，歧義紛出，要理出頭緒，很是困難。先生提示了幾種不同的方法。尤其字面相同而義異，或義同而字異，分析歸納，很不容易。

對於同一章句，同一字，而解釋紛歧，如何去取，實爲本書精義所在。約而言之，可得數端：

一、同屬一語，應作同樣解釋。（見學而篇主忠信章）也就是序文所說的「同名務作同解」。這一類的勝義頗多。略舉於后：

1.學而篇有朋自遠方來句：全書用「有朋」字九次，「朋」字單用的，只此一見，其餘八次，都與友字連用。「友」字用有二十七次，其中十一次用作動詞，十六次用作名詞。在用作名詞的十六次之中，友字單用的八次，與朋字連用的亦八次。照這些例看來，友字之可以單用與朋字之須與友字連用，幾乎成了〈論語〉用字的通例。……朋友祇是一名，具說爲朋友，簡說則爲友。再就〈論語〉所用友字來看，亦不專指同執一志而拒同處師門的人於友外。……故鄭注與皇疏以同門同志分別朋與友，用以解釋〈論語〉，未見其妥善。

2.里仁篇放於利而行多怨章：「怨字」解作取怨，未嘗不可解得通。但不解作取怨而解作抱怨，亦屬可通，按諸孔子思想，應以解作抱怨爲勝。在〈論語〉中孔子說到怨字，都用作自己抱怨的意思。怨字與其解作取怨，不如解作抱怨來得意義深長。且與衛靈公篇內孔子所說的「躬自厚而薄責於人，則遠怨矣」互相輝映。

又公冶長篇怨是用希句：本章的怨字，尤應解作抱怨。述而篇載：子貢問孔子：伯夷叔齊「怨乎」，孔子答以「求仁而得仁，又何怨」。此所云怨，明是伯夷叔齊的抱怨他人，決不是伯夷叔齊的取怨於人。與「怨是用希」，皆所以闡明伯夷叔齊的無所抱怨。兩章脈絡相通，兩個怨字應作同解，不宜其一解作抱怨而其他解作取怨。

又顏淵篇在邦無怨在家無怨句：〈論語〉的注釋家似乎有一種偏好，總想把怨字解作被動。〈論語〉用有「無怨」二字的，尚有二處：一為憲問篇的「沒齒無怨言」，一為同章的「貧而無怨，難」。沒齒係就伯氏而言，無怨言亦必是伯氏的沒有怨言。至於貧而無怨，貧窮的人，飢寒交迫，怨尤之心不免油然而生。至於因貧窮而為人所怨，則非理之常。依以類推，在邦無怨亦以解作不怨人為宜。

二、字順而義洽，方可取；字不順或義不洽者，則不可取。

學而篇父在觀其志章：論語用其字共得二百六十九次，其中二百零七次用作代名詞，其餘六十二次用作虛字。「其志」與「其行」的其字都是代名詞，代名詞所代，常居於代名詞之前，故稱前詞或先行詞。前詞明白說出為實代，不明白說出為虛代。〈論語〉所用其字，實代佔極大多數，是通例；虛代寥寥無幾，是特例。其志與其行，因上文用有父字，故是實代。釋為子的志與行，因文中未用有子字，便成為虛代。孔朱二家所釋，捨通例而依特例，其不順者一。又〈論語〉用其字為虛代時，或泛指一切人，如「懷其寶而迷其邦」。或以代表理想，如「不以其道得之」。今謂所代為人子，則偏代特種身分的人，與特例亦不合。其不順者二。

此章主旨，在於論孝，如孔、朱所釋，則觀者不在父與第三者。父在固可觀子的志，父沒又怎能觀子的行。姑不論能觀與否，父觀子的志與行，都不能用孝字來評論。觀者而爲第三者，其結語只應爲可見其孝，不應如原文「可謂孝矣」。「可謂孝矣」是就觀其志與觀其行二事所下的評語，不是所推知的結論，故必釋其志與其行爲父的志與行，而後可謂孝矣一語，於義理才能洽當。

三、得其精義、善解。

1.爲政篇察其所安句：「安」字皇疏釋爲意氣歸向之也。朱注釋爲所樂也。雖無不可，然不如解作習字更爲適切。〈呂覽〉高注：安：習也。此一安字，與里仁篇仁者安仁的安字同義。雍也篇回也三月不違仁，尙算不得安仁。必如里仁篇所說：「君子無終食之間違仁，造次必於是，顚沛必於是」，才算得上安仁。仁者安仁下苞注：惟性仁者自然體之。以「自然體之」釋此一安字，可謂得其精義。

2.述而篇與其進也不與其退也章：「進」字在〈論語〉中，他章用有十一次，「退」字用有十二次，分析起來，可得三種意義：一爲行動上的，相當於來去二字。二爲行爲上的，進是勇往直前，退是逡巡畏縮。三爲德行上的，進是修養上有所進展，退則與之相反。行爲上或行動上的進退，不一定是可與或不可與。朱註進字只是來見或來學的意思，則進固可與，退固不可與，但比諸德行進退的可與不可與，甚多遜色，義較淺薄，釋爲德行進退，義較深長。參以下文「

人潔己以進」，亦足證「與其進也」的進字應作德行上的進。潔己與進是一件事，與其潔也即是與其進也，反覆申說而已。

四、通例和句型。

1. 八佾篇人而不仁如禮何章：論語「如……何」云者，意即虛有其表而無其實，不成爲眞正的該一事實，亦不具有該一事實的價值，沒有仁的本質而從事表現，只是虛僞的禮樂。虛僞的禮樂不能有禮樂的價值，嚴格講來，且不足稱爲禮樂。本章與陽貨篇的「禮云禮云，玉帛云乎哉！……」互相發明。兩章所說，是一種道理的兩面。

2. 里仁篇君子之於天下也章：「天下」應指人抑指事，似屬兩可。八佾篇「如其說者之於天下也」，與君子之於天下也的結構，完全相同。八佾篇天下二字是事不是人，本章所云當不指人。且釋天下指人，下文義字理應釋爲有義的人。通觀〈論語〉全書所用義字，都用作義的道理，未見有用作有義的人。孔子在本篇中又嘗主張君子喻於義。此與本章所欲闡發的義理，正相呼應。而君子喻於義的義字，因其爲君子所喻，只應解作義的道理，不應解作有義的人。本章既與呼應，所用義字當與同義。義字不應解作有義的人，又足以反映天下之不應解作指人。故自原文的結構看來，天下二字當屬指事，自義字所反映看來，亦當如是。

3. 憲問篇「不億不信」句：〈論語〉中用此一語型的，不乏其例，但其實質並不一致。有不甲不乙之間本無虛字而無所省略的，有本應有虛字而省略的。其所省略的虛字，又不盡同，如里仁篇的不可不知也，其上一不字的否定作用貫徹到底，可不知也全爲其否定。連用兩個不定以構成二重否定，其作用等於肯定，且比單純的肯定更爲強而有力。至如顏淵篇的君子不憂不懼。其上一不字的否定作用只貫至憂字而止，其間本應有一連詞，如且字或亦字，表示其平列關係。又如述而篇的不憤不啓，其上一不字的否定作用亦僅貫至憤字而止，不貫及其下。不憤與不啓，一起一承，其間應有一連詞，如則字，表其起承關係。不億不信，如皇邢二疏所釋，與上三類各不相同。以不信爲億的受詞，故上一不字的否定作用直貫到底，但不構成二重否定。又因不信爲億的受詞，不億與不信之間，本無用虛字的必要，故無所省略。皇邢二疏所釋，自義理上看來，自上文不逆詐的文例看來，爲切當的解釋。不過不甲不乙語型的如此用法，在〈論語〉中，似是特例，不是常例。但古代的其他典籍中，很易看到如此的用例。如〈詩大雅瞻印〉的不弔不祥，〈墨子尙同〉不殺不辜，〈易繫辭下〉小人不恥不仁，不畏不義。又若不用不字而用其他否定詞，則〈論語〉亦有其實例，如里仁篇不患莫己知，子罕毋友不如己者。故關於文句結構，自應從邢皇二疏。

五、以詞章釋疑辨惑

里仁篇不使不仁者加乎其身句：「不仁者」必須解作不仁的事，方可使本句語氣完足而無須另作補充。若解作不仁的人，必須如孔註與邢疏補充非義二字，或如皇疏補充非理不仁之事，以爲所加的客體，才能完足其語氣。在解釋上，必待補充而後語氣始能完足，不若不補充而本身已能語氣完足。

故朱註釋不仁者爲不仁的事，勝於孔注釋爲不仁的人。

六、注重全書學說互相呼應。

1.學而篇「人不知而不慍」句：解作他人不能通曉而我不怒，與孔子他處言論不易符順。解作自己不見知於人而不怨，則與學而篇及憲問篇的不患人之不己知，里仁篇的不患莫己知，衞靈公篇的不病人之不己知也，互相呼應。也符合憲問篇古之學者爲己的爲學根本原則。

2.又學則不固句：「固」字解作蔽字，可與陽貨篇六言六蔽章相呼應。六言都是美德，不兼好學，各有所蔽，會引致愚蕩等流弊。好仁不好學，其蔽也愚六語，就不好學方面言其惡果。學則不固則就好學方面言其善果，兩者相合，建立了一條有關爲學效果的原則。

3.衞靈公篇君子固窮章：固窮有「固亦有窮時」與「固守其窮」二釋，後釋殆因下文有「小人窮，斯濫矣」一語，以爲君子與小人相反，君子遇到窮困，依然守正而不爲非，故釋爲「固守其窮」，與下文誠然相呼應。但與上文子路所問的「君子亦有窮乎」，則呼應得不夠緊湊。

4.不當以辭害義：里仁篇貧與賤是人之所惡也章：王充〈論衡問孔篇〉云：「顧當言貧與賤是人之所惡也，不以其道去之，不去也。當言去，不當言得。」不無道理。得字若易爲去字，意謂貧賤非不可驅除，只是不可採取不正當的手段來驅除。故若得字果爲去字，則文順理當，實較勝於原文。或傳寫者偶不經心，緣上文而誤去爲得，亦非無此可能。但既無誤寫的證據，自不可妄斷其爲誤。但若變易句讀，未嘗不可求得較妥善的解釋。即在「不以其道得之」下讀斷，此一讀法，合上文而觀，誠亦不免有上下文不相應的缺點。但就本句而論，必如此讀法，才合情合理。

七、以理則學分析句型句法、章旨。

上文所述對字和詞的歸納分析，實已充分利用了理則學上的一些法則，但未言明。今就其他明白指出舉若干例於下：

學而篇不亦說乎句：形式上是疑問語，實質上是肯定斷語，且比通常的肯定斷語還要強有力。

又學則不固句：固字應作價值名言，不應視作事實名言。論語用固字為價值名言時，如上例所示，都用作貶詞，不用作褒詞。

八佾篇君使臣以禮章：「定公問：君使臣、臣事君，如之何。」所問的分明是兩件平列的事：一為君之如何使臣，二為臣之如何事君，不是單問臣事君一件事，孔子自應分別作答，不應僅答一事而置另一事於不答。

述而篇德之不修章：德之不修四語，應把後二語所說解作前二語所攝的兩目，至多祇能解作兩件事，不宜解作四件事。

泰伯篇篤信好學章：皇邢二疏釋篤信與好學為平列的二事。釋守死善道為一事。朱注釋篤信等為四事，前二事與後二事之間，各有條件與成果的關係。

先進篇不踐迹亦不入於室章：此二語所表示的，是連接關係，不是涵蘊關係。不過是逆的連接，不是順的連接而已。

憲問篇邦有道穀章：全稱判斷不一定帶有存在性，縱使世間無此事實，未嘗不可懸擬立論。

衛靈公篇己所不欲勿施於人章：依理則學的規則而言：就全稱判斷主詞的矛盾概念欲有所論定，只能自原判斷推得一特稱判斷，不能推得一個全稱判斷。

八、對孔子學說思想，予以融會貫通。

全書每一則都可見出先生在這方面的工夫，今舉兩例於後：

爲政篇色難句：孔子從未教人承順父母的顏色，曲意阿從。卻教人於父母有過失時，要盡力諫諍，以免陷父母於不義。不過在諫諍時，依然要和顏悅色，不可厲色粗聲。

里仁篇君子喻於義章：孔子心目中的義與利是可以相容相兼的。就利而言，雖有不合於義的，亦有合於義的。只有利而不義的，沒有義而不利的，不義的則終成不利。故祇要盡義，利已在其中，且不會有害跟隨而來。若祇看到近利小利而置義於腦後，終且招來遠害大害。義與利是相應而不相背的。文中以侵佔公物、義務勞動、慈善捐款、人我關係、政府與人民等，反覆申述。

按：其實〈周易〉屢屢言利，孔子兼容義利，而孟子強調：何必曰利，亦有仁義而已矣。上下交征利而國危矣。董仲舒謂：正其誼不謀其利，明其道不計其功。遂視利如洪水猛獸。然所排斥者私利，而不論及公利。清儒黃以周謂正其誼而謀其利，明其道而計其功。一字改易，化腐朽爲神奇。先生反覆剖析，義利之辨，因而大明。

先生早年治哲學、心理學、理則學，於我國古籍，專研〈荀子〉。四十三年，政治大學在臺復校，任校長，綜理校務之餘，仍能勤於讀書及著述，先師屈翼鵬先生曾說：近數十年大學校長中，在任內而仍能不廢做學問者，屈指可數，而以傅孟眞、陳百年兩先生最令人欽佩。

大致先生認爲孔孟學說，最宜於青年學子，因而此後即以孔孟學說爲治學中心，歷三十年至謝世前猶不廢讀書撰述，成論文及專著都數十種。

本書成於民國五十二年至五十四年間，先生已近八十高齡，而博學精思，邁越常人。

近年各大學紛紛增設或擴充研究所，研究生日益增加，因而撰寫論文，常感找不到題目；又不知如何撰寫。筆者認爲不妨讀讀〈論語臆解〉這類著作，細心體會其所用的方法，那麼先秦兩漢的古籍，多可依照先生的啓示，仿照本書的方式去釋疑辨惑。本書不以材料多爲勝，而在方法的周密，也正適合想在三兩年內完成一篇論文的需要。當然你不能寫得像本書這麼好，祇要你能受本書所提示的治學方法的訓練，收穫也必然可觀了。

（政大中文系漢學論文集二期）

方豪六十自定稿讀後

本書共收方杰人先生歷年著述二百五十四篇（內譯稿一篇），分裝兩鉅冊，計二、四三三面，共約二百四十萬字。其他已成書的著作，還不在內。方先生在周甲之年，有如此豐富的收穫，是很令人欽佩的。

在內容方面，計關於臺灣文獻的研究有五十三篇，中外關係三十五篇，約佔全書的三分之一。還有關於圖書文獻的二十三篇，人物傳記十五篇、天主教義十三篇、宋史八篇、其他九篇。序跋例言題記七十七篇、書刊評介二十二篇，排在最後。撰者在編印前記裡已說到，對本書不滿意處之一是不能嚴格分類。所以上面所分的情形，是筆者略就原書次序，臆爲區分，其實有些篇是牽涉到兩類或兩類以上的。

杰人先生在學術上的成就，久已享譽中外，用不著筆者再說一些恭維的話。事實上「自定稿」在內容上雖包羅甚廣，筆者卻甚少涉獵到這些論著裡所研究的問題，想恭維也感到無從恭維起。平素有時讀到杰人先生的文章，祇覺得令人不注意的一些小事，經方先生窮根究底的追索下去，便成了一篇大文章，而所用材料，有些本是習見的。有時先讀了方先生的某一篇文章，過些時候，方先生又發表討論同一問題的文章，必定比前一篇要增些新的資料，或有了新的見解。感到敬佩無已。

讀了本書，有一些算是感想吧，現寫在下面：

這是一部已發表的作品的一個總集，卻以新的面目出現。各篇多有原發表的日期，修改或重寫的日期。編印前記有幾段話說：

> 我有一最壞的習氣，即每篇付印的文字，除日報無法親校外，期刊上的文字，編者索稿，我的第一條件，是必須親校；編者對此條件，無不頭痛；因爲我校對時，往往又添添刪刪，塗塗改改。我不相信一個人的文字，尤其是搞歷史的，在幾年、十幾年或幾十年後，仍能滿意於自己過去發表的文字，而認爲無須重訂。
>
> 此書之所謂「自定稿」者，此時此刻的「定稿」也。今日之「定」，在明日言之，仍屬「未定」。

都可以看出杰人先生著述態度的嚴謹。

書中的圖版很多，僅就目次所列而言，上冊有五十三條，下冊有二十三條，而每條有的多到三、五幅，總計不下二百幅。至各冊卷首關於杰人先生個人的圖片則不在內。所謂「圖書」，本應圖文並收，互相對照。然而圖在繪製和印刷上，都較文字爲難，因而圖的亡佚情形，較文字爲烈。（拙撰〈圖譜漫談〉，對此曾有較詳論述。）本書採用了如此多的圖片，要使讀者獲益不少。

編印前言曾說到分類的困難，因而不能嚴格分類。這也是圖書分類上一個無法解決的問題。我想是不是可以在附編裡編一個索引，以便檢查。就目次來看，臺灣文獻的研究，在第六〇五頁到一一九九頁，可是一七三九頁有〈鄭氏の臺灣〉漢譯正誤，序跋類中第二三〇八頁起也有六篇和臺灣文獻有關的。序跋例言題記，都集中在第二二〇七到二三六三頁，而一七〇一頁有〈陶琰手書徐霞客鄭板橋道情題記〉，補白也有序跋三篇，而關於臺灣文獻部分，也有些序跋題記。人物傳記多在第一九七九到二一三九頁，而〈王徵（見三一九頁）、陳夢林、陳元麟（一〇〇七頁）、吳廷華（一〇一四頁）、文天祥（一三六一頁）、利瑪竇年譜〉（一五六五頁）等傳略，又散見各處。又如臺灣方志中的利瑪竇（見六〇五頁）、〈利瑪竇年譜〉（一五六五頁）、利瑪竇〈交友論〉新研（一八四九頁）、梵蒂岡出版利瑪竇〈坤輿萬國全圖〉讀後記（一八九八頁）〈讀「利瑪竇全集」〉（二三七九頁）、〈利瑪竇全集〉（二三八一頁），以及補白的〈半我與二我〉（一二七〇頁），都是研究利瑪竇的資料，讀者必須輾轉查閱，也許還不能找全。童世綱先生所編〈胡適文集索引自序〉曾說到，胡適之先生有一次竟找不到〈胡適文存〉裡的材料。我不知道方先生會不會有在自定稿裡找不到所需的資料的情形，對讀者來說，這樣大的一部書，是希望能有索引來供檢查的。

本書撰人其他著作目錄中第二十二項：「〈光明聖歌集〉，一冊十三首，全部由余作曲，七首由余作詞。」杰人先生爲天主教司鐸，自曾受過聲樂訓練。然通曉聲律而能自度曲，對筆者說則是讀了本書的新發現。

國立臺灣大學有一部鈔本〈琉球寶案〉，這是僅存的孤本，不妨說是臺大圖書館的鎮庫之寶。曾有人利用寶案的資料寫過一些論文。這部書對中外關係、臺灣史的研究、圖書文獻都有關係。杰人先生執教臺大歷二十年之久，《自定稿》中卻沒有一篇和《琉球寶案》有關的文章，（其他著述是否引用過，在沒有遍讀全書前，不得而知。）這多少是令人有些納罕的事。

自定稿還有附編一冊，編印前記沒有交待，下冊末的「後記」也未印出來，不知其內容如何。我想杰人先生是天主教司鐸，講授上庠多年，現在還是兼具這兩重身份。從事過新聞事業，在國內外都到過很多地方。吾人除了讀到手自編定的著作之外，對杰人先生的生平也是希望能知其詳的。若在附編裡。有一篇自敍傳，實較編印前記裡爲國際漢文著作目錄上兩個「方豪」作一糾正，更有必要。

本書校對精審，校對的甘苦，編印前記和參預義務校對的盧荷生兄，都曾提到。然而拂塵掃葉，旋掃旋生，如第二四一三頁第二行「盔山書影」，盔當作盃；次頁第八行「蓋其他多榕樹」，他當作地。均不見勘誤表。希望附編對正編脫誤的地方，有更精確的勘誤表。

《中央圖書館館刊》有書評一欄，以評介一些新書，稿源最爲貧乏。夏秋間陸續讀了《方豪六十自定稿》，感到這是近年來不可數見的一部好書。雖然《現代學苑、中央日報副刊、大華晚報讀書人》等，已有介紹，仍覺得有在館刊裡作一介紹的必要。這番意思經梁子涵先生傳給杰人先生，杰人先生竟以此相責。再打開《自定稿》來看，對著這樣大的一部書，有無從著手之感，卻已成辭不獲已之勢。因而信手寫成讀後記，蓋不敢爲前輩作書評。然在館刊編排上，卻在書評欄，他人或仍不免看做書評。

《自定稿》第二四一四頁評《圖書板本學要略》說：

> 今年（四十三年）拙著〈中西交通史〉第一冊出版，評者雖多，而肯指誤補遺的竟不多見；其他爲書評者亦多類是，致香港方面謂自由中國之書評，盡「道人之長」，亦實情也。余於圖書板本之學，曾未窺其門徑，屈、昌二先生之書，其有裨於初學，亦不待言，故樂爲推薦；然其書名爲「要略」，故於其偶遺之處，亦稍加補苴，儻亦二先生及讀者所心許乎？

書評而盡道人之長的風氣，十多年來不曾改變多少。讀了這一段，曾使我試試看「自定稿」是不是還有千慮一失，可以讓我也來拾遺補闕的地方。

讀到〈民國以來的歷史學〉，按編年體寫的，由清末寫到抗戰勝利以後。其中好像沒有提到梁任公。〈飲冰室文集、專集〉，關於歷史學的著作很多。任公的著作雖範圍太博，專精上便覺不足。然他的〈中國歷史研究法、補編〉，在當時固是足以津逮來學的創作，直到現在，也還沒有更好的治史方法的著作問世。其他著作裡能夠以金針度人的地方也不少。而且任公裁成頗衆，杰人先生文中提到的梁思永，固是承其庭訓，謝國楨等也出自任公門下。我想在民國以來的歷史學上，梁任公和他的著作，是可以佔一席地的。

評〈圖書板本學要略〉一文，曾列舉了若干有關圖書板本的文獻。其中民國修〈福建通志〉抽印本〈福建板本表〉八卷，按〈圖書館學季刊〉二卷一期（民國十六年十二月）有葉長青的〈閩本考〉，記者附誌云：「此文付印後，得讀新修〈福建通志〉，知大體已採入該志爲福建本志，讀者可參看也。」又潘承弼、顧廷龍兩氏編有〈明代版本圖錄初編〉十二卷四冊，民國三十年由開明書店出版，列爲齊魯大學國學研究所專著彙編之四，比其他就藏書編成的書影尤爲精審。又王晉卿有〈文祿堂善本書影〉，其書未見，不知是否有圖說，不然也可與〈文祿堂訪書記〉合看。美國人卡特（T.F.Carter）著有〈中國印刷術的發明及其西傳〉（The Invention of Printing in China and Its Spread Westward），有向覺明氏譯本。後經古德瑞（L.C.Goodrich）重訂，有胡志偉先生譯本，五十七年五月由臺灣商務印書館印行，列爲〈漢譯世界名著〉之一。都是研究我國圖書板本方面的好材料。值得和其他文獻相提並論的。

上述兩節，如果還能算是一得之愚的話，對兩百多萬字的巨著來說，那眞是管窺蠡測了。

讀後記曾寄呈杰人先生斧正，承於元月八日賜示：「大作拜讀一過，謹略陳所見：先生謂弟未利用〈琉球寶案〉，此書眞名乃〈歷代寶案〉，見拙著上册五二八、五三一、五三二、五四一－五四三、五五三、五五五等。」稿附編已出版，今晨二校此記，因識於篇末，時五十九年元月二十日。

（中央圖書館館刊新三卷一期，五十九年一月）

執簡御繁

民國四十六年初，任教臺南高工，忽接楊承祖兄函告，說師大國文研究所要招收一班研究生，分為三組，我選了目錄學組，是和中央圖書館合辦的，入學後上午在校上課，下午則在該館實習，四十九年一月畢業，便留館服務。到六十一年九月受多方迫害而離職，歷時十五年半。這段時間，與其是說是工作，不如說是在接受良師益友的教導，相互切磋。

最先的工作單位是編目組，擔任中文編目的工作。開頭甚麼也不懂，從學習草片的格式開始，進而查分類表，自然常會出錯。當時的組主任是任秉之先生，對草片，都一一核閱，訂正錯誤。卡片的格式是固定的，變不出多少花樣。而分類則常不易確定，且會見仁見智。任先生秉持一個原則，便是同一部書，都集中到一類，方法也很簡單，編目之前，切實查是否是複本。那時的書不多，通常都由排片的人先查。未能查出的，編目的人發覺了，再查一次。仍有漏網之魚，任先生在審核時還會發現，她對館藏的中文書，可說都有點印象。這樣，分類即使不盡妥當，甚至有錯誤，然而錯照錯來。

常見有些藏書不算多的圖書館，會把同一部書，分到兩處甚至多處，便是未能切實查複本造成的。我認爲編目員應常逛書庫，就易於發現這一情形。再不然，編目和典藏的人互調，也可減少分類上的不劃一。同一部書分到三兩處，這也反映了一個事實，那就是圖書館員的讀館藏書意願不高。

後來館裡買了半部〈叢書集成〉，由我負責編目工作，約有兩千種，本來就按王雲五的〈中外統一分類法〉分了類的，不過和中圖所採用的劉國鈞的分類表不同，仍得重分。其中筆記小說部分，最爲分歧。館藏已有的，王雲五法和〈國學圖書館總目〉、日本京都大學漢籍目錄〉，所分類屬常有出入。不易決定的，在請教任先生之外，還常請教鄭毅庵先生（習稱鄭老）。

這批書，除了一些習見的，沒有興趣或看不懂的，如醫書、術數之類，在編目時多有機會瀏覽一下，遇到有興趣的，下了班便借回宿舍看。先睹爲快，這也是圖書館員的「福利」。

館中還有一批由南京運臺，不屬於善本的線裝舊藉，也交由我編目。就內容而言，和〈叢書集成〉相近，不過缺少現代的書名頁和版權頁，要費些工夫去找。找不到或是有疑問，好在有前輩可請教。

四十六年暑假，館長蔣慰堂師命我去善本書庫見習，那時臺北的館裡，祇有一個善本閱覽室。而特藏組則在臺中縣霧峰鄉吉峰村，通稱北溝。僅由主任昌瑞卿先生和工友呂起森先生負責。書庫和故宮、中央兩博物院的文物庫房集中在一處，形成四合院。辦公室也就在庫房中間的走道，辦公桌緊靠門口，採用天然光線，而爲了安全，不裝電燈。庫房四週和天井中間則有電燈，電線卻不經由庫房。雖然冬季天短或逢陰暗的天氣，傍晚時光線便不足。可是絕對不會有電線走火這回事。是眞正的安全書庫。

十二萬多冊善本書，分裝六百多個大木箱，每排要堆起五、六個箱子。每找一本書，先得查標有箱號的分類目錄，再由箱號找出該箱的位置。如果在最下層，便至少要翻動四、五個箱子。箱子都是釘牢的，得起開箱蓋，裡面還有一層鐵皮箱，書都裝得滿滿的，如果要找的書是在箱底，就得把這箱的數百本書搬出來找。取出後，得把書再裝回去，釘好箱蓋，把上面的箱子還回原位置，才能再找其他箱中的書。

所以在臺北的讀者，塡張申請單，要提閱三五種書，便得折騰半天，還書時，又要經過逆向的程序。要是展覽，提到上百種書，那更弄得天下大亂。不過一點亂不得，祇要一本書沒有歸到原箱，再要找時，眞要感到祇在此山中，雲深不知處了。要想不錯，祇有切實隨手做好開箱記錄，而不能靠記憶。

那時〈中華叢書〉所收的三冊善本書目已經出版，沒有書名或著者索引。昌先生一翻便得，有些較常用的書，甚至記得箱號。有些書的大小、裝訂、封面顏色，都有印象，所以找起書來很快。有時利用提書、還書的時候，就清點、核對。幾十冊大部頭的書，他用手指一比便能點出很正確的冊數。還有宋以後的元號、順序，每一元號多少年，都記得很熟。以及由干支換算是那一年，掐一掐手指也就算出來了，有如算命卜卦的。館藏明人詩文集最多，有一千餘家，多見於〈千頃堂書目〉，依登科年著錄。他的案頭有一部中國書店石印本〈千頃目〉，常一翻即得，這表示他記得很多人的登科年。

這都是熟能生巧所致。他在南京時，便參與善本書的考編工作，寫過不少編目草簽，後來用毛筆楷書鈔成善本書目，再多次修訂，以至付印時校對，平日經常檢查。至於〈千頃堂書目〉和一小本紀元表，都留下經常翻檢的痕跡。說起來這些都可以歸之於「鄙事」，很多人不屑於做。祇是鄙事都做不好，又如何成大事。

善本書封存箱內，堆積在庫房中，提書、還書，都很煩瑣，所以得分外小心。不過沒有什麼變動。這一點在管理上則比較「方便」些。

聯合國的出版品就不同了，經常一來幾大箱，內容五花八門。譬如有很多所屬的機構，如習知的教科文組織、糧農組織等。每一組織，又各有內容不同的出版品。以文字來說，英文之外，有法文、西班牙文，以至俄文。有些出版品還是定期或不定期連續出版的。

門類雖多，如果有足夠的地方和書架，整理起來倒也不會太麻煩。問題是館舍總是很局促，書架更不夠用，祇好在地上、以至走廊上擺地攤。庫房又正西曬，非但沒有冷氣，電風扇也僅有一台，走廊上便沒有插座。好在宋常廉兄唱獨腳戲，天熱做得起勁，甘脆關起門來打赤膊，有人去找他，也顧不得禮數。有一次有位中央民意代表參觀，也祖誠相見，雙方都有些尷尬。幸好他們能包容，反而對他辛勤工作，讚美一番。

這麼複雜的收藏，工作條件又極差。可是祇要找甚麼書，他隨時伸手就能找到。而我也見過在人多、地方大、設備好的情形下，書架上排得整整齊齊，可是需要書的時候，遲遲找不出來，甚至根本找不到。

聯合國出版品雖繁複，可是並不開放閱覽，也很少有人去找書看，一手一腳，倒也比較易於掌握。參考室就不同了，採用開架式，常有讀者取用，不一定都能還歸原位。而且當時三十二開平裝小本的書多，也易於遺失。盧荷生兄管理參考室時，備有完整而正確的排架卡，要求管理員經常核對。這是一件很乏味的工作，不免有時虛應故事。於是他有時自行把架上的書取下，而插到另一位置，第二天看到未放回原位，就可確定管理員未曾認眞點查。有位管理員，和他在遺族學校同學，被他抓到未核對排架卡。雖然認錯，卻對他這一「小動作」很不開心。

如今很多圖書館，藏書在十萬冊以上，如要清點一次已是工程浩大。要是幾十萬冊，更是不可能的事。不知可否用化整爲零的方式。譬如一天核對四百冊，也就是三、四個單面單架，一年便可清點十萬冊的藏書。收藏數量多的圖書館，人員也較多，一個人平均負責典藏的書，應當不致超過十萬冊。這樣每年核對一次，放亂了的，短少了的書，都能及早發現。而在工作中，每天多一次接觸書的機會，辛苦一些，對自己也未必全無益處。

現代的圖書館事業，在增加收藏之外，還要多方面服務讀者。而藏書越多，服務事項越多，管理便越困難。解決之道，在能執簡御繁。二三十年前的圖書館，今天看起來，有些地方不免小兒科，赤手空拳唱獨腳戲的時代已漸過去。如今一所不滿一百平方公尺的小圖書室，也是窗明几淨，有空調設備。較大的圖書館，甚且用電腦操作。三十年爲一世，撫今思昔，眞感到恍如隔世。

不過萬變不離其宗，研究圖書館學，從大學起，十年寒窗還不一定夠。如果簡單的說，是把繁複的圖書資料，做最有條理（不管是古今中外的條理）的管理，最便於廣大的讀者利用。

我濫竽中央圖書館十多年，離開圖書館工作後，工作和興趣上，常需利用圖書館，得到很多方便，從而體認出圖書館員的服務精神可貴。

〈文史哲雜誌〉爲祝賀中央圖書館新廈啓用，編印特輯，以寫稿相囑。我雖離館已久，然曾在館服務更久，不敢固辭。而謹就當年在館中看到、領會到良師益友的風範和服務精神，略記一二，以申欽佩之意。深感圖書館工作，要全心投入。不但要求好，也要求快，就貴在熟能生巧。

中央圖書館新的館舍，寬宏實用，設備新且全，同仁又多是受過專業訓練的，定能承先啓後，充分發揮國家圖書館的功能。

文史哲雜誌三卷一、二期　七十　年七月

十五年圖書館員生涯

從民國四十六年二月到六十一年八月，我在中央圖書館服務了十五年半。自忖那十多年中，實在想不出我有那一件事值得表白的。不過身在館中，所見所聞，卻還有一些。這些事情，如果寫成流水帳，實在毫無意義。後來想起有人寫回憶錄的方式，每十年寫一次，題目叫「流水十年間」。於是加以模仿，爲「一五一十」，以民國四十六年、五十一年、五十六、六十一年這四年爲中心，用閒話家常的方式，回憶往事。

一、偶然的機緣

我能到中央圖書館服務，是偶然的機緣。四十五年冬任教於臺南高工，忽然接到楊承祖兄的信，說是師範大學在寒假要招一期國文研究所的研究生，分爲三組：㈠目錄學組，與中央圖書館合作。㈡博物館組，與美術文物館（後來改歷史博物館）合作。㈢與中華大辭典編籌處合作的一個組。他極力鼓勵我去應試。我選了目錄學組，覺得一面工作，一面有書看，眞是很划得來的事。再則在三十八年暑期，用三天時間，協助清點東北大學運臺的圖書，也可說和圖書館工作早有這段淵源。一念之間，決定了十多年的工作，其影響則是終身的。考試的專門科目有圖書館學和目錄學，這兩門學科我從來都沒接觸過，托人向臺南圖書館借了兩本書，臨時抱佛腳，居然考取了。

二、一書一碼

入學後上午在校上課，課程是國文所和目錄學各半。下午在館中實習，我分在編目組，任中文編目的工作。而學校並未開分類編目的課程，一切都是採學徒的方式，向先進請教。我覺得受益最大之處有三：

㈠主任任秉之先生，嚴守同一部書祇能有一個分類號，這樣即使錯了，也是一路錯到底。不會像現在有些圖書館把一部書分到好幾處，其中關鍵便在確實查複本。當時是排片的相自芬小姐兼這個差事。偶有遺漏，編目人員會補查，最後任主任還會抓漏網之魚。當然那時書不多，經眼的書，大致都能有點印象。

㈡要能把複本查得確實，得把草片排好，而相小姐離職後，接手的人多，便日漸紊亂。我有鑑於此，自請整理草片，並和閱覽室的卡片互相核對，費了一兩個月。不要認爲這是很枯躁的事，卻能從中得益匪淺，發現了編目分類時疏忽的地方，致誤的原因，改正的方法。當時曾留下記錄，可惜未能加以整理，後來都散失了。

㈢館中原有一批運臺的普通本線裝舊籍，再加上新購的半部〈叢書集成〉，都由我編目。不僅做了這一工作，也利用機會翻閱了這兩千多種書。多數的書祇是看看序跋，有些書連序跋也看不懂，如醫書、五行、天文算法等，有些書便看得仔細些，很有興趣的則借回宿舍慢慢看，這是圖書館員的最大福利。

三、學徒制

暑假期間，館中的實習也有幾個星期的休息，館長蔣師慰堂，著我到霧峰北溝的善本書庫，去跟主任昌瑞卿先生做學徒。蔣師常說：有些東西在學校裡是學不到的，還得用師徒制。我也深有同感，如今常強調什麼專業訓練，實則很不切實際，以我的切身經驗，在學校也學了好幾門圖書館的功課，在工作上可說沒有什麼裨益，眞正得益的祇是在圖書館實習時學到的。所以後來在學校講圖書館學有關課程時，對那些頭腦靈活，又肯用功的學生，常告誡他們，就業之後千萬不可以科班出身自誇，課堂上學的祇是點皮毛，要能有實際的工作相印證才行。即使學歷很低的「行伍出身」，也千萬不能瞧不起他們未受過專業訓練。後來遇到他們，多深感吾言不謬。有的朋友問我，你爲何不告訴那些程度差的學生呢？我的答覆是「大愚若智」，讓他們神氣好了。而評鑑一所圖書館，在館藏和服務之外，是否能使館員在工作中得到進修，也很重要。

四、唱獨腳戲

那時的中央圖書館，有些單位是唱獨腳戲。昌先生在北溝便是如此。十二多萬册善本書，分裝五、六百箱，另外祇有技工呂起森先生搬動箱子和打掃庫房。箱子堆得五、六層高，要找的書如果放在底層，有時得翻上十多個箱子，打開箱子，得從兩三百本書中找出所要找的書。要是展覽，一次提取兩三百本書，其繁重可知。用畢歸箱時，又得依相反順序去搬動，其間一點錯亂不得，不然就找不到書了。除了這些經常性的瑣事外，昌先生還編了〈善本書目〉三册，〈宋本圖錄、金元本圖錄〉各一册，〈明人傳記資料索引〉一大册。其他小本的如〈臺灣公藏宋元本聯合書目、高麗本聯合書目〉等則不一一列舉。

官書股也是由宋常廉兄一人頂著，所管的官書包括從大陸運臺的、在臺各級政府機構新編印的、外國政府的、還有聯合國及其附屬機構的。一次常是湧到好幾大箱，卻既無幫手，連書架也經常不夠用，祇好擺地攤。可是要找的書，他常是隨手就可找得到。當時中央研究院的傅斯年圖書館也是如此，找書得靠王寶先先生。後來胡適之先生做院長，覺得這種靠個人的管理方式不足爲訓，要向制度化改進，不過人手多了，地方寬敞了，設備也適用以致豪華了，服務的精神和效果也得隨著提高方是。

獨腳戲的方式已過去了，可是那種全力貫注的精神是永遠令人欽敬的。在從南海路舊館舍遷入新館，經常可看到下班時間以後，有些單位仍有人繼續工作，可說正是這一精神的延續。有些人的職位不高，待遇很低，仍是毫無怨尤的辛勤工作，這種犧牲奉獻，更是了不起。

五、以館為家

當時不少單身同仁，就住在館中的宿舍，矮小、潮溼、夏暖冬涼，也不免有些牢騷，卻毫不影響對館的向心力。白天上班時，也許並不是怎麼起勁，我便是對公賣局球場的球賽一場也不肯放過，可是做不完的事，利用晚上、假期，一定要做好，可說是包工制。尤其在年節辦展覽，常要連夜佈置，而舊年假期，還得照應展覽室。其實過年值班，比出去拜年好，大家都在路上跑，能看到的人很少，倒是有些人來看展覽，可以很從容的聊天。好像有一年展覽拓片，丁念先先生便在展覽場所爲我講了一兩個小時，得益良多。我在五十一年春結婚，結了婚，最大不同，便是不再能以館作家了。甚至遇到孩子生病，還得分心去照顧。

六、書目舉要

圖書館，尤其是編目和特藏兩單位，經常要查各種書目，有些文史方面的讀書人，也有這方面的需要。於是洽請一家公營的出版機構，編印一些重要的書目。以十種爲一輯，初步先印三輯。選定書單，慰堂師要我先爲每種書目寫篇提要。我勉力而爲，祇能就各書的序跋，以及其他書目、文集等關於這些書目的論述，加以摘抄，寫出來連自己也感到不滿意，再經昌先生和慰堂師訂正，就是後來收入〈中華叢書〉中的〈書目舉要〉。書目提要雖然沒有寫好，不過總是比較認眞的看了這三十種較重要且常用的書目，比平時查閱要認眞得多了，這也是在工作中得到進益的一例。

七、世界博覽會

從五十一年起的五年中，無論我個人或中央圖書館，都有很大的變動。就個人說，五十二年我有了長女，在養育上，比一般的孩子費的心血多，不過長大後倒是很省心。年幼時我常帶她到各地的圖書館、博物館、大專院校去走動。在讀小學時，就在學校圖書室幫忙，她對中學圖書館非常失望，有的管理人員叫人望而生畏，甚至生厭。中學圖書館實在最須改進，學生忙著升學，校長和教育行政機構不當回事，工作人員的服務意願有待提高。她原打算考圖書館研究所，而且也買了些書看，卻又改變主意。

五十三年春，美國紐約舉辦世界博覽會，館中選了一些善本和地圖在中國館中展出。慰堂師派我去照料，一年後派張東哲兄接替。在公餘曾參觀各地大學和圖書館，從國會圖書館到鄉村的一個人唱獨腳戲的公共圖書館。從波士頓的哈佛燕京圖書館、波士頓公共圖書館，到休士頓賴斯大學（Rice University）新建的圖書館，卡爾斯頓（Charleston）公共圖書館。一年多時間，我都按日以書面報告到館。

八、圖書館員

返國時，我從紐約坐貨船回國，一路經過大小近十個港口，每到一地，我便從加油站拿份地圖，找到當地公共圖書館，跑去攀個同行，請教有那些名勝古跡可看，甚至可以借本觀光指南，祇要登記護照號碼即可，如行前來不及歸還，可以還給下一站的公共圖書館，甚至還給臺北美國新聞處的圖書館。所以我每到一個碼頭，同樣的時間，總比船員到的地方多，玩得有意義。他們總以爲我到過這些地方，其實祇是因爲我是圖書館員。而圖書館對於推展觀光事業，以至國民外交，都可以發揮不少功能。回程經過日本時，到過東京、神戶、大阪、京都四個都市，時間都很短，所以未能參觀各地的圖書館。又經過韓國的釜山，韓戰的瘡痍還未平復，祇有五十萬人，市區多是平房，更談不上圖書館了。三年前有機會在釜山停留了八個月，已是近四百萬人的大都市，高樓連雲，工商發達，不過圖書館的規模，比我們要落後十年，可是韓國人已注意到發展圖書館，我可以說，不出十年，最多二十年，會趕過我們。我卻也希望幸而言不中，那就得我們多加油了。

九、辛勤卅年

五十四年秋，博覽會結束，前北平圖書館寄存在美國國會圖書館的一〇二箱善本，也隨展品一併運回國。在協助清點、編目、分類等工作時，當然也可得到不少進益。中央圖書館的善本，都裝在箱中，堆集起來，平時很難接觸，祇有在展覽或讀者借閱時，才能利用取書和還書的機會翻一下。這批兩萬多冊的善本，則要接觸得多些。也就在這時，北平故宮博物院和中央博物院籌備處的聯合管理處，改組爲故宮博物院，遷到臺北市外雙溪。慰堂師奉派任院長，仍兼館長。一年後，辭去館長，而由屈師翼鵬接任。從民國二十二年籌備起，慰堂師共擔任了三十三年的館長，而中間由京遷渝，由渝返京，再遷運來臺，以至在臺復館，中間歷經艱辛。這三十多年中，館務固然不斷進展而持續成長，不過一般人總希望變。

一〇、聯合目錄

翼鵬師接任後，增訂善本書目，並編公藏善本及線裝舊籍的聯合書目，參與的還有故宮博物院、中央研究院、臺灣大學等單位。所謂聯合書目，祇是各自編目，而聯合編印統一的索引，分書名和著者兩部分。有的單位原來並無書目，或是沒有統一的書本目錄，借這機會都有了書目。還有的單位，竟然拒絕參與，足見在觀念上，有的大學校長和圖書館長的觀念，與一般人還有段距離。而我們整個圖書館界以及社會上對圖書館的認識比那些「先進國家」又有段差距。眞正的聯合書目，應是打散各館的書目，混合分類再編索引。可以分做四編：㈠善本。因日漸稀少，尺度不妨較前放寬，如到清乾隆時。㈡普通本線裝舊籍。或與善本合爲一編，如故宮博物院新編的書目。㈢清末到民國三十八年重印的舊籍。先以人文、藝術爲限。㈣三十八年到六十一年影印的舊籍。六十一年第一次能源危機，此後影印的便漸少。大陸上約在三十年前，便編印了叢書綜錄三巨冊，是三十多所圖書館的聯合目錄，前幾年又有補編。紅衛兵後又編有善本聯合目錄，參與的圖書館更多。早已完稿，經部在前兩年已印行，線裝十冊一函。民國三十八年以前印行的圖書目錄，也已著手編印。我們如再不動手，差距便更大了。

二、館刊復刊

另一新猷是恢復館刊，與學生書局合作，由館負責編輯，由書局負責印銷，並提供稿酬，這一條件很優厚。而學生書局已先創辦〈書目季刊〉，這對性質相近的館刊無利可圖，全是翼鵬師以其學術地位、社會聲望、人際關係爭取得來的，名為合作，實為學生書局單向的奉獻。可惜翼鵬師去任後，館刊改與一家半官方的書局合作，一拖半年還不付排，過了一兩年祇好收回，再找學生書局，已不可能了，祇好自己印。費用是一筆不小的開銷，後來改成半年刊，而步上公辦刊物的結局，想賣賣不掉，想買的也買不到，祇是贈送若干學校和圖書館，傳播的功能很是有限，和付出的人力物力很不相稱。其實半年刊已不算「新聞紙」，不妨甘脆改為年刊，多少可節省些人力物力。抗戰前的國學圖書館便是如此。如今香港〈新亞書院學術年刊〉，每年都有五百頁光景。還有館中又編有〈漢學研究通訊〉、中英文〈館訊〉，鄙意不妨合成一個刊物，便能三個月出一期。〈國學圖書館年刊〉便是這樣綜合性的，其中甚至包括該館一年中的大事記、工作報告、各項統計、入藏書刊、重要贈書等。四、五十年後，找起來很方便。倒是有些圖書館所編的通訊一類小冊子，想找也很難找到了。

二二、善本書志和書評

館刊的內容，除學術論著、館務概況外，翼鵬師特別重視善本書志和書評，書志沿用慰堂師的構想，綜合一部書的各種版本寫成一篇，考其源流。瑞卿先生則以四庫珍本爲先。書評則以國人評外國人的漢學論著，並翻譯外國人評中國人的論著爲主，一方面增進中外漢學行情的交流，一方面避免不必要的爭議。後來館刊的內容漸漸改變了，甚至看不出重心所在。這些改變也許有其必要，我就無從置評了。我在館服務時，對館刊很付出些心力，不免寫得多些。翼鵬師任館長僅一年半，建樹則很多，我沒有參與的，就從略了。這一年半期間，和翼鵬師過從也很有限，祇有先父傷腿期間，在基隆住院療養，去探視時常搭便車到南港，在車上說說學術界的情況，問問我讀書情形，並加指示，得益很多。

二三、書目叢編

上文說到書目印行計畫未能實現，而需求則頗殷切，以我自己來說，公私兩方面都常要利用到各種書目，館藏既很有限，需要時便得到臺大去找。臺大也沒有的，就得去史語所，那時交通很不方便，祇好隨時記下，等待查的資料多些，或有迫切需要時，再去查。就便看看其他的書，耗上一天。這樣既麻煩又不方便。於是我接洽私營的書局，都以沒有銷路而不加考慮。好不容易找到一家，又恰逢書局大改組。最後找到廣文書局，在創辦時我也做過幾個月的股東，而後來的經營者多是同學，在認賠的心態下姑且一試。五十六年推出〈書目叢編〉，計收〈千頃堂書目〉等十九種，底本都借自丁念先先生，每書前都撰有一篇敍錄，並另彙印單行本，比〈書目舉要〉的提要詳明多了，這自是五年間讀書不無寸進，也是在館中工作上所得的成果。書局是不賠也不賺，有些書目，到如今十多年還沒賣完。此後年出一編，中程計畫可出十編，可惜到六十年時，由外力介入，離間了我和書局的關係，雖也有人編出了第五編，此後便停止了，這是很可惜的事。而這股外力，可說我在館中所秉持的爲人和服務態度所招致的，眞是憾事。後來成文出版社也印了〈書目類編〉，各書都未附提要，再加上其他公私單位編印的書目，常用的、重要的書目，大致多有了，不知節省了多少人跑臺大、跑南港的精力。我自問付出了一些心力，惹了一些煩惱，卻得益更多，甚至影響了我至今二十年間寫稿的方向。

一四、熹平石經

五十七年三月，包龍溪先生繼任館長，包先生精明幹練，長於行政，計劃選印善本書，每種書都彙集各種本子，去其重複，編成最足的本子，並撰寫提要。其他如編印各種索引，推行館際互借、館際合作等事宜。可惜因肝病，在任不到兩年便病逝了，祗有五十七歲。包先生首創歷史博物館，眞是白手起家，無中生有。我常說該館的一些藏品的取得，比其他單位交換得到的還多。且舉一例，四十八、九年時，有漢熹平石經〈公羊傳〉殘石要出讓，當時想要得到的單位很多，來頭都要比該館和包先生要大得多，結果還是由該館請到專款購得。

一五、建教合作

五十七、八年，閱覽組主任劉崇仁先生兼理世界新專圖資料，邀我去兼課，開過中文參考資料、目錄學等課程，隔了十多年，又有機會重上講臺。當時世新的學生多來自中南部鄉間，未曾經過惡補。所以在大學聯考爭不過都市中的學生。然而富有潛力，科中所開課程，並不比大學少，祇是每科學分少些。其實師父帶進門，修行在個人。靈光的學生，一點就透。而且他們畢業以後，不會去計較職位、工作和待遇，祇知埋頭苦幹，能力比大學畢業的有過之而無不及，很能受到同事、主管的賞識、讀者的信賴。不是在中央圖書館，我也就不會到世新。可惜六十一年春，因利用館中藏書去教學，引起與成校長「誤會」，使劉主任夾在當中很爲難。聽說有些私立學校，想要聘書得有點表示，而劉主任什麼也沒撈到，反而費精神，至今想起，仍感不安。

在世新兼了幾年課，使我有幾點感想：㈠多數的課程，不一定非得多少學分不可，端在教的人如何運用。㈡學歷雖不致無用，也不見得修業有一兩年出入，能力便有差別。像師範學校改師專、師專改師院，「格」是升了，眞的就提高師資的水準了嗎？㈢學校有什麼圖書設備是一回事，而能否充分利用，是另一回事。評鑑時也曾提出有槍砲而不買子彈的比喻，然並未能改善這一情形。㈣技術性的科系，最好能充分利用「建教合作」，以落實教學效果，對建方也可發揮其功效，並儲備人才。㈤我是一個不易與人相處的人，中央圖書館給我一個單純的環境，有些地方很縱容我，所以能一混十多年。至於私人機構，咱家說了就算，就不那麼好混了。

一六、黯然離去

其實公家機構，我也不一定能混。包先生去世後，館中的變動快速而急劇，使我習於慢幾拍的，招架不住，道不同不相為謀，祇好離開了。乘興而來，敗興而去。來得偶然，去得突然。到我離職時，環境雖已改變，可是良師已一一離去，深感館中已不復再具十多年來適合我的環境。離館時自感罪過不小，也未和大家打招呼。事後還是有十八位友好合送了我一批常用的參考書，此後到館看書辦事，還是得到一些照顧，都使我永難忘記。

在館服務期間，是二十八歲到四十三歲，正是一生的黃金時段，五千六百六十多個日子，自問不無微勞，最後落荒而去，卻也問心無愧。而從館中所得到的，那就更多，有著極大的順差，也有極大的影響。

一七、野人獻曝

中央圖書館遷入新廈，氣象也更新了。譬如電腦這玩意，二十多年前在美國的圖書館就普遍利用，如今我們也有了。我在十多年前也學過三個晚上，便知難而退。所以即使還留在館裡，也早該淘汰了。

最後說點我對中央圖書館的期望，野人獻曝，雖很可笑，卻也出於一片誠意。慰堂師說過，中央圖書館是學術圖書館。research library。又說，要和諧相處。多年間，我深慚既而未能在學術領域有什麼收獲，而又不能與人和諧相處。中央圖書館的創立，遠在國學圖書館和北平圖書館之後，即使不說是後來居上，相較之下至少也並無遜色。五十多年來，在歷盡艱辛中持續成長。可是學術地位，最有待加強。除了提供各界人士的研究資源，自身也宜在服務之外，形成和諧而可供進修的環境，並鼓勵同仁進修。使館內以至館外的刊物、出版品中，能出現更多的同仁論著，也惟有館員能具有相當水準，才能充分服務學術界，成為名實相符的學術圖書館。

（國立中央圖書館館訊）